身体を引き受ける

――トランスジェンダーと物質性《マテリアリティ》のレトリック

Assuming a Body:
Transgender
and
Rhetorics
of
Materiality

ゲイル・サラモン 著　藤高和輝 訳

以文社

身体を引き受ける　目次

第Ⅳ部　法を超えて

装幀　近藤みどり
写真　Adrian Swancar

凡例

一、本書はGayle Salamon, 2010, *Assuming a Body: Transgender and Rhetorics of Materiality*, Columbia University Press の全訳である。訳出にあたっては日本語としての読みやすさを考慮し、適宜訂正した箇所がある。

二、原注は（1）、（2）、（3）……と表記した。訳注は＊、＊＊……と表記し、脚注とした。

三、傍点は原則として原文がイタリックであることを表す。

四、文中の［　］は著者自身の補足を、〔　〕は訳者による補足を表す。

五、（　）は原則として、原文表記の挿入を表す。

六、引用されている文章は邦訳のあるものは既訳を参照しつつも、文脈に即して適宜修正し訳出した。

身体を引き受ける
――トランスジェンダーと物質性《マテリアリティ》のレトリック

序論

本書『身体を引き受ける』は、現象学（主としてメルロ＝ポンティの研究）と精神分析（フロイトとポール・シルダー*の研究）、そしてクィア理論を通して、身体性 (embodiment) の問いを探求する試みであり、これら各々の分野において身体がどのように理解されているのかを考察することを通してこの問いに取り組むものである。私が異議を申し立てたいのは、身体の物質性 (materiality) が直接的にアクセスできるものであり、認識論的な確実性をもつものであるという観念である。そして、認識論的な不確実性が非規範的なジェンダーを生きる者に倫理的、政治的な意味の双方においてきわめて有用であることを主張する。本書の至る所で、トランスジェンダーとトランスセクシュアルの身体に関する最近の理論を取り上げるが、それはこの理論が現象学と精神分析の身体に

＊ ポール・シルダー（一八八六―一九四〇）オーストリアの精神医学者。現象学や精神分析の影響を受け、また、神経学と精神医学の結合なども試みた。本書でたびたび言及される「身体図式」や「身体イメージ」は彼の概念である。

関する理解から得られるものがあることを示唆するためである。そして同時に、おそらくより決定的なのは、トランスの身体と主体性がより洞察に富んだ方法で考察されない限り、身体に関する私たちの現状の考察はとり返しがつかないほどにその重要性を貶めてしまうだろうことを示唆することにある。したがって、本書の試みは、トランスの身体と主体性の特有性を示すこと、そしてまた同時に、はっきりとした物質的な用語でその特有性を定義しようとする誘惑に抵抗することをも必要としている。私はなにも、トランスジェンダーの身体が規範的にジェンダー化された身体とは異なる物質的な特有性をもつと主張しているのではない。むしろ私が主張するのは、規範的なジェンダーそのものの生産が身体の「感じられ方（felt sense）」と身体の物質的な輪郭とのあいだの分離に依拠していること、そして、この分離を病理学的な構造とみなす必要はないということである。

本書で、私は身体の存在についての記述における「物質的なもの」と「幻想的なもの（the phantasmatic）」とのあいだの関係を考察する。そして、この関係が両立不可能な関係である必要はないこと、むしろ、身体の物質性が意識に現れる仕方、そして同様に重要なことに、それが意識から消える仕方を説明することを可能にする生産的な緊張によってその関係が特徴づけられることを示したい。メルロ＝ポンティ、ジグムント・フロイト、ポール・シルダー、ジュディス・バトラーらによって提示された身体性の理論を読むのは、これらの理論に含まれる幻想的なものと物質的なものとの関係がトランスの身体に関するより良い理解にいかに資するのかを考えるためである。また同時に、幻想的なものと物質的なものとの関係が身体化され、生きられることが可能になる方法を私たちが理解するのにトランスの身体についての考察が助けになるだろうと考えるためである。これらそれぞれの探求は、「身体化されること（to be embodied）は何を意味するのか」というより広い問いに合流するのである。本書全体で私が依拠しているのは、幻影（phantom）の観念、すなわち身体存在の本性についての諸前提を複雑に込み入らせる両義的な現前の観念である。その幻影はときにその言葉通りのものであり、ときに物質的であり、身体の特定の領域や部位の両義的な現前を示すこともあれば、身体化された主体性の一般的な特徴を示すこともある。

現象学、精神分析、そしてクィアとトランスジェンダーの理論はそれぞれ、身体の「感じられ方」を優先することで、身体を引き受けることは何を意味するのかという問いにアプローチしている。そして、それぞれの分野がとる異なった方法は共に探求されることによって、その感じられ方が通常不問に付されている身体の輪郭を描き出すことを可能にする。現象学者はこの感じられ方を自己受容感覚*（*proprioception*）として理解し、精神分析家はそれを身体自我（*bodily ego*）とみなす。そして、この感じられ方《フェルト・センス》はときにトランスジェンダーの理論においてアイデンティティと「本当らしさ（*realness*）」についての主張を行う地盤として現れる。これら学問分野の各々は、この意味作用、そして究極的には身体それ自身がその感じられ方に依拠していることを主張している。人はこの感覚の重要性を減じたり、嫌悪することなく、この感じられ方が文化的な解釈の生産物であ

＊　例えば目を閉じている状態でも、身体の向きや身体部位の位置、動作や運動を知ることができる。このような感覚を「自己受容感覚」と呼ぶ。この感覚はいわゆる五感とは区別される感覚である。

り、それに従属していることを認識することができる――これが私の主張である。これらの言説によって提示された概念的道具を結びつけることで私が望んでいること、それは、トランスジェンダリズムやトランスセクシュアリティに関する諸議論が「本当らしさ《リアルネス》」――私にはそのフレーズから規範的で規律的な次元を取り除くことはできないように思われる――にいたずらに訴えなくても済むようになることである。

第一部では、精神分析と現象学における身体的存在の理論が現前と不在、物質的な実体と非物質的な感じ（feeling）によって特徴づけられていることに焦点を当てる。トランスジェンダリズムと性別違和（gender dysphoria）を理論化するいくつかの著作において、身体の本性や起源、意味作用に関する議論は身体の物質性を自明で所与のものとみなす傾向がある。そこでは、身体が実体や現前に結びつけられ、単純ではっきりした対立関係にあるものとして思惟が不在のもの、非物質的なもの、理念的なものに割り当てられる。そのような記述から生まれる身体性の理論においては、ジェンダーと性別違和は身体の生産物であり、その身体の現前は疑問の余地のない事実と断定され、その物質性はアイデンティティと主体性を保証すると考えられるようになる。しかし、身体の物質性を規定する非物質的な構造、例えば身体を意識にもたらす「感じ方《フェルト・センス》」といったものは、この理論の内部では説明されえない。というのは、この理論は身体を物質性と意味作用の完成品、つまり裂け目や切れ目のない実体と理解しているからである。また同様に、主体における身体の「感じられ方《フェルト・センス》」とその肉体的な輪郭のあいだの一致の関係は、このような厳格なマテリアリストの枠組みでは考えることができない。

第一章「身体自我と物質的なものという不確かな領域」では、身体自我という精神分析的概念を取り上げる。私は、身体図式（body schema）の発達と機能に関するポール・シルダーの記述やディディエ・アンジューの「皮膚自我（skin ego）」の定式、そして自我は「なによりもまず身体自我である」というフロイトの周知の言葉について、フロイトの主張に関して蓄積された最近の研究を参照しながら考察する。私が論じるのは、自分自身がもっていると感じる身体が必ずしもその外的な輪郭によって描かれた身体と同じではないことであり、このことは規範的にジェンダー化された主体にさえ当てはまるということである。これまで、トランスの人たちは正当にも精神分析を警戒してきた。というのは、精神分析はジェンダーの不一致や多様なジェンダーのあり方を病理学化するために用いられてきたからである。だが、それにもかかわらず、精神分析はおそらく他の言説以上に、主体が自身の身体を「知る」緻密なメカニズムについてもっとも洞察に富んだ、詳細な議論を提供してきたのであり、心的なものと物質的なもののあいだの結びつきを記述するきわめて生産的な方法を私たちに与えているのである——もし、その同性愛嫌悪的《ホモフォビック》でトランス嫌悪的《フォビック》な傾向が抑制されうるならば、であるが。精神分析は自己の構築を扱い、自己が身体に住み込む（inhabit）仕方を論じているので、それによって物質的な身体がなんの問題もなく得られているという思い込みを紛糾させることができる。つまり、精神分析の内部において、身体が主体に得られるのはただ一連の精神的な表象や心的イメージを介してのみなのである。それらの表象やイメージは身体自我として示されることもあれば、身体図式と呼ばれることもある。これらの概念はジェンダークィア*（genderqueer）のコミュニティに役立ちうるものである。というのは、この概念は、人が感じる身体が必ずしも物質的な身体、つまり外側から知覚されるような身体と連続していないことを示しているからである。このように、それは主体が自分自身の身体の物質性にもつ関係に対する見方を込み入らせるのだ。

第二章「性的図式――『知覚の現象学』における転位とトランスジェンダリズム」では、現象学の身体の記述を考察する。それは身体図式の概念を用いることで、身体の感じられ方《フェルト・センス》に直接的に焦点を当てている。私はメルロ＝ポンティの身体性に関する考察を取り上げる。そして、身体の感じられ方《フェルト・センス》に注意すれば、身体が私たちの知覚の背景にあるとか、それが私たちの知覚に先立って存在するといった所説を必要としないとした彼のラディカルな主張を考察する。私が着目するのは、主体性それ自身が身体イメージの構築を通して達成されるとした『知覚の現象学』における身体的存在についての彼の記述である。この現象学には、身体性の問いに最終的な解を与えるような物質性に安易に依拠するところは一切認められない。というのは、メルロ＝ポンティにとって、「身体部位は対象ではなく潜在性（potentialities）である」のだから。その代わりに、身体とは「生き生きとした意味の結び目（nexus）」であり、それはこれらの意味を自己受容感覚、つまり一次的でどこにも位置づけることのできない「感じられ方《フェルト・センス》」を通して獲得するのである。この「感じられ方」によってこそ、身体は、様々な部位の集まりではなく、むしろ一貫した全体として経験されることが可能になるのだ。トランスジェンダリズムを考える上で、これらの着想が含意しているものはきわめて見込みのあるものである。実際、いくつかのトランスの著者たちが身体性に関する現象学と深く共鳴する言語で記述したのは、感じられたジェンダーと観察されたジェンダーのあいだに存在するもどかしさである。例えば、トランスジェンダーの理論家であるジェイソン・クロムウェルが示唆したのは、自分の身体が表わす性別《セックス》――つまり人が見ることのできる性別――は自分がそうでありうる性別である必要はない、ということである。ただし、クロムウェルはこの分離を説明する身体的存在に関する洞察に富む記述を詳細に与えたわけではなかった。メルロ＝ポンティの著作こそ、まさにそのような記述を提示しているのである。メルロ＝ポンティは、身体と自己の二元論的な概念に依拠した身体性の哲学的説明と身体を内と外に厳密に分けられたモデルとみなす心身二元論の両方に挑戦したのだった。代わりに彼が示したのは、私たちの身体が私たち自身と身体が位置づけられる世界との双方に解《ほど》きようもないくらい絡まり合っていることである。私は、身体が物質になるのは他者との関係を通してのみであるとみなす彼の主張を考察し、このことがトランスの主体性（transsubjectivity）にどんな帰結をもたらすのかを探る。

第二部では、写真や一般向けメディアにおけるトランスの人たちの視覚的な表象を取り上げる。

＊ ジェンダークィアとは、男女いずれか一方ではないジェンダー・アイデンティティをもつ人たちを指す言葉であり、「ノン・バイナリージェンダー」とも言われる。日本では、「Xジェンダー」がほぼこれに相当する（なお、「Xジェンダー」は日本独自の呼称である）。

第三章「ボーイズ・オブ・ザ・レックス――トランスジェンダリズムと社会的構築」では、「トランスジェンダー・スタディーズ」という見出しで括られている諸テクストを考察する。まず、フェミニズムやクィア・スタディーズの言説へのトランスジェンダー・スタディーズのいらだちや反発を確認する。フェミニストの理論家のなかには、トランスセクシュアリティはジェンダー規範に異議を申し立てているというよりもむしろ単にその規範を現実化しているだけだと主張する者もいる。それに対してトランスジェンダーの著者たちが非難したのは、フェミニスト理論はトランスジェンダーの人たちの生きられた経験に無頓着だという点である。私はこの議論の歴史と、トランスジェンダー理論がジェンダー化された身体性についての新しい生産的な理解を提示していることとを考察する。次に、私はトランスジェンダーの理論家たちが推進した身体的物質性についての問題含みの主張をいくつか取り上げる。例えば、ジェイ・プロッサーの目標は「トランスセクシュアルのアイデンティティを具体化し、性別移行の形象の物質性を明らかに」し、「ジェンダー横断の身体的物質《マ》＝問題《タ》を前景化する」ことであり、それが「身体性が主体性への本質的な基礎を形成する範囲を画定する」であろうことである。プロッサーの議論は、ゲイとレズビアンの言説におけるトランスセクシュアルやトランスジェンダーの人たちの不可視性と闘う戦略として身体性に焦点を当てるものだ。私はこれらの目標に共感しており、そこに、承認の歴史的な不在に対して身体化された現前を強調することで対抗しようとする欲望、トランスセクシュアルの主体性の特有性を正確に記述しようとする欲望を読み取ることができる。しかしながら、私が警戒しているのは、トランスセクシュアルの身体を「非の打ちどころのない現実」と断定することでトランスセクシュアリティの差異を正確に記述しようとする試みが結果的に、身体の感じられ方《フェルト・センス》についての主張（これは当然必要である）を、そこから帰結する、「身体とは何か」といった問題や「それはいかに引き受けられるのか」といった問題が自明な事柄であるという主張（これは当然必要ではない）へと横滑りさせてしまうのではないか、という点である。

第四章「トランスフェミニズムとジェンダーの未来」では、女性学、フェミニズム、そしてトランスジェンダリズムと他の非規範的なジェンダーに関する研究、これらの研究のあいだの関係性を探求する。女性学という分野の内でのトランスジェンダー・スタディーズの場――あるいは、その場の不在――を問うことで示したいのは、フェミニズム、とりわけその制度化された形態に閉じてはいないフェミニズムが、思考され、身体化され、生きられた非規範的なジェンダーについていけていないことである。トランスジェンダーという用語をめぐる最近の論争には、フェミニズムの言説におけるクィアや女（*woman*）という用語の流通とともに表面化した指示性とアイデンティティに関するのと同じ問題関心が反響している。本章には、以下の三つの目的がある。第一に、女性学が再び活気のある学問分野として浮上するためには、それが現在現れているジェンダーにもっと責任をもって応答すべきであることを示したい。男性と女性の二元論を越えたジェンダーは虚構でもなければ、未来形でもない。それらは現在、身体化され、生きられているのだ。女性学はこのジェンダーとまだ関係を切り結んではおらず、したがって、生きられたものとしてのジェンダーの現在の事情に接近してもおらず、たくさんの可能なジェンダーの未来を想像できてもいないのである。女性学が時折トランスジェンダリズムに向ける敵対心は、一般雑誌で主張されているレズビアン・コミュニティとトランス男性のあいだの相互の敵対性に異なった仕方で反復されている。本章の第二の目的はこの敵対性の表象を考察することであり、トランスの人たちを略奪者として比喩化することや暴力の幻想がその表象を形作る際にどのような役割を担っているかを探求する。第三の目的は、レズビアンとトランスのコミュニティそれぞれのあいだの関係性の形象化の別の方途を試みることであり、本章は二人のレズビアンの写真家によるトランス男性の写真を読むことで閉じられる。

第三部では、哲学者のリュス・イリガライを取り上げる。周知のように、彼女は性的差異を私たちの時代の重大な哲学的問題とみなした哲学者である。第五章「性的差異のエチカをトランスする――リュス・イリガライと性的未決定性の場」では、イリガライのテクスト「場、間隔（interval）」を読解し、身体と関係性の非異性愛規範的な読みがそのテクストの論理の内で可能かどうかを問い、そして、もしそれが可能なら、厳密な異性愛的な視界からこぼれ落ちる性的な関係性、あるいは、はっきりと男性ないし女性として理解することのできない身体と同一化の形態にどんな余地が開けるのかを考察する。私は『自然学』で規定されたアリストテレスの場の概念を探求するが、それは、場に付与された存在論的な一次性と、場を一貫したものとして定義づけるためにアリストテレスが関係や包含、そして相互的な置き換えをどのように用いているのか、とを焦点化するためである。イリガライは、アリストテレス的場を比喩的にジェンダー化されたものとして読み直し、この比喩を批判するとともに性的差異を分かつ橋を横断して関係を理論化するためにアリストテレスに取り組んでいる。性的差異の問いは「場、間隔」では行き詰るが、それはイリガライの場合に基盤的である性的差異の質料形相論的な（hylomorphic）理解に起因している。その理解とはすなわち、男性と女性が形相（form）と質料（matter）のように必然的かつ存在論的に結びついたものであるという信念であり、一方の性別は他方の性別なしにはいかなる表現も実存も見出すことができないという信念である。本章ではイリガライの図式における性的差異それ自身の場を考察することで議論を進めるが、それは「間隔（interval）」についての彼女自身の曖昧さ＝両義性（ambiguity）を、性的差異を横断する倫理的関係を確立するために保持されなければならないものとして、また、二つの性別が互いに共存するために橋渡しされる必要があるギャップとして読むからである。このように本章はこの差異の地図を拡張することを試みるが、それは男性か女性かいずれかに安住するのではないものとして身体と精神を考察することによってである。そして性的差異を、決定論的な仕方で身体に引かれた境界線としてではなく、むしろ、男性と女性のカテゴリーを横断して働くだけでなく、同様にそれらの内部においても働く差異の目印《マーカー》として理解することが可能になる理論的枠組みを示唆する。

　第六章「性的無差異と限界の問題」では引き続き、イリガライの性的差異の概念を検討する。本章では、イリガライ及び、身体の物質性とその限界という問題に取り組んできたフェミニストのあいだでの彼女の思想の受容に着目して、フェミニストによる性的差異と肉体の物質性の再定位を検討する。その際、物質性へのフェミニストたちの挑戦に暗黙に、あるいは明示的に示されている「性化された限界」という観念に焦点を当てる。とりわけ、エリザベス・グロスのような、身体の物質性に関する哲学的伝統を問い、身体として「カウント」されるものの地平を開こうとした理論家の著作を検討する。私はこのような限界の観念が疑わしいものであり、また、それが以下のように差し替えられていることを示す。すなわち、それらの著作において身体の可塑性の限界に関する問いはジェンダーの可塑性の問いに置き換えられており、そこで身体がほとんど無際限に物質的に再構成することが可能な場として担保されるのは、トランスセクシュアリティの形態をとったジェンダーの可塑性が排除されることによって可能になっているということである。

最終章「文字《レター》＝手紙を保留すること——国有財産としてのセックス」では、ジャン・モリスの自伝『難問（*conundrum*）』を、ジェンダーとトランスの人たちを規制する最近の法制化を念頭に置きながら読む。それは性別《セックス》を官僚政治的な実在物（*a bureaucratic entity*）として考えるためである。トランスの特有性についての私の議論はここではやや強調されることになるが、私の主張は、多くの文芸作品で性別が所有物（property）になぞらえられ、あるいは、比喩的に財産（property）として理解されているけれども、性別《セックス》は、トランスの人たちと医療及び国家の官僚政治との取引関係において物質的な財として扱われ、規範的にジェンダー化された者ではなくトランスの人たちにとっては私有財産というよりも国有財産として機能しているということである。

本書『身体を引き受ける』はしたがって、複数の学問分野の伝統それぞれの一部を拾い上げ、読むことで、以下のことを示す試みである。すなわち、身体とは何か、それが自分自身になるのはいかにしてかといった問題に関する批判的な現象学的分析こそが、精神分析や現象学によって提示されてきた大抵はジェンダー規範的な身体的物質性の記述を向上させ、拡げることを可能にすることである。そして、物質的なものについに還元できないような特有性を身体化しているものとしてトランスジェンダーの身体を理解する上で、現象学と精神分析が役立ちうるということ、である。私が望んでいるのは、(少なくとも)二つの異なった分野で同時に生じている――しかし、まだ結びついていない――身体性についての現在の対話に参与することである。哲学的、理論的な身体性に関する考察は長らく性的差異を軽視してきたし、性的差異に着手した身体性の理論はしばしば非規範的なジェンダーを病理学的なものとみなしてきた。正統とみなされてきた身体性に関する哲学的議論は、ジェンダーの多様なあり方が肉体の伝統的な概念を補い、それに挑戦することを可能にする方法をめったに考察してこなかったし、どんなジェンダー化された身体性がその哲学的記述によって認められ、あるいは禁止されているのかを問うてはこなかった。トランスジェンダーの主体性はどんな新たな身体性の形態を可能にするのだろうか。対照的に、トランスジェンダー・スタディーズという新しい分野はまだ、それがなしたい政治的主張をより育むことになるだろう身体性の哲学に取り組んではおらず、わずかなトランスの著者だけが現象学と精神分析が提示する見込みある道具立てを用いているにすぎない。だが、それらは、身体と感じのあいだの関係を説明する豊かな記述の手段を提示しており、分離を病理のしるしというよりも、むしろ身体化された主体性の潜在的に力強い様相として理解することへと導いているのである。本書で、私は次のような洞察を描きたい。すなわち、身体の物質性と身体的な感じを引き離すこと、トランスセクシュアリティとトランスジェンダリズムに関する議論をそれがときに陥るデカルト的な枠組みを超えて行うこと。たとえ、分野としてのトランスジェンダー・スタディーズが急速にたくましく展開しているため本書で私が記述するものより他の何かにすでに変わりつつあることに注意すべきだとしても、である。精神分析的な身体、現象学的な身体、そしてトランスジェンダーの身体、それらの類似性がはっきりと見えるようになり、それらの差異が互いに生産的な緊張関係に至るほど十分に近くにそれらの身体を引き寄せること――これが本書の目的である。

用法と代名詞についての注：個人の代名詞の好みが明白な場合、私はその選択を尊重した。このことは、ときに特定のジェンダーの代名詞を用いることを意味すれば、他方でジェンダー中立的な代名詞を用いることも意味し、[*] したがって、私は故意に、このテクストのなかでの代名詞の用い方の非一貫性を保持しようと努めた。

本書はＦＴＭとＭＴＦ、両方のトランスの人々を議論しているが、トランスに関する私の議論はしばしばＦＴＭの経験を中心的に取り上げている。これは、歴史的にトランスの経験がＭＴＦの経験で埋めつくされてきたのとは正反対である。

＊　サラモンは「ジェンダー中立的な代名詞」として、ときに"sie"や"hir"といった代名詞を用いている。これはおそらく、「彼／女」や「彼（女）」とは違う用法だろう。つまり、"sie"や"hir"はジェンダーが不特定の人、あるいは、ジェンダーが曖昧な人を指す用語と思われるもので、その人のジェンダーを特定させない代名詞として機能している。それに対して、「彼／女」と「彼（女）」は「彼」と「彼女」の両方を指す言葉である（"sie"や"hir"はある個人に対する代名詞としても用いられ、したがってこれを「彼／女」や「彼（女）」と訳すのには違和感が生じるように思われる）。本書では、読みやすさを考慮し、新造語を作ることは控えることにした。そこでこのような表現が用いられる場合（それほど多くはない）、そもそも代名詞を用いず、固有名やその代名詞が受けている名詞をそのままくり返し用いることにした。なお、「彼／女」を用いている場合があるが、それは"they"に対する表記である（これも必ずしも統一的にそう訳しているわけではなく、「彼ら」と訳すと日本語として違和感があるときである）。したがって原書とは若干異なる意味においてではあるが、サラモンのいう「代名詞の用い方の非一貫性」が本書で反映できていることを願う。

第Ⅰ部　身体とは何か？

第一章　身体自我と物質的なものという不確かな領域

あらゆる身体はそれ自身において幻影を含みもつ（おそらく、身体それ自体が幻影なのだ）。

——ポール・シルダー『人間身体のイメージと現れ』

身体性とジェンダーに関する現代の議論の渦中でトランスジェンダーに注意を払おうとする私たちにとって、精神分析にはどのような用途があるのだろうか。私が示そうとするのは、トランスジェンダーについての最近の諸著作がいくつかの問題関心と問いを精神分析や現象学と共有していることである。その問いとは次のようなものである。すなわち、身体はいかに性別《セックス》*を表すのか。私たちはいかにして、自明とされる二元論を越えていたり、混ぜ合わせたりして性別を表す身体を非

＊ 本書では“sex”を基本的には「性別」と訳している。ただし、ジェンダーと対になって用いられている場合などカタカナで「セックス」と書いた方が分かりやすい場合には、そのまま「セックス」と表記しているか、ルビを振ることにした。

病理学的な方法で記述することができるのか。硬直した性別の二元論的な理解に挑戦することによって促したいトランスジェンダーに関する理解は、身体と精神のあいだの二元論的な関係に同様の問題提起を行う諸理論に有用な道具立てを見出すだろう。トランスの人たちはジェンダーの精神分析的記述に疑いの目を向けてきたが、それはたしかに正当なものである。というのも、精神分析は歴史的には、病理学やおぞましいもの《アブジェクト》の領域に彼／女らを押し込めるために用いられてきたからである。実際、この伝統はいくつかの精神分析のサークルにはいまだに引き継がれている[1]。しかしながら、精神分析は、おそらく他の言説以上に、主体が自分自身の身体を「知る」緻密なメカニズムについてのもっとも洞察に富んだ、詳細な考察を提供したのである。精神分析は自己の構築と自己が身体に住み込む仕方を扱っている。そのため、物質的な身体がまったく疑いえない心的自己の反映として私たちに何の問題もなく得られるという思い込みを、それは打ち砕くのだ。フロイトの理論は、身体が性別を引き受ける心的条件を記述するのに役立ちうるのであり、したがって、性別を二元論とは異なったものとして理解する性的身体性の議論に有用なのである。

以下では、トランスジェンダーにとくに関連するフロイトの二つの概念を再検討する。ひとつ目は、両性具有（hermaphroditism）についてのフロイトの議論における性別の二元論的モデルに対する彼の批判であり、それはこれまでほとんど注意を惹いてこなかったものである。第二に、私は、身体自我に関するフロイトの図式化、及び、ジェンダー、身体、アイデンティティの問いに取り組んできた著者たちによる身体自我の用いられ方をあとづけることを試みる。トランスジェンダーを考える上では、身体自我の概念がとくに役立つ。なぜなら、人が「感じ《フェルト・センス》」をもつ身体が必ずしも外側から知覚されるような物理的な身体と連続的ではないことを、それは明らかにしているからである。つまり、自分がもつと感じる身体は外側の輪郭によって定められた身体と必ずしも同じではないのであり、このことは規範的にジェンダー化された主体にさえ当てはまるのである。上記二つのモデルはともに用いられることで、ジェンダー化された身体性についての理論を提示している。その理論においては、身体は、物質の単一の形成、つまり、ただひとつの性別を付与され、ただひとつの性別によって主張されるものというよりも、もっと複合的で拡張的なものであると理解される。身体性を必然的に身体自我を通して定着されていくものとして理解することは、身体と自我が同一の拡がりをもつとか同じものであると主張することではない。そうではなく、様々な種類の投影が自我と身体双方の構築において要求されるということ、自我とはそれ自身が投影であるということ、そして、その差異、隔たり、他者性が自我と身体の核心にあるということを擁護することなのである。

インターセックスの性格、二元論、そしてフロイトの誘惑

フロイトは「セクシュアリティ論三篇」〔邦題「性理論三篇」〕を挑発的な主張ではじめている。その内もっとも驚くべきものは、人間はそもそも両性的であるという彼のよく知られた理論に関する*

議論のはじめの箇所で提示されている。「一般によく信じられていることに」、とフロイトははじめる、「人間存在は男か女かいずれかであるというものがある」[2]。フロイトはつづけて、主体に関することの一般的な見解が誤っているかもしれないこと、科学が「性別の特徴が曖昧な事例、そして性別を決定することが不可能な事例を知っている」ことを示す。両性具有、つまり、今日私たちがインターセックスと記述するであろうものの条件に関する議論において、フロイトは、人間存在は男性か女性かいずれかであるという思い込みに取り組み、この想定が根本的に間違っていることを示唆している。彼はその根拠として科学の権威をもちだしている。そこでは、科学は秘密の知（科学は大衆が知らない事柄を知っている）と権威ある知（科学が知っているものは大衆の思い込みに勝る）を同時に所有している。性別と身体の事例に即していえば、科学が「知っている」ものは身体の性別がその表面から容易には読み取れない各種の例であり、そのため人間存在が男性と女性に容易く分けられるとは限らないことを示す例である。フロイトがここで依拠しているのは解剖学であるが、それはとりわけ性器の形態に関する解剖学である。彼は、身体の性別の内的「真理」を確証する（あるいはこの場合、込み入らせる）ために、身体の性的表面に関する学識に訴えているのである。

フロイトは、性別二元論に順応することに対する両性具有の身体の拒絶が性別二元論――実際には、まさに性別《セックス》そのものの概念――への文化的な異議申し立てを示していると示唆している。このことは興味深い二重の運動によってなされており、そこでは二元論は身体形態（morphology）と文化の水準で、身体の内側と外側を表している。一方で、インターセックスの身体は性的差異の二元論――それによって、性的差異は容易に「男性」と「女性」にカテゴライズされる――に順応することを拒絶する。しかし他方で、文化的二元論はその身体の強情な二元論の表明によって異議を申し立てられるのである。そのもとで男性と女性の性格が身体の表面で判読される二元論を、この身体は執拗なほどに示すのだ。したがって、判読可能な二元論に関する身体の執拗な主張は、正確には、カテゴリー上の二元論を判読不可能にするのである。

フロイトは、このジェンダーの曖昧な身体には――それが逸脱して性別化されたものであれ、規範的に性別化されたものであれ――性別化された身体を考える上で重要な含意があると示唆している。性別の問題に関する大衆の誤った理解を正しうる権威として科学を引いた後でフロイトが説明するのは、彼がなぜ両性具有の身体の特性に専心するのか、その理由である。「これらの異常性の重要性は、それらが正常な発達に関する私たちの理解を促進するという思いがけない事実に由来する。〔…〕その重要性は、起源にある両性性の気質が進化の過程で単性の（unisexual）気質へと変化しており、衰退した性別の痕跡をただ後に残すだけであるという仮定に私たちを導く。この仮説を精神的な領域へと拡張することに私は誘惑（tempting）された」（p.7）。

＊ ここで「両性性」と訳した言葉の原語は"bisexuality"である。ただし、フロイトは、いわゆる「バイセクシュアル」というよりは「両方の性別的特徴をもっている人」というニュアンスで用いられているようだ。そこで、フロイトの訳書も参照して「両性性」と表記した。

いったい、ここで何が生じているのか。フロイトは両性具有の解剖学的な偶発事が「異常」であり、正常からの逸脱であると容認している。次いで、彼が断言するのは、この異常を理解することが「正常な発達」を理解するための条件であるという「思いがけない事実」である。このことは、彼の後期の評価に明白に認められ、また、それと一致する。後期フロイトにおいては、男性性と女性性の生物学は、たとえ性的に「正常」と呼ばれる範囲内であっても、両性具有の「異常」に顕著である性格の混合物を保持するものとみなされ、そのため、「純粋な男性性とか女性性といったものは、心理学的あるいは生物学的な意味のいずれにおいても見出されない。反対に、すべての個人が示しているのは、彼自身とその反対の性別に属する性格特徴との混合物である」(p.86)。両性具有の身体形態はここでは本質的には「正常な」身体形態と同じであって、ただその混合が現前している程度の差があるだけである。このことは、規範的にジェンダー化された者と両性具有者の違いは僅かでしかないということではない。というのも、前者は「彼自身の」性別をもつが、後者はもちえないのだから。だが、それは、個人に適切な性別——ある性別の著作権を主張する、あるいは、その性別の所有者とみなされることができるかどうか——がそれ自身カテゴリーというよりもむしろ程度の水準にあるヴァリエーションの問題であるということを示しているのである。

上記の一節においてもっとも驚くべきは「誘惑(temptation)」に関するフロイトの叙述であり、それは彼が提示した説をいっそうラディカルにするものである。彼は、人間種の生理機能が元来、両性性の形態からはじまり、単性性の形態へと発達しているという考えを巧みに操る。したがって、彼は——たとえ手短にではあれ——種それ自体における性別の同根二形説を理解するための雛形としてインターセックスの状態を提示しているのである。この進化論的比喩は致命的な結語を有するものとして、つまり、インターセックスの身体を「単性の」身体（それはかつてもっていた性別の痕跡を「後に残す」）以前の発達や進化の段階にあるものに位置づけるものとして読まれうる危険がある。身体的な衰退が系統発生の前進を指し示す記号になっているのだ。だが、よりポジティヴな読みもまた現前している。そこでは、インターセックスの身体は、身体形態と精神の領域の両方において性的差異の典型的な例示としてある。フロイトはつかの間、「両性的な心的気質」の普遍性を可能にする条件としてインターセックスの身体を提示している。フロイトはこの仮説を精神的領域に拡張しているが、それは「そのすべての変異における倒錯を心的な両性具有として」説明するものである。ここで提示されているのは、インターセックスのあり方が魂と肉体のあいだの生産的な分離を示していることであり、それが倒錯の場合であれ、同様により驚くべきことに、「正常な」性的対象をとる「単性の」身体と精神の場合であれ、それは私たちが対象選択と性別アイデンティティの両方を理解するのに役立ちうるのである。

だが、フロイトは、彼の誘惑を叙述した後すぐに、それは拒絶されなければならないと主張する。とはいえ、この前言撤回は断固とした拒絶というほどのものではない。というのは、フロイトは明らかに、彼を誘惑する視座を広げているからである。自分の仮説を普遍化しようとするこの誘惑は明らかにフロイトの抵抗を超えており、それは、彼がそれを拒絶しなければならないと主張するときでさえ、その拡張が遂行されているからである。フロイトは残念なことに、この拡張はもち堪えられないだろう、それは決して物質化することのない生物学的な根拠に依存しているのだから、と結論づけた。その根拠――「精神的な両性具有」と形象化される「倒錯者たち」が肉体的な証左を与えるというその根拠――は証明されえない。したがって、フロイトは「思いがけない」普遍化の方向転換を提示する。そして、「その問題を解決するためにさらに要求される事柄は、倒錯が両性具有の精神的、身体的な記号に付随して規則的に生じるはずだということである」と手短に示唆することでその方向転換を考慮し、その上で、「この期待は裏切られた」と述べる。一方で、その根拠は倒錯と両性具有のあいだの「問題を解決する」ために求められ、そして、その根拠の不在は倒錯と肉体上の両性具有との関係を浮き彫りにする。つまり、フロイトはそのあいだにどんな結びつきも見出さず、そして、それらが「全体として相互に独立している」ことを結論づける。他方で、未解決のまま残っているのは、両性具有と正常な両性的な心的気質のあいだの問題に関してフロイトが提起した問いである。

性的差異を引き裂くこと

このテクストにおいてフロイトが訴えている両性性と単性性のカテゴリーは、問題を浮き彫りにするとともに、複雑に込み入らせもする。両性性という用語の使用は、それが単性性の身体と対立した一組であるとき、男性的、女性的性格の両方を表す身体を指し示す（そして、性格という参照項は、両性性のそれのように、絶えず移り変わるものであり、つまり、それは身体上の外見や性的な器官、性別に特有のふるまい、そして性的本能それ自体さえも代わる代わる示すものである）。この意味で、両性性は両性具有と同義語になる。そして、フロイトが誘惑された両性具有の使途——両性具有の身体を理解することが両性性を理解するのに役立つかもしれないという彼の見込み——はこの用語の混同によって挫折するように思われるだろう——私たちが両性性は単に両性具有であると理解しようとしない限りは。この可能性は両性具有に関する議論でフロイトが選択したタイトルにその論拠を得る。そのタイトルとは「両性性」である。しかし、熟慮されたその議論は倒錯に関するフロイトの長大な議論において手短な迂回（あるいは逸脱？）でしかない。もし、両性性が単に両性具有のことであるなら、それはまったく、その倒錯との関係を指し示していないことになる。フロイトが提示した両性性の例のように、その用語「両性性」はひとつの参照項に限定しえないものであり、つねに複数の領域にまたがって働いている。実際、両性性と倒錯とのあいだの関係を素描しながら、フロイトは第二の両性性に言及している。それは、肉体的な両性具有と同義語ではない両性性である。すなわち「「男性の身体における女性の脳」のように、男性の倒錯者たちの代弁者によってありのままに表現されている両性性の理論」である。

この理論に従えば、両性性はつねに女性性と併存した男性性の現れであるが、両性性の最初のタイプ、つまり両性具有タイプは身体の水準で作用している。それは、女性的な身体的性質と併存した男性的な身体的性質である。第二のタイプ、それはフロイトがカール・ハインリッヒ・ウルリッヒに帰すものだが、それは厳密に身体的である領域から女性性と男性性の混合物を引き離す。この第二の両性性のモデルは、一方では主体の身体に適切である一貫した単一の性別が存在することと、他方では主体の心に適切である一貫した単一の性別が存在することを断言する。このモデルはそれゆえ、フロイトのいう両性的な身体を特徴づける混合物という見方に対する強い拒絶を示している。ここでは、各々の領域、すなわち肉体的なものあるいは心的なものはそれぞれただひとつの性別の可能性をしか含まない。したがって、個人の内部における性的差異は、厳密に二つに区分され、その壁が破られることのない領域に安全に収容される。男性的なものと女性的なものは身体と心的なもの（あるいは「脳」）に手際よく分割され、これらのカテゴリーは定義上、互いに影響を与えないとされるのである。フロイトは、過度に「心理学的な問題を解剖学的問題に置き換えている」として、この理論を拒絶する。すなわち、この理論は心的なものにおける性的差異を身体的なものの領域に置き換えているが、それは根拠のない結びつきを必要としているのである。フロイトがそのように述べるのは、「私たちは女性的な脳を特徴づけるものに関して何も知らない」からである。フロイトにとって、このような両性性の特徴づけが不十分であるのは、その特徴づけが所与の領域の内部では共約不可能な性的差異を発見し、ゆえに、肉体と心いずれかが性的に判読可能であるためにはその両方の内側に性的な意味作用を統合することを必要としている点においてである。それが「ありのままに」含意しているのは、とフロイトは続ける、同じ域内部における男性的なものと女性的なもののいかなる混合物も社会的、心的に耐え難いものであるということである。そのような枠組みにおいて可能な性的同一化は、人は男性か女性かいずれかであらねばならず、その両方であってはならないという「常識（popular opinion）」に制限されるのが実情である。私は後の章で、「男性の身体における女性の脳」（逆も然り）というこの比喩――そして、それに対するフロイトの批判が有用であること――に立ち戻るだろう。というのは、その現象学的な正確さに関してはトランスのナラティヴのなかでは広く疑義が呈されているとはいえ、その比喩はトランスジェンダーやトランスセクシュアリティに関する表象において馴染みのある比喩であるからだ。

フロイトは私たちにジェンダーが様々な領域に分割されている身体を提示しているが、その身体はいっそう深い水準でさえこなごなに打ち壊されている。というのは、フロイトにとって、物質的な身体そのものは単純で一貫した全体として存在していないように思われるからである。身体的統一体の観念は、（変化がなく同じままであり、また容易く特定できるという双方の意味で）安定した部位から成る身体に依拠しているが、そのような観念はフロイトの『セクシュアリティ論三篇』にはほとんど見出されない。彼が執拗に指摘しているのは、その身体が両性具有であろうと単性であろうと、私たちが期待するもの――それが「一般的なもの」であれ、科学者や分析家、理論家によるものであれ――その反対のことを示す、その様態である。私たちが目撃しているのは、厳密な生物学や解剖学からますます離れているフロイトであり、その代わりに、諸々の性感帯（erotic zones）の変わりやすさや可塑性に焦点を当て、性感帯がいかに私たちに身体的一貫性の感覚を与えるのかを詳細に論じるフロイトである。フロイトは、幼児の行動や指しゃぶりに関する議論において、このような身体のオルタナティヴな局所論を論じており、性感帯と考えられるものの拡張的な見方を提示している。「皮膚や粘膜の他のどんな部位も性感帯の機能を果たしうるのであり、したがってその傾向において同じ適性をもたねばならない。それゆえ、その刺激の質は、身体部位の本性に関わるというよりも、快の感覚を生産することにずっと関わりがある」（p.49）。彼は、口の粘膜の性感帯としての機能について語ることに多くを費やすだけでなく、手もまた性感帯であると指摘し、そして皮膚はとりわけ性感帯であると主張する。事実、官能を引き起こすものはあらゆる身体部位——とりわけ、その表面、そしてその内部でさえも——に拡大される。フロイトはいくぶん自信ありげにこう述べている。「性欲を引き起こすものの質を身体のあらゆる部位、あらゆる内的器官に帰するように私は導かれた」（p.50）と。この定式において、すべては性器でありえ、したがって性器と性別のあいだの一枚岩の（あるいは、少なくとも一対一対応的な）関係が掘り崩されるだけでなく、性別を表す性器の能力は、性別ホルモンやそれが注入されたネズミに引き起こされる変質についてのフロイトの注釈によっていっそう掘り崩されている。「男性から女性、そして反対に女性から男性へと転換することが可能であることを実験が示している。この過程において、動物の性心理のふるまいは肉体の性的特徴と一致し、そして、それらの特徴と同時に変化する」（p.81）。ホルモンについての思弁的な注釈において、フロイトは生物学と性別あるいは性別のアイデンティティとのあいだの結びつきを強化しているようにみえる。つまり、ホルモンの注入によって生じた生物学的な変化が動物の性心理的行動にそれと付随した変化を引き起こす、と。動物の性的ふるまいはその性別を確証する。ネズミの「異性愛的」振る舞い（！）がオスあるいはメスとしてのステイタスを決めることを促すのだと。しかしながら、その運動は興味深い結果、すなわち単純な生物学的決定論から性別の決定を切り離す効果を生むのである。ホルモンの水準における変化、フロイトはそれを注意深く「精子あるいは卵子」と区別するのだが、その変化は性別の形態如何にかかわらず、実際のオス、実際のメスを生み出すのである。とはいえ、精子と卵子の重要性が考慮に入れられていないわけではない。たとえ、それら精子と卵子が個人の性別を決定することができないとしても、フロイトが私たちに教えているのはそれらが男性性と女性性に決定的な力をもつということである。「「男らしい」とか「女らしい」といったことはそれぞれ精子あるいは卵子の現前によって、そしてそれらが引き起こす諸機能によって特徴づけられる」。以上の注釈を併せて考慮するならば、ひとは精子なしに男でありえるが、精子なしでは男らしくあることはできないということになるし、ひとは卵子なしに女であることはできるが、卵子なしに女らしくあることはできないということになる。フロイトが心理学的あるいは生物学的意味のいずれにおいても「女性性」と「男性性」が「純粋な」形では見出されず、したがって心理学的、生物学的双方の意味で混合と両性具有の問題圏に立ち返るのは、男性性と女性性に関する生物学の決定的な役割へのこのような迂回路を経た後なのである。

　フロイトは、思春期の変化の後に「性感帯は性器帯の優位性に従属するようになる」（p.73）と、注意深く注釈している。同じことはフロイト自身の理論化においても述べられており、それはやがてセックス、ジェンダー、そして性別のカテゴリーをより強固に確実にするようになるとされる。しかし、ここには宙づりの状態が存在するのであり、フロイトはたとえ手短にではあれ、セックスとジェンダーに関するラディカルな見解を受け入れているのだ。物質に関するフロイトの思索がやがて発展していくように、実際、性感帯が性器帯の優位性に従属するようになることは、彼の男性性と女性性の理論化にとっては相対的に重要であるという関係にとどまるのである。『精神分析概説』(1940) までは、フロイトはずっと男性的、女性的性格の両方を表す身体を考えつづけているのだが、しかし、そのような身体が二元的な性的差異の基盤的な論理に深刻な異論を強いるものだとは考えていない。身体は男性か女性かいずれかであり、フロイトはこれを「生物学的事実」と断定している。「私たちはここで、性別の二元性に関する生物学的事実の大いなる謎に直面している。それは私たちの知識の究極的な事実であり、その謎を他のなにかにあとづけるあらゆる試みを拒んでいる。精神分析はこの問題を解明するのになんの貢献ももたらさなかった。この問題が生物学の領土に落ちたのは明白である」(p.188)。おそらく、私たちはここでフロイトとともに、性別と生物学に関する彼の思考に内的であり、未解決の状態にあるもの——その理論が熟成する前にあるもの——にとどまり、そして、そこから描かれるであろう含意を考えるのが賢明だろう。

身体自我と「隔たったアイデンティティ」

自我は何よりもまず身体自我である。すなわち、それは単に表面の存在なのではなく、むしろ、それ自身が表面の投影なのである。

――フロイト

『自我とエス』において、フロイトは自我の身体的本性についての有名な主張を提示している。上記のセンテンスに関しては膨大な注釈が行われ、その定式の簡潔さと曖昧さは自我の本性と身体の本性を理論化する上でその帰結に関する多くの思弁に導いた。[3] 私たちがみるように、一方の注釈者たちはフロイトがここで自我と身体の両方の物質性を支持しているとしたのに対して、他方の注釈者たちは身体の物質性がこの定式によって問いに付されているのだと主張した。この最初のグループ――身体に対して具体的なアイデンティティ、自己同一性、拒絶できない物質性を要求するグループ――はこの一節を、身体と自我を不可分なものにするものとして読む傾向にあり、自我と身体の両方に永続的な物質性を与える効力を発するものと解する傾向にある。二つ目のグループは投影それ自身に注意を寄せる。つまり、そのメカニズムと物質を問い、視覚的なものが身体と自我の構築に巻き込まれる仕方に注意を向けるのである。

『可視的世界の境界』(1996)の第一章「身体自我」で、カジャ・シルバーマンは「はじめから、そしてそのもっとも深い意味において、自我は本性上身体的である」というフロイトの主張を私たちがどのように理解すべきかを問い、そして、それを試みることで、「ジェンダー、人種、性的好み、そして他の文化的に構築され、強制された区別がいかに身体自我の水準で働いているか[4]」をどのように理解すべきかを問うている。シルバーマンはまず、ラカンの鏡像段階論に着手している。自我が表面の投影によって、そして、表面の投影として構成される方法を、ラカンはその理論において念入りに仕上げている。ラカンは、母によって鏡の前に連れられた幼児を記述し、そして、自分自身の反映をみることで生まれる幼児の歓喜を記述している。シルバーマンが強調しているように、自分自身のイメージが与えられる際の幼児の歓喜は他者性と同一性のあいだの複雑な揺らぎにもとづいている。「一方で、鏡像段階は、誤認を表象している。なぜなら、主体は彼あるいは彼女がそうではないものに同一化するのだから。他方で、彼あるいは彼女が鏡のなかに見るものは文字通り彼あるいは彼女のイメージである」(pp.10-11)。幼児が彼あるいは彼女自身を認めるのは、その存在のイメージにおいて、その存在の物理的な能力が彼あるいは彼女自身を凌駕するイメージにおいて、である。イメージと、そのイメージのなかに彼あるいは彼女自身を見出して歓喜する自己とのあいだの絶対的な同一性の不可能性は、幼児の歓喜を小さくしたりはしない。つまり、誤認によって生じる歓喜が自我を満たすのは、「正確な」承認が決して生じないという点においてなのである。シルバーマンはラカンの鏡像段階の記述とアンリ・ワロンのそれとを比較している。ワロンの記述では、幼児が鏡のなかに認めるのは彼あるいは彼女自身ではなく、「愛の対象」であり、それはのちに「分身あるいはライバル」になる。ワロンは、自分の名前を聞いたときに自分だと答えるよりも自分の鏡像の方を見る幼児のエピソードを提示している。

シルバーマンはこの種の誤認による同一化を「隔たったアイデンティティ（identity-at-a-distance）」と呼んでいる。それは、身体と自我双方に関する私たちの概念の核心にある内部性と外部性、同一性と差異のあいだの複雑な相互作用を捉らえる見事な方法である。この定式は、ワロンの鏡像段階についての記述にとくに依拠しているのだが、それはアイデンティティの確立がつねにすでに非同一性や差異によってしるしづけられ、そのまさに核に隔たり《ディスタンス》＝距離を含む無数の仕方を私たちが考えるのに役立ちうるものである。シルバーマンが注意を促しているように、このことは「自我を設立するイメージの虚構性と外部性を主張する」（p.10）ラカンに当てはまる。もし私たちにこの定式の適用を広げる自由があるのなら、私たちは次のように結論づけるだろう。同一化のいかなる例にも組み込まれた隔たり《ディスタンス》の概念が広く存在する、と。もし、その同一化が理想化されたイメージへの同一化であるなら、そのイメージは、たとえそれが内面化されていたとしても、単にその視覚域上の位置のために、つねに主体に外的である。そして、象徴的な同一化、つまり、理想化された主体への同一化もまた、象徴的な理想の個人的な（失敗した）例示の個別性と理想それ自身とのあいだのギャップを取り消そうとする不可能な試みなのである。

私たちがこれからみていくように、アイデンティティをこれとは違った仕方で考えること、つまり、すべからく判読可能にするために隔たり《ディスタンス》を排除するものとしてアイデンティティを考えることは、絶対的な一貫性と全体性を得ようと試みる鏡の前の幼児の場面を反復することである。その一貫性と全体性は精神分析が示しているように、文化的な判読可能性に帰着するのではなく、反対に、表象それ自身を犠牲にしうるだけである。完全さと十全さ、一貫性と全体性はそれが主体性に関する限りで虚構的なものであるばかりでなく、言語によって排除され、象徴的な領域に参与した存在のまさに条件なのである。精神分析は、身体と心的なものから成るバラバラで不完全な主体を提示している。身体と心的なものというこれら二つの要素は一貫した全体にならないだけではない。身体と心的なものはそのいずれも、全体あるいは完全として考えられることができないのだ。

心的なものの三すくみの構造はいまやよく知られているが、精神分析的身体もまた、統一された全体としての記述に抵抗するものである。チャールズ・シェファーゾンは精神分析における身体の構成を、「小さな有機体がその身体を探し求めるという奇妙な神話」[(5)]と呼ぶ。この神話はその状況、誇張された主意主義的な特徴づけを施しているけれども、精神分析の内部において、人は身体に生まれない、身体になるのだ、ということは真理であるように思われる。ラカンの鏡像段階が説明しているのは、これまで彼あるいは彼女の身体を「ばらばらに寸断されて」経験していた幼児がその視覚的なイマーゴ、つまり、自分がゆくゆくはなるであろうものの理想化されたイマーゴに同一化するようになる仕方である。その行為につきまとう時間的なズレは決定的である。幼児は自分自身が身体的な一貫性と支配権をもっているように感じる。実際には、幼児は発達のこの段階ではそれらを所有できないのだが。幼児が同一化を通して——つまり、あらゆる承認=認識がそうであるように誤認である同一化を通して——この一貫性を引き受けるという意味において、身体的な一貫性は虚構であることが示されている。このような幻想的な身体の全体性に関する記述とポール・シルダーのそれとのあいだには類似がある。両者が想定しているのは、その一貫性が物質的な身体の形態上の輪郭の反映というよりもむしろ自我の機能だという点である。ひとが「もつ」身体、そしてひとが身体に帰す能力あるいは一貫性は同一化の所産であり、同一化はつねに根本的に関係的な行為である。ラカンの用語法では、身体的一貫性は〈想像的なもの〉の領野に属するのであって、〈現実的なもの〉の領野に属するのではないのだ。

シルバーマンが書いているように、ラカンの図式では、「身体はイメージ、姿勢、そして接触を通しての身体の構成の前には、たとえ薄弱な統一体としてさえ実在しない。実際、「バラバラに寸断されて」いると言うことさえできない。というのは、その言い方はそれら断片を寄せ集めれば「全体」になるだろうことを含意しているからである。「差異」が表面上特定される際の物理的指標は、したがって、形態と価値を欠いた一貫性のない寄せ集めのなかの取るに足りない諸要素でしかないのだ」(p.22)。最後の一文は、身体部位における諸差異を基礎づけようとする欲望、つまり、反論の余地のない生物学的なものの領域にアイデンティティの観念を留め置こうとする欲望が、「その構成に先立って」その身体について私たちが外的な力を通して描く見取り図によって最初から挫かれていることを思い起こさせるものである。すなわち、(シルバーマンのフレーズを用いれば)「文字通りの意味での身体(literal body)」という生《なま》の素材は、心的なアイデンティティを吹き込むに足る確固たる地盤を与えないのである。[6]

私にとって実在する身体、固有の身体（*corps propre*）が存在するに至るのは、いったん「文字通りの身体」がイメージ、姿勢、接触を通して意味を引き受ける限りにおいてである。身体を構成するこれらの働きの例——イメージ、姿勢、接触——のそれぞれは隔たり《ディスタンス》にもとづくものだ。同一化と投影の働きには隔たりが必要とされるのと同様に、イメージと接触の外在性は明白であるように思われる。しかし、シルダーが明らかにしているように、身体の「体位モデル」でさえも、一見、全体的に内的な現象、内的に切断された回路のようにみえながら、実はそれ自身、一連のイメージ、同一化、そして社会的な関係を通して作られるのである。

表面／深さ

身体の輪郭と形態は、心的なものと物質的なものとのあいだの還元不可能な緊張に単に巻き込まれているのではなく、むしろ、その緊張である。

——ジュディス・バトラー『問題なのは身体だ』(p.66)

いままでのところで、私たちは主として表面としての身体の表象を探究してきた。この表面としての身体という形象はおそらく、ディディエ・アンジューの著作においてもっとも顕著である。そこで彼が示唆しているのは、精神分析の内部に広く認められる深さと心的内部性のモデルの効果が適切に記述されるのは表面モデルによってであるということである。『皮膚‐自我』で、アンジューはフロイトの身体自我の定式を出発点として取り上げ、皮膚が身体を収めるように心的なものを収める包みとして自我を位置づけている。『皮膚‐自我』はまた、シルダーの著作にその多くを負っている。彼の皮膚自我の定義はほとんどシルダーの身体イメージの定義に一致するのだ。つまり、それは自己を表象するとともに構成する「精神的イメージ」である。アンジューのテクストはフロイトのそれのように、身体と心的なものを区別したり、分離したりする試みを挫折させる。皮膚を心的なものの比喩としてみる代わりに、彼は時折この比喩を逆転させ、幾分びっくりするような定式で次のように示唆する。すなわち、心的なものそのものが皮膚の比喩である、と。「もし思考が脳の出来事であるのと同様に皮膚の出来事であるとしたらどうだろう」と彼は問う。そして、続けて断言している。皮膚は実際、「人間の思惟の根底的な基礎」である、と。[7]

アンジューは自我の心的な機能に関する体系的なリストを提供している。その心的な機能とは、自己を維持する、収める、保護することであり、自己と世界のあいだのスクリーンとして行為することであり、自己に一貫性を与えること、等々である（アンジューは九つに区分された機能を挙げているが、そのリストは開かれたものだと強調している）。彼が論証しているのは、これらの機能それぞれが皮膚に割り当てられうるということであり、自我に心的に当てはまるすべてのものが皮膚の構造と機能の記述として読まれうるということである。彼の読解は皮膚の包括性を強調している――ほとんどすべての身体的、心的生の特性は表面に位置づけられうる――が、皮膚はそれにもかかわらず一元論的な実体として特徴づけられることに抵抗する。「皮膚は単独の器官ではなく、様々な器官の全体集合である。その解剖学的、生理学的、そして文化的な複合体は、心的平面の上にある〈自我〉の複合性を前もって示している。すべての感覚器官のなかで、それはもっとも生きとしたものであり［…］それは単独で空間と時間を結びつける」（p.14）。アンジューはフロイトの示唆を真摯に受け止めることで、皮膚の物質性と比喩性のあいだを造作なく駆け巡るのである。アンジューは「セクシュアリティにアクセスしやすいのは、自分自身の皮膚の内に基本的な安全の最小限度の感覚を有している者にとってのみである」と主張している。これはよくある比喩である。そこでは、「皮膚」の水準における親密性あるいは快適さが、全体の身体との関係における安らぎ、快適さ、あるいは所有の感覚を表すようになる。だが、私たち自身の身体の内にある安らぎのこの感じを私たちが発達させ、維持するのはいかにしてなのか。そして、自己と皮膚のあいだの関係が安心感や幸福感ではなく、むしろ不快で違和（dysphoria）を引き起こすものであるとき、身体性と主体性に関してどんなことが言えるのか。

身体と自我双方を再考する上で皮膚自我の概念と同じくらい根本的なのは、アンジューが包むもの（envelope）の比喩にコミットしつづけている点である。その比喩はときに、彼がひっくり返したいはずの身体と精神とのあいだの二元論的で階層化された関係を復元させてしまうものだ。アンジューが強調し、用いるのは、容れ物の比喩であり、そのまわりにフロイトの図式は基礎づけられている。つまり、身体は精神を収納する容れ物である。そして、精神はそれ自身表面の包みから成り、つまり、中身（無意識）を囲み、収める殻（意識）から成る。[8] この比喩の提唱者はなにもアンジューだけではない。これはおそらく、フロイトの注釈者たちが精神と身体の関係を概念化するもっともありふれた方法のひとつなのである。[9]

身体を精神を収納する包み、つまり内的な「核」を覆う包みとして理解することには、二つの問題点がある。第一のものは、この心的な核はその内容物が身体の表面に転嫁され、置き換えられると、逆説的にもいっそう凝固されると同時に完全に明け渡されるという定式である。アンジューはこの定式にコミットし、身体の機能を精神の「二重の支え」として入念に練り上げることで、彼のテクストをはじめている。そこでは、身体は「生物学的身体」と「社会的身体」とからなる二重のものとして理解されている（p.4）。しかしながら、決定的な点で、彼はこれをまったく逆転させているように思われる。

皮膚－自我によって私が言わんとしているのは、子どもの〈自我〉がその発達の初期段階のあいだに〈自我〉そのものを心的な内容物を収めている〈自我〉として表象するために利用する精神的イメージのことであり、それが利用されるのは身体の表面のその経験の基礎にもとづいているということだ。これは比喩的な水準では心的自我は身体自我と混同されたままであるが、実際的な水準では心的自我がそれ自身を身体的自我から差異化する契機に一致している（p.40）。

私たちはいまだ、身体と精神のあいだの関係を容れ物として考えるモデルの内にいるが、その関係はいまや逆転している。すなわち、身体に対する伝統的な「包み」の比喩は、社会的な包みによって包まれた物質の「内側」を付与しているのである。アンジューはその「物質」を、非物質的な心的深さを収容した外部ないし皮膚として描き出しているのだ。

第二の問題点は心的表面で上塗りされた物質的な核という定式に関わるものであり、それは表面を非本質的なもの、取るに足りないものとして扱おうとする傾向、あるいは、その表面の下に「本当に」あるもののために表面を性急に跨ぎ越してしまう、その傾向である。私たちが後でみるように、ジェイ・プロッサーの表面の用い方は、たえず彼をして表面の背後やその下にあるものをみるよう導くものである。そこでは、表面は様々な事柄——つまり心的なものや言語、そしてクィア理論それ自身さえも——の騒々しい陣営を意味しており、それに対して、核は身体、物質性、そしてもっとも驚くべきことに「トランスセクシュアルなもの」として考えられている。「トランスセクシュアルが明らかにするのはクィア理論そのものの限界である。すなわち、それはジェンダー・パフォーマティヴィティの肥沃な大地を超えた、あるいはその下にあるものを暴露するのだ」(p.6)。表面や覆いのモデルは、その表面を超え、あるいはその下にあるものを探究するための機会として捉えられるのである。プロッサーが明らかにしたいと欲しているのは、この隠された、おそらくは、パフォーマティヴィティの下に秘められ、否認された物質性であり、パフォーマティヴィティ(これはクィア理論と同義と解され、究極的には「ジュディス・バトラー」と同義とみなされている)

が隠そうと努める物質性である。

しかし、私たちが第六章でみるように、これはこの関係を考えるための唯一の方法ではない。例えば、エリザベス・グロスは、身体自我についての議論のなかで、容れ物の比喩と深さのモデルを避け、その代わりにフロイトの身体自我を表面の戯れとして特徴づけている。身体はグロスにとって、内側と外側の表面から成るものであって、封をする包みではない[10]。つまり、自我は心的なものの「内側の」表面の上にあり、自我は身体の「外側の」表面の投影なのである。深さのモデルを超えて、それに対して表面のモデルをグロスが強調していることは、様々な学問分野の著者たちと共有されている[11]。

身体を包みとみなす概念化において、身体自我に関するアンジューの記述は、ポール・シルダーによって定式化された身体自我から袂を分かつとみなしうる。というのは、シルダーの身体図式が私たちに提示しているのは、身体がそれ自身の皮膚の境界を超えることができ、事実、超えている、という見方だからである。すなわち、身体は心的なものを包むものではないのであり、皮膚は身体を包むものではないのだ。身体と精神はともに、それらの包む能力によってというよりも、むしろ、それらの変わりやすさによって特徴づけられるのである。

身体図式

シルダーの『人間身体のイメージと現象』〔邦題『身体の心理学――身体のイメージとその現象』〕はまさに、身体と自己のあいだのこの関係を理論化しようとする試みである。シルダーが示唆しているのは、確かで、否定しようのない身体の「感じられ方《フェルト・センス》」と心的な媒介とが両立可能であることであり、心的な媒介はその身体の感じられ方を私たち自身の身体的物質性に関する理解に結びつけるのである。手短に要約すると、シルダーの議論は次のようなものである。私たちが自らの身体へと訴えるのはただ身体イメージを通してであり、繰り返し構築される身体の心的表象を通してなのである。身体イメージは多様であり（どんな人も一つ以上の身体イメージをもつ）、それは他の人たちとの関係から生起するのであり、そのイメージの輪郭が身体の輪郭と同一であるのはそれが外部から知覚される限りにおいてである。シルダーの著作は、この主題に捧げられた最初の本であり、しばしば身体イメージの概念を導入したものとして引用されるのだが[12]、彼の理論がその多くを負っているのは、彼が出発点として取り上げたフロイトの身体自我だけでなく、ヘンリー・ヘッドのような初期の神経学者の著作でもある。それはヘッドによる「体位モデル（postural model）」であり、事実、そのモデルにシルダーの身体イメージは大いに依拠している。実際、シルダーはしばしば、体位モデル、身体イメージ、そして身体図式といった用語を互換的に用いている[13]。おそらく、身体性に関するシルダーのもっとも重要な貢献は学問分野を横断する彼のアプローチにあり、精神分析、現象学、そして神経学が、身体性の問いを探究する上で、分離し、区分された方法として考えられることもできなければ、そうすべきでもない、という最初からずっとつづく彼の主張にある。[14] この学問分野横断性こそが、身体自我というフロイトの精神分析的概念を、神経学の知見や現象学のアプローチによって深められる構造として捉えることを可能にしたのである。[15]

シルバーマンの説明では、身体の体位モデルに関するシルダーの理論が明示しているのは、その核心にある隔たり《ディスタンス》である。まず考慮すべきは、自分の身体的な感覚以上にその主体に内的であるようなもの――あるいは現象学的な意味で密接であるようなもの――は存在しないだろうということである。シルバーマンが注意しているように、身体イメージは「生物学的所与」であるどころか、私たちがついに全体として認識するようになる集合に「入念に組み立てられなければならない」[16]ものなのである。それがたとえ暫定的になされるのであったとしても。このプロセスは決して完了しないし、最終的なものでもない。体位モデルは空間と時間を通して安定したものとして存在するというよりも、差異を孕んだ一連の諸モデルとして存在する。したがって、身体イメージに関する私たちの感覚、すなわち身体の体位モデルは、安定した言及対象や予測可能な意味内容のない沈殿した効果であって、というのも、体位モデルはその新たな反復を通して、形態や形において異なり、瞬間毎に変化するからである。

身体イメージの構築性こそ、シルダーが彼の説明で強調したいものであり、構築とはつねに社会的世界において生じるものである。身体イメージはつねに、文脈のなかに位置づけられ、他の身体、世界への関係のなかにあり、その構築は社会的現象である。「身体の体位モデルは組み立てられる必要がある。それは創造であり構築であって、生まれながらに備わっているものではない。それは形態ではなく［…］むしろ形態の生産である。疑いもなく、この構造化のプロセスは世界に対する経験と密接な接触においてのみ可能である」（p.113　強調は引用者による）。そして他所では次のように言われている。身体イメージは「構造ではなく構造化である」と。ここで私たちがはっきりと認めるのは、身体自我は表面ではなく表面の投影であるとしたフロイトとの共鳴である。それぞれにおいて重要な用語は名詞ではなく動詞である。つまり、物質的なものではなく、それをもたらす作用の方なのである。

明白に思われるのは、身体がこの記述において単なる生物学的所与からはかけ離れているという点である。おそらく、もっと適切に言えば、身体の構成的な部位はそれらの組み立てに先立つ生物学的所与としては考えることができないということだ。たとえ皮膚の感覚でさえも心的なものの媒介なしには経験されない。シルバーマンが強調しているように、シルダーにとって、皮膚の感覚、つまり「心的な媒介を逃れるようにみえる身体の体位モデルのその要素」はそれ自身があたかも鏡のイメージのように外的な諸刺激から組み立てられることを示している。「シルダーが主張しているのは、社会的な交換なしには、それ［体位モデル］は決して存在するには至らないであろうということであり、というのも、それは身体と対象の世界とのあいだの関係を通してのみ定義されうるからである。［…］私たちの身体の表面が他の表面と接触するときにおいてのみ、私たちはそれを知覚することができるのである」[17]。触れることは身体の体位モデルに外的なものではなく、むしろ構成的なものである――それが外的対象に触れることであれ、他の人間存在に触れることであれ。実際、シルバーマンが指摘しているように、私たちの体位モデルを形作るのは他者と触れることだけではない。「私たちの身体の様々な部位に他者が抱く関心」（p.126）さえも、その身体を形作ることができるのだ。シルダーが提示しているもっとも重要な事柄のひとつは、「性感帯が身体自我の特徴である」（p.14）その仕方であり、身体自我に関するフロイトの説明と身体が開かれていることの意義に関するラプランシュの所見の双方から帰結する読解である、とシルバーマンは結論づけている。シルダーはフロイトに次いで、性感帯と、身体図式の発達における身体の開かれとによって働く不均衡な意味作用を強調し、そして、身体イメージの発達が促進する二つの異なった水準を分節化する。「身体の体位モデルの組み立てが外部世界との絶えざる接触によって生じるのは、心理的な水準においてである。リビドーの水準では、それが組み立てられるのは私たち自身が自分の身体にもつ関心によって、また他の人が私たちの身体の様々な部位に示す関心によってである。彼らが自分の関心を示すのは行為によって、あるいはまた言葉や態度によってである」（p.137）。

シルダーのここでの運動、すなわち、身体図式を変化させ、創造するものとして接触と情動を組み込むことは、二つの事柄を確立する。第一に、身体図式の起源は関係的である。身体図式は、自己と世界とのあいだを媒介する実在として機能するのだ（その機能は関係的である）。第二に、この関係性、そして身体図式の身体／心の回路への社会的なものの導入は当然、身体図式がまったく主意主義的な企てとして、主体によって自由に選択される企てとしては理解されえないことを意味する。「疑いもなく」とシルダーは書いている、「私たち自身の活動力は身体のイメージを打ち立てるのに不十分である」[18]（p.126）。

身体図式はイメージであり、身体の表象であるが、それ以上のものでもある。身体が統一体を構成するのはその知覚であり、それは無媒介で、確実なものであるが、しかし、ここでさえ、身体図式は「単なる知覚ではない」のであり、「単なる表象ではない」のである（p.11）。シルダーは表象という言葉遣いにやや疑いを抱いているのであり、こう主張している。「私たちが絵画について語るとき、私たちはその事実を単純化している」（p.176）。そして、ヘッドに倣って彼が強調しているのは身体図式の時間的な本性である。身体の体位モデルは時とともに変化し、瞬間的に変化しさえする。それは「永続的な内的自己の構築と破壊のなかに」（pp.15-16）ある。おそらく、より決定的でさえあるのは、身体図式の過去への関係性が依存的なものだということである。そこでは、身体の一貫性は蓄積された記憶への依存を通してのみ確立されるのであり、そのときその記憶を支えるものは可視的なものではない。シルダーは『イメージと人間身体の現れ』（邦題『身体の心理学——身体のイメージとその現象』）を身体図式に関するヘッドの定義を引いてはじめている。

これら「過去の印象」はイメージとして意識に上る。しかし、特別な印象の場合がそうであるように、より頻繁に生じるのは、これらの印象が中心的意識の外部に残るということである。ここでそれらは私たち自身の組織化されたモデルを形成する。それを「図式群（schemata）」と呼べるかもしれない。そのような図式群は、直前の位置あるいは場所の刺激（感覚）がそれ以前に生じた何かについての意識に上る、そのような仕方で、後続の知覚的刺激によって生じる印象を修正するのである。［…］すべての認識可能な変化は、すでに以前起こった何かについての意識に生じるのである。ちょうど、タクシーのメーターにおいて距離が私たちに表象されるのがすでにシリングとペンスに変換されることによってであるように（pp.11-12）。

身体の全体性と一貫性の直接的で無媒介な感覚にみえるものは記憶の働きにすっかり依存しているのがわかる。「直前の位置あるいは場所の刺激」を身体にもたらし、そして重要なことに意識に最終的にもたらすものは、「感覚的刺激」と過去の印象あるいは記憶との関係であり、現在の感じと以前起こった何かとの関係なのである。神経の活動、つまり身体の感覚的刺激は、身体図式の生産に必要ではあるが十分ではない。それは、その一貫性のために、過去の印象、感覚、幻想、そして記憶の巨大な貯蔵庫を必要としているのだ。どんな身体の姿勢も心的に判読可能に（そしてしたがって、身体的に判読可能に）なるのは、ただ、過去の身体的姿勢へのその類似性の文脈の内部においてのみであり、その類似性にもとづいている。この翻訳は瞬間的であり、いかなる意識的翻訳をも必要とせず、感覚と翻訳のあいだのいかなる時間上のギャップも存在しない。

シルダーは、「身体図式における変化はすぐさま身体における変化になる傾向がある」（p.137）と主張している。そのとき、彼の定式において、物質的な身体は身体イメージよりも可塑的で変化しやすいものになっている。たとえ、物質的身体が絶えずそれ自身の生産と破壊を繰り返しさえし、大きさや形、振る舞い、そして一貫性の程度を変えさえするときでさえ、身体イメージは私たちが自分自身の身体を把握する唯一の手段のままである。身体イメージの媒介的な効果を通してのみ身体に送られるリビドーの備給がなければ、身体の物質は形あるいは形態を欠いた「ぼんやりとした物質」に還元されてしまう。そして、その「ぼんやりとした物質」への私たちの関係はしばしば近接性の関係というよりは隔たりのそれであり、そこでは他者の身体の方が私たち自身より現象学的にみれば近接的でさえあるだろう。「私たち自身の身体とは何か、そして、他者の身体とは何か？［…］私たち自身の身体は外部世界よりも私たちに近いわけではない、少なくとも重要な部分で」（p.234）。身体イメージの機能が示唆しているのは、私たち自身の身体と世界とのあいだの近接性が私たちの身体の物質性とその把握とのあいだの距離《ディスタンス》＝隔たり以上に密接でありうる、ということなのだ。

「私たちの身体に関する知の生理学的基礎とは何か」とシルダーは問うている。彼の答えが示唆しているのは、身体的物質性が、たとえ私たちがそれを物質だと認識しているときでさえ、単なる物質ではない、ということである。「私たちの議論が示すであろうことは、私たちがある込み入った複雑な仕組みと関係がある、ということである」（p.13）。「私たち」は身体として、身体の体位モデルの「ある込み入った複雑な仕組み」と関係がある。すなわち、身体は物質性と自己の問いに根本的に関係しているのである。しかし、ある意味でシルダーが示唆しているのは、私たちが、すなわち、身体の本性の探究者としての私たちが、生理学的な基礎についてのあらゆる確信に代わって、身体図式の込み入った複雑な仕組みに関係づけられる必要があるということである。無媒介な身体の「ぼんやりとした物質」への訴えは身体的物質性の問いを安定させることはできない。というのも、この「ぼんやりとした物質」はつねに身体と世界とのあいだの心的な関係の沈殿物だからである。

実際、身体の体位モデルはそれ自身、その物質性が配置されるであろう様々な仕方についてのどんな確信をも保証するのに十分ではない。シルダーは、神経学的な損傷が身体イメージと「文字通りの意味での身体《リテラル・ボディ》」とのあいだの、つまり身体の内的な知覚と外的な知覚とのあいだの分離に帰着する事例の研究に多大な時間を費やした。彼が注意深く書き留めているのは、身体イメージのこれらの歪み——それは疾病失認と半身不随との事例にもっとも極端な形で表象されるのだが——は「正常な人」にさえみられる身体とその表象のあいだの分離の「誇張表現」である、ということである。「そのとき、私たちは一般法則を扱っているのだ。それは病理学にとってと同様に私たち自身の身体の知にとってもきわめて重要なものなのである」(p.94)。幻影肢を議論するなかで、シルダーはその現象を病理学に追放することを懸命に避け、「私たち」正常な人間もまた幻影をもつのだ、と主張している。

もし、身体図式の存在がなによりもまず身体の物質性の問題を再考するよう私たちを促すのであれば、それは次に以下の問いを提起している。すなわち、私たちの身体がそれらの物質的な輪郭以上の意味をもつのはいかにしてなのか。これはいったいどんな身体であり、それはいかにして了解され、生きられるのか。

想像的な身体形態

バトラーは想像的な身体形態（morphological imaginary）の構造を組み直しながら、性器的形態と身体的一貫性の問いに関するフロイトの注釈を読解している。彼女が〔『問題なのは身体だ』の「レズビアン・ファルスと想像的な身体形態」の章の〕出発点として取り上げるのは「ナルシシズムについて」〔邦題「ナルシシズム入門」〕であるが、そこでフロイトは次のように性感帯を定義している。すなわち、「いまや私たちは、身体のあらゆる部位を扱いながら、性的興奮を引き起こす刺激を心に送るその部位の活動性を「性感帯」として記述することにしよう」[19]。私たちがみたように、性感帯を様々な身体部位に帰すことは、心的、物理的な意味の双方で身体部位として「カウント」されるものを規定することであり、そして、このことは直接的に、身体の一貫性（あるいは身体の分離）にまつわる私たちの感じ方に結びついている。バトラーがそのフロイトの読解において示唆しているのは、性感帯のこの概念が身体の物質的な解剖学と想像的なものにおけるその表象とのあいだの因果的な関係を確立する可能性を転覆し、その因果論のテーゼを、それらの現象が時間的な一致として理解されるモデルに置き換えるということである。「もしも性感帯が生産されるのが身体的活動を観念を通して運ぶことでなされるのであれば、そのとき、観念とその伝達は現象学的な意味で一致していることになる。結果として、観念に先行し、それを生み出す身体部位について語ることはできないことになるだろう。というのも、その観念こそは現象学的な意味で接近可能な身体と同時に現れるのであって、実際、それこそがその接近可能性を保証しているのだから」(p.59)。

バトラーは、物質的身体を想像的／社会的な層で覆われているものとみなす身体性のパラダイムを拒絶し、むしろ、それらの現れが現象学に即して言えば同時的である仕方を考察するよう私たちに促している。因果論的なものではないが、肉(flesh)と観念(あるいは理念)とのあいだの関係は必然的であるとともに生産的である。身体のあらゆる部位――実際のところ、身体そのもの――はシルダーの身体と同じステイタスをもつ。すなわち、それが与えられ、接近可能になるのは、ただ媒介的な心的構造を通してのみなのだ。「観念(idea)」の構造はしたがって、身体図式の構造に相当する。そして、シルダーの身体図式のように、「観念」は身体の表面に一対一対応には対応しない特質を生み出すことができるのであり、したがってそれは、物質的領域におけるその存在論的なステイタスがあまり確実でないような身体部位を接近可能なものにするのである。「これらの様々な身体表面あるいは身体自我はしたがって、もはやいかなる解剖学にも適切には属さない特性を転写するための場になる」(p.64)。

バトラーの想像的身体形態は、身体的表象における性的差異の役割にはっきりと注意を払うことでシルダーの図式を補っている。解剖学の「事実」に関する私たちの経験は異性愛的象徴界によって構造化されており、その象徴的なものの作用は遍在的で、かつヴェールで覆われている。性的差異を再考し、ジェンダーを再構成する企てにおいて、物質性の領域は想像的なものの内部でなら可能かもしれない生産的な再構成を生み出しそうにない。というのも、もし性的差異が解剖学の水準でアイデンティティの「真理」についての確信をもたらすと称するならば、この「真理」はただ想像的なものの水準においてのみ到来するからであり、この想像的なものこそがその解剖学の生産を支配しているとともに、解剖学を心的なものに提供するようにさせるのである。

ここから、私たちは想像的身体形態のバトラーの理論（及び、一般に物質性と身体性に対する彼女のスタンス）についての広く行き渡った執拗な誤解の二つを不要にすることができる。そのはじめのものは、想像的なものや幻想を物質性と現実性（これらは機能の面では同義語である）に根本的に対立するものとして読解するものだ。バトラーが指摘しているように、一方で、幻想は無意味な想像や不合理な白昼夢として理解されてはならない。このような見方は幻想の圏域を、情動にも状況にも影響されない自由な遊戯に形象化してしまう。幻想と身体形態とのあいだに賭けられているのはもっと重要なものである、とバトラーは主張している。すなわち、それは主体性そのものの位置なのだ。他方で、幻想を精神病的な妄想（あるいは神経症のヒステリー）とみなすことは、それをあまりにも情動で満たすことになる。この特徴づけは想像的なものと社会的な領域の絡み合いを記述することに失敗している。それは、幻想の構造が同一化の構造であることを覆い隠しているのだ。バトラーが述べているように、「この意味で、幻想は、すでに形成された主体の活動としては理解できない。幻想とはむしろ、主体を多様な同一化的位置へと集約させたり、拡散させたりする活動として理解されるのだ」(p.267n7)。幻想とは主体が行うものではなく、むしろ主体を可能にするものなのだ。

幻想は広く、現実に対立する用語としてしばしば誤って理解されている。そこでは、現実という言葉の意味は自明とされ、「単なる」幻想の領域に対する現実という言葉の優位性は明白とされる。これと同じ構造はバトラーに関する第二のよくある誤読にも認められる。それは、バトラーは物質性をまったく信じていないという異議、あるいは彼女の著作は身体からその肉を剥ぎ取り、結果として主体からその「リアリティ」を剥ぎ取る攻撃的な試みであるという異議である。『問題なのは身体だ』は、身体と心のあいだの因果論的な関係を不要にすることが必然的に身体もろとも不要にすることになるという不安に立ち向かう試みである。彼女が述べているように、物質性をすべて心的なものの効果と位置づけるような戯画化は、

まったく擁護できない観念論を構成するだろう。身体に付属する「物質性」の一覧、つまり、生物学、解剖学、生理学、ホルモンや化学的な性質、病、年齢、体重、代謝、生、死といったものによって示されるものを容認したり、肯定することは可能であるにちがいない。これらのい

ずれも否定できない。しかし、これらの「物質性」の否定不可能性は、それらを肯定することが何を意味するのか、実際、どんな解釈可能な基盤がその必然的な肯定を条件づけ、可能にし、限界づけるかを決して暗示しはしない。〔…〕［物質性は］「それなしには」どんな心的作用も生じないものであり、また、それに対して、それを通して、心的なものが作用しもするものなのである。

(pp.66-67)

この問題に関するバトラーの立ち位置ははっきりしている。つまり、彼女は物質性のようなものは存在しないと主張しているわけではなく、むしろ、私たちが身体が物質であると主張するとき、その主張の内容がぼんやりしていて不明瞭なままであることを、彼女は主張しているのである。バトラーにとって、身体的物質性は実在するだけではない。彼女が粘り強く主張しているのは、私たちはその物質性を是認し、肯定しなければならないこと、この肯定が主体性の根本的な条件であるということである。

主体性のこれら「必然的な肯定」の内容と意味を探究するバトラーの試みがそれにもかかわらず、彼女が身体を真剣に取り上げようとしないことの証左として解釈されるようになるのは、どうしてなのだろうか。

「現実的《リアル》な」トランスセクシュアルの物質的形象

この問いに答えるには、いくつかの他の問いを提起する必要がある。すなわち、幾人かのクィア、トランスの著者たちが実体の観念に解放の契機を見出しているのはどういうことなのか。身体的物質性に救済や償いを求めるのはなぜなのか。そして、非規範的に性別化され、ジェンダー化された主体性の生産がこの求めによって保証され、支えられるのはいかにしてなのか。これらの求めにおいて、クィアやトランスの身体と主体にとって何が探し求められているのか。どんなアイデンティティと解決策が身体的物質性によって約束されているようにみえ、どんなアイデンティティと解決策を身体的物質性は禁じているのか。

『第二の皮膚――トランスセクシュアリティの身体の語り』で、ジェイ・プロッサーは、身体的物質性の一次性を強調するトランスセクシュアルの主体性の理論を提出している。プロッサーが確保したいのは、トランスセクシュアルのアイデンティティのための身体的な拠り所である。彼が議論しているのは、身体の構築性や言説性をクィア理論が焦点化することによって、トランスセクシュアルの主体性と身体性とのあいだの結びつきが解《ほど》かれ、あるいは完全に切断されてしまった、ということである。この意味で、『第二の皮膚』はトランスセクシュアリティの歴史的な無視、とりわけフェミニスト、クィア理論における無視に立ち向かおうとするトランススタディーズにおける試みを表象している。そのような企ての政治的な目的に関する点では、プロッサーとバトラーは当然、合意するだろう。オルタナティヴなジェンダー化された身体性へのバトラーの探究の背後にある政治的な動機は、プロッサーのそれと著しく異なっているわけではない。彼／女らが袂を分かつのは、トランスセクシュアルの主体性を理論化する目標に至るためにそれぞれが試みる方法においてである。

『第二の皮膚』はトランススタディーズにおけるトレンドを象徴しており、それは、トランスの主体性の特性と差異の両方に確固とした基礎を確保するために、身体的物質性に訴える。私たちが第三章でみるように、多くのトランスの理論家が結論づけているのは、彼あるいは彼女のアイデンティティを差異（私のトランスジェンダー化された身体の特有性が私に一貫したアイデンティティを確保する）と同一性（私の身体の物質は、ちょうどあなたの規範的にジェンダー化された身体があなたに主体であることを示すように、私に主体であることを示す）の両方に固定する上で、「現実的《リアル》な」物質性だけがトランスジェンダー化された主体に牽引力を与える唯一のものである、ということである。『第二の皮膚』はこのような趨勢の徴候であるとともに、その理論的な取り組みと熱意、そして、精神分析がトランスセクシュアルの主体性を理論化する上でとくに生産的に用いられるだろうというその示唆、といった点できわめて独創的なものでもある。

プロッサーは「ジェンダー化された身体イメージに実体を」（p.6-7）位置づけることを試みている。この実体は三つの主張な属性をもつものである。(1)それはまったく曖昧でない物質である。(2)

それは「ジェンダー化された現実性《リアル》＝本物性《ネス》」の実在に関して議論の余地のないエビデンスを提示している。つまり、それは「社会的構築の偽りを暴く」。そして、(3)それはトランスセクシュアリティに対して、性的差異に基礎を置くアイデンティティを確保する。私が考察したいのは、プロッサーがここで誤った問いを立てている可能性であり、そして、私が示唆したいのは、ジェンダー化された身体性を理論化する上で身体イメージが有効なのは、身体イメージが物質であるからではなく、それが物質性そのものを意味づけ直すこと（resignification）を可能にするからである、ということである。とはいえ、さしあたりは、プロッサーが「ジェンダー化された現実性＝本物性」を支持する彼の議論に有意義であるとして精神分析を援用している点を考察することで満足しておくことにしよう。

プロッサーはフロイトの身体自我に関するバトラーの読解を考察し、次のように結論づけている。彼女の「かなり折衷主義的な」読みは、セックスの脱文字通り化（deliteralization）に帰着するのだ、と。プロッサーがバトラーを非難するのは、彼女が言及対象を弄んでいる点であり、そこでの言及対象はフロイトの論文「自我とエス」における「身体なるもの」であるとともに、より広い意味で物質的身体そのものでもあるとされる。フロイトの身体自我に関するバトラーの解釈――テクストの「明白な意味に反する」ものとプロッサーが考える解釈――の内では身体は括弧に入れられ、降格されたものであり、そのためバトラーをして身体が自我から生まれると結論づけることを許すのだ、とプロッサーは非難している。プロッサーが主張しているように、このことはフロイトの言っていることと正反対のものであり、フロイトは自我が身体から生まれることを指摘したのであって、身体はその物質性によって自我に物質性を与えるのである。フロイトに関するプロッサーの解釈、そして彼とバトラーとの反目を支えるものとしてプロッサーが引き合いに出すのがアンジューである。プロッサーはアンジューに、ラカニアンやポストラカニアンの精神分析（p.79, p.242n13）、ポスト構造主義（pp.12-13）、そしてクィア理論（pp.31-32）の不幸な副産物である「脱肉体化」に抗する闘いを見出すのだ。プロッサーはアンジューの皮膚自我の理論を以下のように要約している。

> アンジューが強調するのは、「表面の投影」が「身体的感覚に由来する」ということであり、それは身体の感じに由来するものとして身体のイメージを表象するためである。驚くほど単純な写実主義（a wonderfully uncomplicated literalism）によって、アンジューはフロイトのいう「表面」を皮膚とみなすのだ。身体の物理的な表面あるいは包みは、心的な機構に支えを与える。すなわち、自我——あるいは自己であることの感覚——は物質的な皮膚の経験に由来するのだ。身体はその「精神的な」投影と同一な関係にあるだけでなく、この投影を生産する原因でもある。身体は決定的に、かつ物質的に、自己を形成するのだ。皮膚自我はすべての心的構造は身体に起因することを論証するアンジューの方法であり、それは自我をフロイトにおけるその身体的起源に回帰させるのである（p.65）。

プロッサーは彼が「驚くほど単純な写実主義」と解したアンジューの方法論を好意的に批評しているにもかかわらず、アンジューが物質的なものと幻想的なもののまさに接合点を問題にしており、後者に対する前者の優位を拒絶していることは明白である。「皮膚自我は」とアンジューは書いている、「幻想の秩序の現実である」[20]。そこでは、幻想は主体を構成するものとして、「現実」から引き離せないものとして理解されているのである――ちょうど、「幻想」という用語のバトラーの用い方がそうであるように。実際、フロイトの身体自我に関するアンジューの読みはバトラーのそれとまったく一致するのだ。つまり、アンジューはまさにバトラーがそうしたように身体的自我に関するフロイトの注釈を分析しているのであり、すなわち、身体を「表面の投影」として確立しているのである。「フロイトの表現(心的装置の表面)と表面の投影(身体の表面)とを用いれば、自我は根本的に表面である」(p.136)。

身体、物質性、そして主体性についてのこれらの問いを理論的に整理するときには「単純な写実主義」への欲望はたしかに理解可能であるし、とりわけ理論以上のものが賭けられているときはなおさらである。「身体の問い」の単純な解決――そして、それに付随するアイデンティティと主体性の問いの解決――は当然、救済となるものであろう。プロッサーはフロイトに関するバトラーの読みを、言説性に与することによって物質性を無視することの広く行き渡った徴候として捉え、彼自身の企てを物質性の単純性への回帰の呼び求めとして捉えている。しかし、この呼び求めはそれ自体、ひとを惑わせるほどに込み入った言説的な操作である。身体についての言説の外部にあり、それに対立する身体的物質性へのどんな主張も、当然のことながら、言説の外側には位置づけられない。呼び求めそれ自体が言説的に行われているのだ。まさにこのジレンマを、バトラーは解明している。

言語の外部に物質性を位置づけることはそれでもその物質性を位置づけることであり、その物質性はそれがまさに位置づけられているがゆえにその位置づけの作用を構成的な条件として保持している。物質性を言語の外部に位置づけることは、そこではその物質性は存在論的に言語から区別されるとみなされているのだが、言語が根本的な他性の領域を指示し、それに合致するかもしれない可能性を掘り崩すことである。したがって、言語と物質性のあいだの絶対的な区別は言語の言及機能を確保しようとしながら、その機能を根本的に掘り崩しているのである (pp.67-68)。

さらに事態を複雑にしているのは、プロッサーが「性別移行の物質的形象」と「トランスセクシュアルの語りの物質性」を探究することを選択している事実である。物質性と比喩的形象のあいだの関係、あるいは物質性と語りのあいだの関係に関する主張を行うことはたしかに可能だが、いずれの場合であれ、その関係が単純な一致の関係にあることは疑わしいように思われる。語りと形象はまさにそれらの本性上、言説性から分離できないものだ。言語の外部にあるこれらのものを考えることが何を意味するのか、あるいは、語りや形象の物質性が形態や機能において肉の物質性にいかにして一致するのか、といったことが不明瞭なのである。そして、「現実」上の影響があまりに希薄であるがゆえにその物質性を掘り崩し、追放しようとする言説の権力によって絶えず脅かされているような物質性とは、いったいどんな物質性なのか。

身体的物質性に関するプロッサーの立場が確保されるのは一連の否認によってであり、それによって、トランスセクシュアルの「肉のような物質性（fleshy materiality）」への関係は複雑でもなければ何の問題もない仕方で実定的かつ肯定的なものになる。この戦略の政治的目的に賛同することは難しくない。しかし、いかにも奇妙なのは、プロッサーが持論を補強するのに精神分析に訴えている点である。というのは、そのような訴えは、主体と彼あるいは彼女の身体との関係についての精神分析理論のもっとも重要な洞察であるとほぼ間違いなく言えるものを根本的に誤解しているからである。フロイト、ラカン、シルダー、アンジュー、バトラー、そしてシルバーマンらが共通して示唆していることは、身体的引き受け（bodily assumption）――したがって主体形成それ自身――が自分自身の肉へのナルシシスティックな備給と、まさにそれによって私たちの身体が分節されるところの（バトラーから言葉を借りれば）「必然的な自己‐分裂と自己‐疎外」とのあいだの絶えざる、錯綜した揺れである。プロッサーは身体と自我のあいだの関係を理論化する上でシルバーマンに依拠していると主張しており、以下のように述べている。彼のここでの「トランスセクシュアルの身体性を考えようとする試みは、「身体自我」と題されたシルバーマンの章と歩みを共にしている」[21]と。しかし、シルバーマン自身は自我の「心的実体」を「自然化すること」の危険に警告を促しているのである。[22]

表面上は非言説的である身体的物質性にもとづいて主体性を作ること――その主体性が規範的あるいは非規範的にジェンダー化されているのであれ、その身体が単性的であれ両性的であれ――は、言語の領域から分離され、それに汚染されていないことを求める「根本的な他性の領域」に主体を置くことである。そして、もしもその主体が充実の完全な形象であることをも要求されるのなら、もしも身体あるいは心的なものの水準におけるいかなる分離も、あるいは、その二つのあいだのいかなる断絶も主体性を確保するために否認あるいは拒絶されなければならないのなら、そのとき、私たちは嫌というほど馴染みのある精神分析的領域に入っていることになるのだ。プロッサーが強調している主張、すなわち、トランスセクシュアルの身体は「非の打ち所のない現実」であるという主張は、詰まる所、彼を直接に〈現実的なもの〉に陥らせることになる。それは、言語の外部に存在するだけでなく、実際、根本的に主体性そのものと両立不可能である充実と完全の領野である。精神分析的に言えば、欠如のない全体的な充実によって特徴づけられているのは、言語の外部、意味の外部、象徴界の外部、関係の外部、欲望の外部、である。それは、根本的な棄却と死にも等しい、運動と意味を欠いた状態である――それはトランスの、あるいは他の主体性を理論化するための生産的な位置ではない。

プロッサーが主張しているのは、トランスセクシュアルは「否定しようのない」「肉における性別の備給」をもつということである。彼はここで、バトラーにどんな対立点も見出さないだろう。

バトラーが繰り返している主張、身体の物質性を肯定しなければならないという主張にまったく明示されているように。彼の主張はシルダーにも反論されないだろう。彼が示唆したのは、身体におけるナルシシスティックな備給は生存可能な身体性の前提条件である、ということだった。「私たちは私たち自身の身体についての強い感情を覚悟する必要がある。私たちは身体を愛しているのだ。私たちはナルシシスティックなのである」(p.15)。その備給なしには、私たちの身体への関係は脱人格化された疎外の関係である。私自身の身体の「私のものであること(mine-ness)」に関する私の感覚――そして決定的には、その一貫性に関する私の感覚さえ――このナルシシスティックな備給に依存しているのだ。[23] シルバーマンもまた、私たちの身体的備給が否定しようもないことに同意している。

物質性を肯定すること――あるいはもう少し具体的に言えば、自分自身の身体性の生存可能性を主張すること、とくにその物質性が文化的あるいは社会的に嫌悪されているとき――は、私たち自身の身体の単なる物質性以上のものを再構成する、継続的でつねに不完全な労働を引き受けることである。それは、諸々の物質性の生きられた意味を創造し、変換しようと努力することである。すなわち、バトラーが『問題なのは身体だ』の「レズビアン・ファルスと想像的な身体形態」の章で結論づけているように、「言ってみれば、必要なのは、新しい身体部位ではなく、(異性愛主義的な)性的差異のヘゲモニックな象徴界の置き換えであって、性的な快楽の場を構成するためにオルタナティヴな想像的な図式を批判的に開放することなのだ」(p.91)。

第二章　性的図式――『知覚の現象学』における転位とトランスジェンダー

身体とは［…］つねにそうであるものより以上のものであり、つねにセクシュアリティであると同時に自由である。

――モーリス・メルロ＝ポンティ『知覚の現象学』

私に語られることはすべて、私が私自身に対してそうであるものから溢れ出る。

――モーリス・メルロ＝ポンティ『見えるものと見えないもの』

現象学と両義性

『知覚の現象学』で、メルロ＝ポンティはたった一度だけ、ジェンダーがミックスされた身体性（mixed-gender embodiment）と呼べるものに言及している。「患者は彼の身体に植えられた第二の人格を感じている。彼は彼の身体の半分では男だが、他の半分では女である」（p.88）。この所見は、非規範的ジェンダーの形態について考える上であまり役に立たないようにみえるだろう。というのは、私たちは未決定のジェンダーのこの人を「患者」として紹介されているのであり、はっきりとはしていないが情緒的、精神的苦痛を定義づける記号によってすでに徴づけられている者として紹介されているからである。この患者はジェンダーの二元論的体系の内に二重に閉じ込められている。たとえこの患者が現象学的に言えば男性であるとともに女性であるとしても、このジェンダーの形態は男女二元論を超える新しい第三の名とは考えられておらず、むしろ、メルロ＝ポンティは、どういうわけか規範的にジェンダー化された女に融合した男、男女のあいだのちょうど真ん中に分割された身体をもつ男とみなしているのである。[1] それにもかかわらず私が主張したいのは、このテクストにおいて非規範的なジェンダーへの注意が欠如していることを考慮に入れたとしても、メルロ＝ポンティが『知覚の現象学』で提示している身体への現象学的アプローチはトランスの身体性を理解する上できわめて有用でありうる、ということである。[2]

おそらく、現象学のもっとも肝要な視座とは、主体性を理解する上で、身体が主体性に付随的なものでも無関係のものでもなく、むしろ決定的である、というその主張である。そして、身体に関するもっとも重要な視座のひとつは、セクシュアリティに関するその主張や見方にある。メルロ＝ポンティはその男性中心主義的なアプローチのために批判されてきたが、セクシュアリティが人間の身体と主体性を理解するために必要不可欠であるという彼の主張は身体と主体性それぞれを概念化する新しい方法を約束しているのであり、それはフェミニズムやトランススタディーズと結びつくように思われるのだ。(3) 彼の著作がこのようにはあまり利用されてこなかったことは、ジェンダーとセクシュアリティが彼の著作の内で維持している奇妙にも不分明な位置を示しているのかもしれない。不分明というのはつまり、身体化されているが完全に物理的というわけではなく、絶えず生じているが一貫して組織されているのでもなく、絶えず現前しながら安定してはいない位置に、ジェンダーとセクシュアリティが置かれているからである。(4) メルロ＝ポンティの著作には、セクシュアリティにおいて何か本質的に曖昧な（*ambiguous*）*ものが存在するのだ。この曖昧性は、しばしばそうされてきたのだが、性的差異に対する嫌悪的《フォビック》な、あるいは敵意のある「忌避」として読まれる必要はなく、むしろ、性的差異のカテゴリーのより意義深い困惑として読まれる必要がある、ということを私は以下で示す。(5) 曖昧性のこの哲学には有効な何かが存在するのだ。それはまさしく、男性あるいは女性の領野の外部にある身体、生、そしてとりわけ関係性（*relationality*）を理解するための方法になりうるような、セクシュアリティに伴う曖昧性なのである。

メルロ＝ポンティはこの曖昧性を、性的図式に関する彼の解釈を通して記述している。性的図式は身体図式のように時間的な出来事であり、性的図式はやはり身体図式のように不可避的に現前し、様々な時間性に及ぶものであり、それはつねに過去と未来の両方を指し示している。欲望を通して身体を生気づけるものが私が以前に経験した感覚――それが強制されたものであれ苦痛を伴ったも

＊ メルロ＝ポンティの“ambiguity”“ambiguous”は通常「両義性」と訳されるが、サラモンの議論を理解する上では「曖昧性」と訳した方がわかりやすいので、ここでは「両義的」ではなく「曖昧な」と訳すことにする。

のであれ――に依拠している限りで、性的図式のこの時間性は将来に延長される。私の歴史が私の欲望を形作るのだ。それはまた、過去に延長される。私が以前になした経験が私にとって認識可能な全体に合体し、次いでそれに私がナラティヴを与える限りで。私の性的欲望、それはつねにこの未来の様態に置かれ、したがって私の性的歴史と符合するのであり、それはつねに私の過去に置かれ、そして性的自己を創造するのである。性的図式は私の歴史に依存するとともに、私の過去から歴史を作り出しもするのだ。

セクシュアリティとアイデンティティの一致を強調することには危険が伴う。その危険はトランスとの関係においてとりわけ深刻である。トランスセクシュアリティに関する第二波フェミニズムの評価[6]、トランスセクシュアリティについての最近のいくつかの生物学的理論[7]、そしてトランスセクシュアリティに関する一般大衆の誤解[8]といったものはどれも、ジェンダーの表現とセクシュアリティの表現の一致を共有している。歴史的には、トランスセクシュアリティはしばしば、一種の超‐性化（hypersexualization）と空想され、それゆえそのようなものとして記述されてきた。トランスの著者たちはセクシュアリティの領域から身を引き離そうと努力してきたが、それは、トランスジェンダリズムがセクシュアリティへと歴史的に還元されてきたからである。例えば、クリスティーン・ジョーケンソンの自伝――そこで彼女はどんな性的な気分も感じないと主張しているのだが――は、トランスセクシュアリティがジェンダー表現というよりも性的欲望「に関する」ものであり、身体の水準におけるジェンダーの変換が性的満足のためになされたものでしかないという主張への反論として読まれうるものである。[9] このように、トランスの身体はフェティッシュのようなものとされてきた。したがって、特定のセクシュアルな表現というよりも特定のジェンダーの現前への欲望によって動機づけられている、狭義には身体的な特別移行、広義にはトランスジェンダーの経験は、トランスをセクシュアリティに還元するこのようなモデルから完全に離れている。

しかし、フェティシズム化の危険を避けるためにセクシュアリティの強調を控えることには、様々な一連の危険が伴って生じるように思われる。というのも、それはたしかに、欲望に余地を与えることができない、主体性に関する貧困な記述であるからである。そして、トランスの主体が自分の欲望を抑圧あるいは否定するよう仕向けられるときにどんな捻じれが生じるのかを、私たちは問うだろう。トランスの主体のセクシュアリティを否定することなく、トランスセクシュアリティを性的フェティシズムに無根拠に一緒くたにすることを避ける方法は存在しないのだろうか。この図式において、欲望に余地はあるのか。

性的図式

メルロ＝ポンティは、セクシュアリティを世界内の愛の対象を生み出す動因として提示することによって、セクシュアリティの本性と経験、その身体性の重要性への探究をはじめている。「いかにして、対象あるいは存在が欲望や愛を通して私たちにとって存在するようになるのかをみていくことにしよう」(p.154)。これは、私たちが身体化された主体として他の身体化された主体を主体として認識する上で抱える困難さの知、つまり、理性的にも感情的にも、私たちが私の前にいるこの他者が私のようであるが私ではないということを認識するために要求される驚くべき努力であるというだけではない。私はただ「欲望あるいは愛」を通してこの他者に結びつけられるようになるのであり、そして、欲望あるいは愛の関係を通して他者は対象あるいは存在として私にとって存在するようになるのだ。しかし、デカルトの再検討、及び経験論の同種の問題の検討を通してメルロ＝ポンティが問うに至るのは、自己の存在であり、私の身体の存在論的な堅固さであって、単なる他者の身体ではない。彼がついに結論を下すのは、私もまた欲望あるいは愛を通して存在に至るということなのだ。愛された他者が私の現象野に存在するに至るのは、その他者が私にとって存在するようになる限りにおいてである。しかし、私もまた、このシナリオにおいて、私自身にとって存在するようになるのであり、それはただ、他者が私にとって存在するようになるか、私が他者にとって存在するようになるかのいずれかである限りにおいて、あるいはおそらくその両方である限りにおいて、そうなのである。セクシュアリティは曖昧であるのだろう。しかし、それは非常に創造的な力を有している。すなわち、異性愛規範的な主体形成の馴染みのある進路に沿って配分されることを拒絶する力をもつのだ。実際、自己にもたらされるこの力が実現されるのは、一方で異性愛規範的、他方で自己発生的のいずれかであろう主体形成の進路をそれが拒絶する限りにおいてなのである。前者［の異性愛規範的な形成］は他者と私がある意味で第三者に対してあることを要求し、後者［の自己発生的な形成］は私にただ私自身に対してのみあるようにさせるだろう。

身体そのものが欲望を通して存在するに至ることを示唆することに、どんな意味があるのだろうか。この主張は私たちの身体性が間主観的である程度を強調している。つまり、それは、他の身体化された存在の現前において、そして、その承認とともに引き受けられうるしかない企てを強調しているのである。[10] メルロ＝ポンティの企てはそのとき、デカルト的伝統——すなわち、私が主体と理解されるのは私が他者と区別され、分離される限りであるとする伝統、そこではその分離の物理的な確証が私の身体の完全な固定性において設立されうるとする伝統——をラディカルに不安定化させるものとして読まれねばならない。メルロ＝ポンティが示すであろうことは、これらの境界がセクシュアリティによって溶解されるということである。このように、セクシュアリティは単なる身体的な出来事への情動的反応以上のものである。この点において情動性について「言うことは何もない」、と彼は主張する。これはセクシュアリティの精神分析的モデルに反対する応答として読まれうるものである。彼はその精神分析的モデルを生物学的決定論（心的構造を規定する身体形態、つまり解剖学は宿命である、あるいは宿命としての解剖学）であるとともに、還元論的なもの（どんな肉体の症状もそれ自身を唯一の解釈、すなわち性的抑圧のそれに導く）であると解している。メルロ＝ポンティはここではとくにフロイトに反対して書いているが、私は『知覚の現象学』のこの章がセクシュアリティに関するフロイト理論についての可能な興味深い読みを提供していることを議論するだろう。精神分析への彼の対立に関して、メルロ＝ポンティは実のところ、精神分析が提示している心あるいは身体いずれの理解をも拒絶していないのであって、単に無意識の力を心の領域から身体の領域へと移行させているのであり、したがって、無意識的なものともども斥けることによってその力を減退させるというよりも、むしろ、主体の想像的な地形図を再構成しているのである。「決して現前しなかった過去」からの、体内化されていないトラウマ的出来事はしたがって、心的というより身体的な無意識を通して、その出来事の保存と表現を見出すのである。

それにもかかわらず、ちょうど自己受容感覚*（proprioception）が私たちに身体の外側の可視的な表面を超えて身体を読み、理解する方法を提示しているように、セクシュアリティもまた、内面性であるとともに外面性であり、それらが互いに絡み合うようなものに身体を変える。実際、内面性と外面性は完全には固定されておらず、メルロ＝ポンティは身体性に関する精神分析と自己受容感覚のモデルとに正確に沿う用語でセクシュアリティを記述している。つまり、メルロ＝ポンティが提示するセクシュアリティの現象学はすっかり身体で充満しており、身体の性感帯へのその変換はほぼ完全に変化に開かれたものであり、したがって、その現象学はほとんど完全に、フロイトが『セクシュアリティ論三篇』で展開したセクシュアリティの地形図のもとにあるのがわかるのである[12]。

セクシュアリティは見ることとの問題ではなく、感じることとの問題である。それは可視的なものの手前で、そしてそれを超えて、生じるのだ。「可視的な身体は性的図式によって下支えされている。性的図式は厳密に個人的なものであり、発情帯を強調し、性的表情**（sexual physiognomy）を描き出し、男性的身体の身振りを引き出す。その身体はそれ自身、この情動的な全体性に統合されている」(p.156)。この記述において、性別《セックス》は自己受容感覚と比較されていなければ、類比されてもいないが、セクシュアリティは自己受容的である(そして、性別もまたそうであることに私たちはすぐにとりかかるだろう)。可視的な身体、他者によって見られるものとしての対自的身体、性的図式によって生気づけられ、住み込まれる肉の物質的素材が存在する。この性的図式は主体に性的表情をもたらすのであり、それはちょうど身体図式が主体に身体的形態をもたらすのと同様である。私たちは次のように言いさえするかもしれない。すなわち、この契機において、性的図式は身体図式に先立って存在するのだ、と。メルロ＝ポンティは可視的だがぼんやりと定義された身体にとりかかり、次いでその身体に隠れている性的図式に関する考察へと向かうが、それは身体の性的表情が描かれるようになる後のことなのである。ジェンダーがはじめに身体的事実(「男性的身体」)として、最終的には情動的な事実として現れるのは、欲望によって働く図式化の後なのだ。

性的図式によって下支えされた可視的身体に関するメルロ＝ポンティの記述は、二つの異なったジェンダーを私たちに提示している。表面的には普遍的な主体の推定上の男性性は目立たない仕

＊　「自己受容感覚」については、本書五頁の訳注を参照のこと。

＊＊　メルロ＝ポンティが用いている「性的表情(sexual physiognomy)」は大変訳しづらい用語だが、それは要するに、ある主体が性的な魅力を感じる容貌や雰囲気を指しており、表情といっても実際の顔のことではなく、雰囲気のような意味合いで用いられている。

方で現前しており、このことはメルロ＝ポンティの著作の至るところに認められる。しかし同様に、ここには、ジェンダーに関するより微細な、生産的な記述が存在しているのであり、それは男性の身体に関するメルロ＝ポンティの月並みな記述を下支えしている。男性性は解剖学的なものというよりも身振りとして記述されており、身体の物質性の目標は最終的にはこの未完結で表現的な身振りを伝えることにあるのだ。ここには、二重の模倣が働いている。それに従って、この男性的身振りは性的図式そのものによって引き出されることで身体の特性になる。この男性性もまた模倣的であるというのは、それが他なる男性的身体――遠く隔たっていながら構造的理念として働くほどに近接的でもある、どこかに位置づけられた身体――を引用し、おそらくは要求しさえするという理由からである。この記述においておそらくもっとも驚くべきは、性的図式がひとつ――それならば、推定上の男性的なものを記述するだろう――でもなければ、二つ――それは排除された女性的なものを含むだろう――でもなく、それゆえ男性性と女性性、あるいは男性と女性という枠組みのなかで記述されるものでもない、ということの主張である。その代わりに、性的図式とはメルロ＝ポンティが書いているように、厳密に個人的なのだ。身体的住み込みに関するこの理論化は同時に「個人的なもの」に依拠しており、それゆえ個別性のもとに置かれており、さらには関係を強調している。それは単に身体的特徴にも、そして存在の単独の様態にも属しえないようなものとして存在するのだ。メルロ＝ポンティが示唆しているのは、性感帯に関する体系的で硬直した観念では上手くいかないであろうことであり、私に快楽を与える私の身体の領域やその仕方を根本的に構成するのが私の身体形態ではなく、むしろ私の経験であり、精神的な表象である、ということなのである。

メルロ＝ポンティの見方は、セクシュアリティとはきわめて曖昧なものだ、というものだが、それはあまりにも曖昧であるために性的差異とセクシュアル・アイデンティティのアイデンティティ主義的概念によってモデルとして採用されてこなかったということはほとんど驚くに値しない。[13]身体と主体の現象学的経験がカテゴリー的というよりも個人的なものであるという主張は、その主体を多様に、時間的、社会的に状況づけるものだからである。社会的組織化との関係において、この個別性に関する主張はカテゴリー的な要約を挫折させるのだ。つまり、それが意味するのは、性的な身体性、状況性、表現のいずれもジェンダーあるいはセックスの特定のカテゴリーへの所属にもとづいて予測されえないということである。この分節化の挫折が含意しているのは、セックス（オスあるいはメス）、ジェンダー・アイデンティティ（男性あるいは女性、フェム、ブッチ、あるいはトランス）、そしてセクシュアリティ（レズビアン、ゲイ、バイセクシュアル、あるいはヘテロセクシュアル）の比較的はっきりとした分離よりも意義深いものである。それはまた、女性的欲望はその本性上位置づけられえず、拡散的で、両義的であるという、いまや十分に馴染みのある考え（私たちはここで再びイリガライを想起するだろう）でもない。私が関心をもっているのは、欲望への身体化された応答がそのラディカルな個別性を通して予測不可能なものであり、身体の形態にもとづいてそれを決定することが不可能であるという議論である。女性のセクシュアリティの経験はしっかりと身体の個別の部位に集中しているかもしれないし、あるいは、身体の至るところに配分されているのかもしれない。それは男性の場合でも同様だろう。私たちは激しいエロティックな快楽のゾーンをもつが、しかし、身体部位とその魅惑的あるいは性的機能のあいだの関係はおそらく、固く結びついた一対一対応的な符合というよりは、むしろ、緩やかに結びついた共鳴の関係にあるのである。性的表情が性感帯によって「縁どられる」であろう一方で、身体形態は性感帯の位置あるいは振る舞いを規定するのではなく、むしろ、身体形態こそが性感帯によって規定されるのだ。メルロ＝ポンティが主張しているのは、セクシュアリティが性器的なものに位置づけられるのでもなければ、あるひとつの特定の性感帯に位置づけられるのでさえなく、むしろ、他者に対する、そして世界に対するその志向性において位置づけられるのだ、ということなのである。

欲望と転位《トランスポジション》

メルロ＝ポンティは『知覚の現象学』で、欲望はつねに私を世界との関係のなかに置く、と強く主張している。欲望を通して、私の身体は他の身体に志向的に方向づけられ、それによって生きられるようになるのであり、この私は欲望を通して存在するに至るのである。このことは、私の欲望がつねに満たされていることを意味しないし、私の欲望の存在だけで、ひとりの、あるいは多数の愛された他者との特有の関係、つまり他者との相互関係を確保するのに十分であるということも意味しない。欲望は挫かれるかもしれないし、満たされないかもしれないし、到達不可能な対象を構造的にあるいは他の異なった仕方で見出すかもしれない。実際、人はめったに欲望を選択とは呼ばないものだ。というのも、私はしばしば私の欲望の傾向なり表現なりを自由には選べないのだから。欲望はこのような契機において、制限や孤立のように感じられるかもしれない。だが、欲望から手を引くこと、あるいはその死を企てる試みは不可避的に、自分自身の外部に存在する自分自身の能力を切り捨てることになってしまう。欲望は他者に向けられた存在に関わるものであり、もっといえば、欲望は他者に向けられた存在であり、欲望は必然的に私を世界と結びつけ、私を世界の一部にするのである。

私たちがみたように、欲望を様々な時間の様態に沿って組織化し、欲望にナラティヴの一貫性を与えるのは、セクシュアリティである。セクシュアリティによって、「人間は歴史をもつようになるのだ」(p.158)、とメルロ＝ポンティは書いている。それは、発掘され、分析されるというよりも、身体化され、生きられるものである。セクシュアリティは生を満たすものであるばかりではない。それなしには、生は不可能なのだ。

セクシュアリティは人間の生において超越されるのでも、無意識的表象によってその核を暴かれるものでもない。それは雰囲気のように、いつもそこに在る。[…] セクシュアリティは、それがとくに占めている身体部位から、匂いや音のように広がってゆく。ここで私たちが再び遭遇しているのは、身体図式を探究していた際に身体に見出した暗黙の転位(unspoken *transposition*)

というあの一般的な機能である。私が私の手を物に向けて動かすとき、私は暗黙に私の手がまっすぐになることを知っている。私が私の目を動かすとき、私はその運動をはっきりと意識することなく、そして、私の視野に生じた変動が見かけものにすぎぬこと〔目を動かすと視覚に変動が生じるが、それは対象自体の変化ではなく、私の視点の変化でしかないこと〕を理解した上で、それらの運動を考慮しているのである。同様に、セクシュアリティは、どんな意識の志向された行為の対象であることなしに、私の経験の特定の形態の基礎となり、それを導くのである。このように、曖昧な雰囲気として、セクシュアリティは生と同一の拡がりをもつ。言い換えれば、曖昧性は人間的実存の本質である（pp. 168-169 強調は引用者）。

私たちがこの一節で考えるよう促されているのはセクシュアリティについてだが、セクシュアリティは、精神分析がそうみなしたように、人間の意味の条件としてでもなければ、レズビアン&ゲイ・スタディーズの一部の人が述べているように、アイデンティティの条件としてでもなく、生それ自身の条件として考えられている。そして、欲望は語のもっとも強い意味で受肉《エンボディド》されており、しかし——重要なことに——どこにも位置づけられていない。メルロ＝ポンティが「セクシュアリティは、それがとくに占めている身体部位から、匂いや音のように広がってゆく」と書くとき、この一節は、その部位を名づけることを禁じる口ごもりによってヴェールで覆われたファルスへの指示とは異なったものとして読まれるだろう。セクシュアリティの集合地帯としてペニスを名づけることへのメルロ＝ポンティの拒絶によって確保された曖昧性が、すなわち、身体部位を身体的快楽から切り離すことを遂行する曖昧性が、存在するのだ。欲望と身体とのあいだの結合点はセクシュアリティの所在地であり、その結合点はペニスかもしれないし、あるいは他のいくつかのファルス、あるいは他の身体部位、あるいは部位に分割されない身体の領野、あるいは身体に有機的には結びついていない身体的な補助物であるかもしれない。この一節が断言しているのは、セクシュアリティのもっとも重要な側面とはセクシュアリティがどんな特定の部位でもなく――その部位の振る舞いでさえなく――、その「一般的な機能」である、ということであり、その機能がその部位に生を吹き込むのである。セクシュアリティとは、それによって、その部位が私自身の身体的感覚に与えられる手段であり、世界に手を伸ばすことで私の自己理解にその部位が組み入れられる手段なのである。その機能を、メルロ＝ポンティは転位（*transposition*）と呼んでいる。

セクシュアリティのエンジンは転位《トランスポジション》である。転位は、セクシュアリティが私にとって何であるか、それが私にどのように関係するのか、そして、それが私に何をもたらすのかを理解するためのモデルとして、私たちに提示されている。しかし、転位とは一体何なのか。メルロ＝ポンティはまず、転位と秩序づけとのアナロジーを行っており、そのなかで転位と自己受容感覚の機能とのあいだの曖昧さ、少なくともその強い類似性を示している。両方とも、それらが意識的思考の水準の手前で生じているという意味で、一般的である。いずれも、身体的物質性と志向とのあいだの媒介として機能している。しかし、自己受容感覚が私の身体のある部位と他の部位との関係、私の身体の私の感じ方を全体として構成する集合性を強調している点で、両者には違いがある。この感覚はもちろん、私を取り囲む世界と私が接触するときに得られるのだが、しかし、それはその核心において意識であり、私の身体に属し、私の身体のなかにある意識である。転位はわずかに異なった現象を記述している。それは、加算的でも累積的でもない自己の感覚であり、存在の、あるいは身体の住み込みのある様態から他の様態への変化を強調する機能であり、代理のようなものと関わっているのである。

　これは私の物質的存在に関係している代理であり、ある意味では物質的存在を媒介するものであるが、しかし、物質性そのものの機能には還元できないものである。それは確実に、言語学的な代理ではない。というのも、メルロ＝ポンティはこの転位を「暗黙の＝非言語的な（unspoken）」ものとして描いており、ちょうど彼が自己受容感覚に関する議論でそうしているように、私が性的図式に対してもつ関係性の反省的な本性——意識的思考に依拠しているわけではないが——を強調しているのである。引用した一節のなかで、転位は一種の交差的《キアスミック》な横断を記述している。その横断は身体と欲望を、互いが他方の場に立つようにし、そしてその置換が他方と混じり合うように変換する。転位が記述しているのは、私の身体に住み込む欲望が私の身体そのものになるプロセスである。私の身体そのものは、思惟によっては近接的には把捉されず、身体を通して、身体として（単に言及されるものとは異なったものとして）感じられ、経験されるのだ。同時に、身体はその欲望において欲望そのものになる。私の身体の肉はただ生気づけられた好みとしてのみ感じられる。その肉が志向的であるのは、私の身体を生気づける欲望が対象をもつ――欲望はそれがなにかについての欲望である限りで欲望である――という意味においてであり、また、身体に対する私の感覚が欲望された対象に向けられた志向的な存在に癒合するという意味においても、その肉は志向的である。私の身体は好みあるいは思慕になるのであり、それは、堅固な、あるいは静止したものとしての、あるいは実際には私のものとしての身体のどんな感覚をも否定することを促す力になる。私がその感覚を所有するというよりも、その感覚が私を所有するのだ。

先の一節において、私たちには目と手が与えられている。つまり、欲望の二つの表現が与えられているのであり、それは「欲望する眼差し」と「手の届く範囲《リーチ》を動機づける欲望」である。欲望する眼差しにおいて、目はある対象に注がれ、そこに静止点を、つまり視覚それ自身を基礎づけ、それを変換する投錨点を見出す。その結果、視覚野におけるぼやけた変動（ありのままに言えば）は、この転位のプロセスを通して、目立たない焦点の変化として感じられるのである。[14] 私の眼差しは対象をもち、私は私の眼差しを基礎づける対象を信頼しており、したがって私は知っているのだ、世界そのものがひっくり返らないこと、私が頭の向きを変えたり、何かをみるときに生じる「変動」がその欲望された対象によって生じ、そして、それによって鎮められもするということを。この経験、それはきわめて日常的で目立たないものだが、それは私が自分を他のものに対して向けたために生じる自己の脱中心化である。しかし、それは、その他なるものが私の眼差しに焦点化され、維持された対象として存続することによって私を私自身に魔術的に蘇らせるような脱中心化でもある。

手が届く範囲もまた、とり乱させ、困惑させ、脱中心化させるものであると同時に、統合させ、意図を与え、結合させるものでもある。喉が渇いたとき、私はテーブルにあるグラスの方に向かい、腕を伸ばし、グラスをつかみ、それを唇にもっていき、飲む。これは認知の問題ではなく、私の空間、私の身体性、私の身体存在を変化させることの問題であり、そのため、私の欲望の対象を取り囲み、それと相互に影響し合うものである。私の身体は、私の欲望が向けられた世界における対象と一致するようになるだけでなく、この契機において身体それ自身と一致するようになる――私の身体は意志になるのだ。このような転位のパラドックスは、グラスをつかもうとした私の手が手を伸ばすという行為によって私の経験から消えるときに生じる。手を伸ばす行為において、腕そのものは視野から遠ざかり、あるいは、意識の対象としては、そして現象学的な現前としては、消える傾向にある。欲望の対象が中心としての自己に取って代わるのである。

もし私たちの身体がある対象にというよりももう一人の主体へと私たちを駆り立てるのなら、このシナリオは異なったものになるのだろうか。もしも、喉の渇きが水の入ったグラスに手を伸ばさせるのではなく、欲望が私をもう一人の人に向かわせようとするのならば、私自身の身体に関する私の経験とは何か。ある対象である物に向けて手を伸ばす代わりに、私はある誰か、あるもう一人の主体に向けて手を伸ばしている。そして、このことはその状況を、似通ったものにも、異なったものにも変える。私が他者に手を伸ばすとき、私は私の腕を感じていないが、私が手を伸ばしている者の近さと不在の両方が強まるのを感じる。私の感覚はある意味ではそれ自体あのもう一人の者に位置づけられていると感じうるし、そして、まっすぐに伸ばした私の腕は、もはや私の感覚のなかには位置を占めておらず、むしろ、私が他者に対してとる手段である身振りになる。腕は欲望の導管《パイプ》ではあるが、その感覚の台座ではない。私の身体は、強制的に、ときに向こうみずに、私を欲望の対象へと接近させる乗り物であり、性的欲望の場合には、私の身体が生気づくのはもう一人の者に対して志向的に方向づけられることを通してである。

したがってメルロ＝ポンティに従うなら、このことが私の身体を欲望において生気づける転位の内実なのである。私の感覚はちょうどそれが弱まるときにより曖昧で拡散的なものになる。というのも、私は突然、感覚する主体として押し広げられ、私の身体と私の身体が向かうものとに位置づけられるからである。私の感覚の場は移行しているようであり、私の腕は、もし私が腕を伸ばすなら、私の腕としてのその機能においてというよりも、あなたに向けられたものとしてのその機能において、現象学的に経験されるのである。この分散と転位は、問題になっている感覚や身体部位を減少させるものとして読まれる必要はない。むしろ、その代わりに、セクシュアリティにおいて、私の身体から私が奪われると同時に、私がその身体にもたらされることになる、その仕方を理解する方法として読まれる必要があるだろう。性的な転位はまた、十分に明白なことだが、意識的思考と混じり合ったものとして、身体の置換に関わっているのだ。しかし、この転位はまた、たとえそれが身体的快楽を強化するものであったとしても、物質的基盤としての身体の分解、それ自身の世界の現象学的な中心としての身体の分解に関わっている。その中心は突然、分有される。だから、自己と他者は一緒になって、私の感情的生の結合体だけでなく、世界の知覚的理解の現象学的な軸をも構成するのである。

しかし、もし私が他者において見出されるのなら、それはまた、私がそこでは失われている、ということでもある。このように世界と絡み合ったこの「私」はすでに置き換えられ、バラバラにされている。現象学が示唆し、そして精神分析が同意するであろうことは、欲望の対象は決して全体的で完全な人格ではなく、この、あるいは、あの個別の部位への固着であるということである。すでにセクシュアリティの核心において、欲望の対象としての身体、そしてまた、私の欲望の乗り物としての身体には、バラバラになったものが存在する。それが存在するのは、私の身体の様々なエリアが私の欲望を通して様々に呼び起こされる限りにおいてであり、そして、私の性的な感覚の強度が他者の全体に対してよりもその他者のなんらかの領野においてより激しく示される限りにおいてである。たとえ私たちが欲望の対象として他者を創造するのであれ、私たちは他者を変形しているのだ。

転位というこの概念はトランスの人たちにとってどんな含意をもつだろうか。この転位という現象は、規範的にジェンダー化された人によりトランスの人たちにより当てはまる、というわけではない。トランスの人たちの場合において、転位はまた、感覚が身体を通して生気づけられ、身体が感覚によって生気づけられる過程でもある。欲望が身体的に経験されるのは一連の代理あるいは再構成を通してであり、それら代理や再構成はおそらくはより目立たない形ではあるが、規範的にジェンダー化された人たちにも現前しているのである。
もしも他者に向けて手を伸ばす私がトランスだったなら、何が起こるだろうか。
あるいは、もし、私が手を伸ばす人がトランスの人だったなら。

性別と超越

実存はその根本的な構造から、それ自身において不確定なものであって、というのも、それ自体では意味をもたなかったものが意味をもつようになり、性的意味しかもたなかったものがより一般的な意味作用をもつようになり、偶然的なものが理由あるものとなる――こうしたことを可能にする操作こそがすなわち実存だからだからであり、実存とは事実的状況の引き受けだからである。実存が事実的状況を自分なりに引き受け、そのような状況を変換するこうした運動を、私たちは「超越」と名づけるだろう。それが超越であるのは、まさに、実存は決してなにものをも乗り越えはしないからであって、そんなことをすれば実存に本質的である緊張が消滅してしまうだろうからだ（p.169）。

トランスセクシュアリティが誤って病理として解釈されるとき、それは大抵、自分が属していない性別の性器をもつと空想する精神的な混乱として特徴づけられる。トランスセクシュアリティが神経症というよりも統合失調症として特徴づけられているのは、このような幻想にもとづいており、それによって自分自身の身体の誤認は現実からの逃避を示すものとして解釈されているのである。この論理が示しているように、身体の物質性は現実の裁決者である。もし、あるトランス男性が陰茎形成術をしていなかったら、彼のファルスの現前は妄想であり、もししていたら、そのファルスは単なる「模造品」である、というわけである。

しかし、私たちがみたように、現象学は、自分自身の知覚が真理を決定する手段として最上位にある分野である。私自身の身体性——身体の形状、あるいは振る舞い——の現象学的様態はそれ自身、真理を構成するものとして解されている。このことは、私が自分の経験に引きこもって真理を構成したり、でっち上げたりするということを意味しないし、妄想にお墨付きを与えるわけでもない。このことが意味しているのは、私の身体の経験、その拡がりと効果に関する私の感覚、私が自分の身体を住み込みやすいものにするよう努める仕方、私が身体を用いる用途——あるいは、欲望の苦しみにおいては、おそらく、身体が私を用いる用途、というべきだろう——が、私がなんであれそれであるところの物質性への私の必然的な関係である、ということである。性的図式はむしろ、それが他者に向けた私の身体の運動を通して私に自分の身体を与えるという点で、身体を開く方法である。したがって、欲望によって、私の身体はもはや「内的現象」を表現する様々な部位の寄せ集めではなく、私が世界との関係に強いられる乗り物になるのであり、その関係だけが私に身体を与えるのだ。

メルロ＝ポンティが示しているのは、セクシュアリティはより「一般的な」意味をもつものに変換されるということである。そして、そこから彼が示唆しているように思われるのは、セクシュアリティそのもの――あるいは、それが占める基礎的な領野――が超越され、そして、より複雑な領野に私たちが運ばれるということである。単に性的であるものは無意味である。つまり、性的なものが意味作用を達成するのは、いったん性的なものがより一般的な意味を達成する限りにおいてのみなのだ。しかし、また、メルロ＝ポンティがセクシュアリティを超越の模範としているのも事実である。すなわち、超越とは自己と世界とのあいだの関係――それがセクシュアリティである――に彼が与えた名なのである。彼は次の二つのことを主張したいのだ。すなわち、セクシュアリティが何かを意味するのはただ、セクシュアリティがそれ自身より広いものを意味する限りにおいてであるということ、そして同時に、セクシュアリティは、それ自身実存と同じ拡がりをもつのだから、実存のなにか重要な側面をわざわざ指し示す必要はないということ、である。「セクシュアリティと実存のあいだには浸透性がある。それが意味するのは、実存がセクシュアリティに染み渡り、逆も然りであること、そのため、所与の決定あるいは行為で、性的なものと他の動機との割合を決定することは不可能であるということである」(p.169)。この混ざり合いは付随的なものではない。セクシュアリティの地位――それは重要なのか、そうではないのか――に関するメルロ＝ポンティのどっちつかずな結論はセクシュアリティそのものの地位を映し出しているのであって、セクシュアリティは絶えず実存と「浸透して」いるのだ。

セクシュアリティはそれ自身を、ひとつの手段、それによって理念から個別への変換が可能になる手段として提示する。私たちは次のように言いさえするだろう。すなわち、セクシュアリティは、それによってメルロ＝ポンティが身体と世界についてのデカルト的前提を余すところなく刷新する手段である、と。セクシュアリティを通して、身体——したがって自己——はそれ自身に関係するものから他者に関係するものへと変換されるのだ。相互的な投企としてのセクシュアリティは他者の身体を欲望の対象として——つまり、「単なる身体ではなく、意識によって生気づけられた身体」（p.167）として——私に与える。そして翻って、私の身体は同じように他者に可視的で傷つきやすいものである。そのとき、セクシュアリティは関係になるのであり、それは、すべての関係がその核心において性的であるという意味でもなければ、性的な関係はなにか別のもののみせかけをとる（誤ったフロイトの解釈がそうするように）という意味でもなく、むしろ、セクシュアリティは私の身体化された実存をこのように不可避的で緊張したパラドックスに捕らえられたものとして提示するということを意味するのである。私は私にとって存在するとともに他者にとって存在するのであって、これらの実存の様態が私の身体において現実化するのである。セクシュアリティは、私がこれら両方の様態を同時に経験しうる一握りの方法の内のひとつであり、そして、私自身と他者の区別が溶解しうる手段でありうる。それは、超越になるであろう浸透を引き起こすのだ。

"IN THE FULL FLESH"

よく聞いて、私は直に（in the full flesh）彼を見たの。私はそれを見た。私は彼が男だと知っている。これでおしまい。さあ、もう寝ましょう。

――ラナ・ティスデイル（映画『ボーイズ・ドント・クライ』より）

一九九九年の映画『ボーイズ・ドント・クライ』はブランドン・ティーナの物語にもとづいている。彼はネブラスカ州出身の若い男性で、トランスジェンダーだということが露見して殺害された(15)。その映画には、ティーナの恋人であるラナ・ティスデイルが彼女の二人の友人ジョン・ラッターとトム・ニッセンにつめ寄られるシーンがある。彼らは、ブランドンが本当は男ではなく、実際には女であり、男のふりをしている女だという噂を聞きつけて、ブランドンを強制的に脱がせ、彼の「真の」アイデンティティを白日の下に曝そうと考え、ラナの家を訪ねたのだった。この襲撃はブランドンを罰し、辱めようとして企てられたもので、ブランドンが罰せられるべき不正は、彼がジェンダーを偽っているだけでなく、ラナに嘘をついていることに求められている。力づくでブランドンを裸にすることは、彼らの目的の一部でしかない――彼らがブランドンの裸体を見るだけでは十分ではないのだ。彼らがその次に求めているのは、ラナにそれを見せることなのである。彼らは、ブランドンがペニスをもたず、それゆえ彼らにとってブランドンは男ではないという疑いを単に晒したいのではない。彼らはまた、ブランドンの裸にされた身体を彼らの前でラナに見せたいのであり、そのため、この襲撃の本性はラナをブランドンのジェンダーの裁決者として仕立て上げることにあるのだ。

したがって、この辱めはラッターとニッセンにとって、ブランドンと彼の「誤った」ジェンダーの現前によって騙されることからラナを守る手段として理解されている。これに対するラナの応答は、ブランドンを守ることにある。つまり、彼女は次のように彼らに話すことで、ラッターとニッセンの襲撃を食い止めようとするのである。すなわち、「私はそれを見た」と。「私は直に（in the full flesh）彼を見た。私はそれを見た。私は彼が男だと知っている。これでおしまい」。私たちはこの主張――「私はそれを見た」――をどのように読むべきだろうか。それは、映画のこのシーンでブランドンを脅かし、そのラストでは彼を殺すことになる暴力からブランドンを逃れさせるための一種の保護としてラナがついた嘘なのか。私が問いたいのは、ラナの発言が方便ではない何かとして理解されるかどうか、である。彼女が見た「それ」は特定されていない。ラッターとニッセン、そしておそらくは鑑賞者は彼女がペニスに言及しているのだと解するが、彼女は「それ」をそのようには名づけていないだろう。「私は彼が男だと知っている」と宣言することで、彼女はブランドン自身の知覚だけでなく、彼と彼のジェンダーに関する彼女の理解をも示している。彼女の発言は、襲撃に直面したときにおいてさえブランドンの男性性と男性としての彼自身の感覚を裏づける機能を果たしているが、それは、彼女がその感覚を共有していると断言することによってである。ブランドンの男性性に関する知はきわめて身体化されているものであるとともに曖昧である。ラナは彼が男性だと知っている。それは、彼女が「彼を直に＝肉薄して（in the full flesh）見た」からである。この発言は、身体部位の名づけというよりもむしろ身体性に関するものであり、ある曖昧性がブランドンのジェンダーの同一化とそのジェンダーに関するラナの承認とを共に可能にしているのである。

ラナの発言には二重の曖昧性が含まれている。その曖昧性は、物質性と肉（flesh）のあいだの関係に状況づけられており、そしてまた、知覚そのものを取り巻いている。「肉薄して（full flesh）」は単にファリックな言及対象の覆いとして働いているのではない。「肉」はそれよりもずっと理論的な働きを行っている。私が示したいのは、ラナの発言における肉という言葉の使用によって引き起こされた働きは、現象学に固有の言語でその意味を考察することで、より詳細に解釈されうるということであり、ラナによる肉の記述にはその言葉のメルロ＝ポンティ的意味における肉と有用な一致があるということである。肉とは、メルロ＝ポンティが世界との肉体的な（carnal）関係として記述したものである。それは、完全に身体なるものではないような身体性の側面、あるいは完全には量的に捉えられない世界の次元を名づけることを可能にするものである。

メルロ＝ポンティは知覚を関係的な構造とみなしており、その関係は主体と対象のあいだの関係を正確に描くものではない。彼は、かつては対象そのもののためにとって置かれていた優位性を関係に与えることによって、主体と対象、見るものと見られるもの、内部と外部のあいだの区別を無効にすることを試みているのだ。彼の最後の、未完に終わった著作『見えるものと見えないもの』は、主体と対象、触れる手と触れられる手、私たちの目に見える身体的な存在とその身体の見えない側面とのあいだの馴染みのある哲学的区別が——そして、馴染みのある経験的な区別さえ——これらのカテゴリーのあいだの関係を重視することでそれらが掘り崩される仕方を示す試みとして読むことができる。もし物理的な身体が不連続で制限づけられた実在物として考えることができるのであれば、もしその身体がそれが置かれた世界という背景からはっきりと分けられるのならば、このような同定は断絶あるいは差異化の問題というよりは、むしろ関係の産物なのである。身体がそのように同定可能なものになるのは、それを取り巻くものとの相互作用によってであって、身体がそれを取り巻くものからラディカルに異質である素材からできているからではないのだ。

身体と世界とのあいだの関係、これらの関係に対する私たちの知覚を、どのように理解すればいいのか。世界に関する知覚を私たちは当然視しているし、知覚が私たちに「属し」、私たちに世界を「ありのまま」に示していると自明視されている。しかし、私たちが世界についてたしかに知っていると思っている事柄を確証するために知覚に依拠する場合、それは誤りの元になりうる。というのも、知覚を自明視してしまうと、経験には忠実でも、その経験の客観的な評価には異質な名づけられない構造を、それはいつも説明できるわけではないからである。もし私が道の真ん中に立って、私の前に広がる道を見渡すなら、私は道の幅が地平線に近づくにつれて狭まっていくのを見ることになるが、しかし、だからといって「近くの道の方が「より真」であるというわけではない。近方と遠方、そして地平は、それらの記述し難い対照にしたがって、システムを形成しているのであり、全体に対するそれらの関係こそが知覚的真理なのだ」（p.22）。このように、知覚は、そのネットワークあるいはシステムにおける単独の要素の物質的な「真理」を確証するというよりも、むしろ関係のネットワークに向かうのである。知覚をこのように考えることで、「真と偽、秩序だった知識と幻想、科学と想像とのあいだのあらゆる区別は崩壊する」（p. 26）のだ。

この結論ははじめは支持し難いと思われるだろう。というのも、世界に関する私たちの知覚が諸々の観点によって不可避的に異なるものだと主張することと、このことが真と偽、秩序だった知識と幻想のあいだの区別を崩壊させると主張することとは別の事柄だからである。身体の場合には、メルロ＝ポンティが挑もうとした区別とは、身体が境界づけられ、判読可能な実在物であると考えることを許すところのまさに区別であったように思われる。究極的には、知覚という行為は身体と身体が状況づけられる世界とのあいだの明白な区別を崩壊させ、そしてもしも、私の身体がそれでもなお私のものであると理解されるのなら、私の身体はそれが運動する世界よりも私に近接的であると考えることはできない。「私が私がそう「である」ものであるのは、ただ隔たりにおいて、向こう側においてであり、この身体、この人物、この思考において、すなわち、私が私の前方に押し出し、もっとも近い隔たりにすぎないものにおいてである。そして反対に、私は、私ではないが私自身と同じくらい密接なこの世界に粘着している。ある意味で、世界は私の身体の延長部分にすぎないのだ」（p.57）。

世界を、私が私自身に対してそうであるように密接なものとして、私の身体の延長として感じられ、機能するものとして理解することは、いかにして可能になるのか。これは、世界の知覚を記載する知覚主体にも、私たちの知覚を超え、それに対立する物質的な事実としての世界にも、優位性を与えない存在論的な真理の記述である。この存在の真理は、これら二つの域のあいだのどこか、現れるもの（見えるもの）と世界の現れについての中立的で事実的な主張によって捕らえることのできないもの（見えないもの）とのあいだのどこかに存在する。メルロ＝ポンティが幻想的なもののカテゴリーを提示する仕方は、それが見えるものと見えないもの、そして身体存在とのあいだの関係を再構造化している点で重要である。私たちは、幻想を「物質性」と対になるもの、したがって、幻想的なものや見えないものと、見えるものや物質的なものや実体的なものとは対立するものだ（たとえその対立を崩壊させるためであれ）と予想するだろう。しかしその代わりに、幻想的なものは「秩序だった知識」と対立しているのであって、それは、幻想的なものと私たちが見ることができるものとのあいだの馴染みのある対立というよりも、むしろ、幻想的なものと私たちが知ることができるものとのあいだの対立関係を示しているのだ。もし、幻想的なものが、それを捉え、調べようとする試みから逃れ去るもの（より適切に言えば、物ではないなにか）として記述されることができるのなら、私たちの知覚を逃れるという幻想的なものの性格は、知覚が堅固な物質性をもっていることに由来するのではなく、知覚に関する私たちの知の頑迷さに由来するように思われる。メルロ＝ポンティは幻想的なものを再定義し、それを物質性の欠如によって特徴づけられるものから知的に捉え難いものによって特徴づけられるものへと移行させているのである。幻想的なものは物質的なものかもしれないし、そうではないかもしれない。それは必ずしも見えないものではないが、定義不可能なものであり、知覚によって捕らえることのできないものというよりも、私たちの知によっては包含することのできないものなのである。幻想的なものには、ある意味、境界がないのだ。あたかもごくありきたりな対象にそうするように幻想的なものを観察しようとする秩序だった試みは、それを十分に包含することにつねに失敗し、幻想的なものの物質的な次元についての完全な記述を与えることもできなければ、その物質的なものを意味に翻訳することもできない。

物の全体を解明しようとすることの知覚のこの失敗はもちろん、知覚が志向する世界におけるどんな対象にも当てはまる。あらゆる対象は無限の数の可能な現象になるのであり、どんな単独の知覚の行為も無限の現れを包み込むことはできず、知覚をいくら重ねてもそのすべてを汲み尽くすことはできない。私たちが信頼を置く知覚でさえも、つまり対象についての真理をもたらすようにみえる知覚でさえも、その対象の現実をすべて包み込むはできない。というのは、「「現実」は決してどんな個別の知覚にも属さない。〔…〕この意味で、それはずっと先へと広がっている」（pp.40-41）からである。知覚的な信念は、私たちがその対象の現実を見定めるのに役に立ちえない——それは最終的にそれ自身の位置を決定することさえできない。知覚的な確信は、ときにその対象の現前から生じるようにみえ、ときに知覚する者の身体に位置づけられるようにみえるのであり、そして、これら二つの立場の共約不可能性（私の知覚は対象のなかにあるとともに私のなかにあることはできない）は知覚の位置に関する問いを未決定のままにするのである。しかし、知覚は、いかなる対象の全体をも与えることができないという不能によって貧しくなるわけではない。つまり、知覚はこの全体以下のものを私たちに与えるが、知覚はまた、知覚する者と知覚されるものとのあいだにそれが作り出す結びつきの多様体を通してその全体以上のものを与えもするのだ。メルロ＝ポンティにとって、知覚は受動的な行為——その目的がどんな個別の対象の質をも記録し、測定することを通して、世界の量的な計測を獲得することであるような受け身の行為——ではない。知覚は他の対象や他の主体との私たちの関係を生産するのであり、この関係は最終的にはその対象の意味の場なのである。対象に関する知覚的真理は、その対象の意味の創造になるのであり、意味とは見出されるというよりも生産されるのである。

　知覚的真理に関するこの理論は、ジェンダーの不一致を考える上でどんな帰結をもたらすのだろうか。まずもって、そしてもっとも明白に、それが示しているのは、知覚によってもたらされる対象とその知覚されたものの「現実」——どんな客観的な知覚よりもつねに「遠方に」伸びている現実——とのあいだの一致の欠如である。人が身体の外形から読み取るものは、その身体の性別《セックス》の真理ではないようななにかであり、そのなにかはその身体の外的な観察によっては見定めることのできないものである。それはむしろその代わりに、物質的なものと理念的なもの、知覚する者と知覚されるもの、身体の物質的な個別性とその身体の意味や物質的なものを形作る力や文脈のネットワークとのあいだの関係のなかに存在するのである。身体に関する知覚的真理は必ずしも、私たちが見るものではないのであり、性的差異の伝統的な二元論は、身体の真理を掴んでいるというよりも、その生きられた現実を感知する他の方法を犠牲にしているのである。あるいは再び映画に戻れば、ブランドンの性別を「近くで見ること」がブランドンの性別を「遠くで見ること」よりも真であるというわけではないのだ――ちょうど、「近くの道が遠くから見た道より真であるというわけではない」ように。

「肉」のカテゴリーはまた、身体性について考える方法を提供している。それは、身体性の心的備給の生産的能力を真剣に考察する方法であり、身体の現象学的な経験を身体の物体性の客観的な評価と同じくらい重要なものとして理解する方法である。メルロ＝ポンティが提示する肉の理論において、肉は物質的なものに還元されないのであり、私自身と他者、そして世界とのあいだの関係の生産物なのである。もちろん、この言葉はしばしば、あたかもその言及対象がはっきりとしており、明白であるかのように用いられている。つまり、肉は身体的な実体として理解されている。[16]これはとりわけ、トランスジェンダーの身体についての議論に当てはまる。例えば、ジェイ・プロッサーは身体の「肉のような物質性（fleshly materiality）」を記述しているが、「肉」と「物質性」というこれら二つ用語のあいだにはどんな区別もなされていない。それは単純であり、可視的であり、物質的であり、これらの場合のいずれにおいても、この用語は身体の議論につきまとうと考えられている言語学的抽象の暗雲を一掃するために動員されている。要するに、肉という言葉は可視性と現前と結びついた存在の様態を記述するために用いられており、しばしばその存在に関連する構成要素を指し示している。ひとが「直に＝肉薄して（in the flesh）」現前していると言うことは、他の誰かに対して現前していること、自己から差異化された他の観察する実在の前に姿を現すことを意味するのであり、肉はその他の実在に対して露わになり、その個人の身体化された現前を保証するものになるのである（「直に（in the flesh）」と「直接＝本人（in person）」とは実用的には交換可能な慣用句である。つまり、前者は後者を保証するものとして働いている）。

メルロ＝ポンティの肉の定義がその用語の口語的、日常的な用い方と共有しているのは、関係の概念である。しかし、メルロ＝ポンティの肉の概念はより制限されたもの（私の肉と私の人格は同じ事柄ではない）であるとともに、より拡大されたもの（私の肉は私の身体と同一である必要はなく、むしろ世界に拡張されうるものであり、世界それ自身が肉をもつ）である。彼は問うている、「われわれは身体をもっているのだろうか、言い換えれば思考の不変な対象ではなく、傷つけられると痛みを感ずる肉、ものに触れる手をもっているのだろうか」（p.137）。

身体を肉から差異化する試みにおいて、メルロ＝ポンティはそれらを対立させ、前者には対象の性格を、後者には主体の性格を付与している。はじめに区別される肉の特性は、それが痛みを感じること（*that it suffers*）である。それが「触れる手」をもつということは、二次的に重要なものでしかない。これは、受動性と能動性の区別ではまったくない。痛むことは触れることと同じくらい能動的な、他者との接触である（身体が能動的なのは、それが「それ自身を他者に開く」ときであること、身体が他者によって傷つけられる可能性に開かれることを含むことを思い起こそう）。しかしながら、それは、見られるもの、つまり対象としての身体と、感じられるもの、つまり現象学的に経験されるものとしての身体との区別を描いている。そして、ここに横たわっているのは、メルロ＝ポンティによる肉の記述と身体の単なる物質的素材として考えられた肉とのあいだの大いなる差異である。肉とは、身体を形成する素材というよりも、むしろ、心的備給と世界への参与によって、私たちが自分の身体から形成するものなのだ。

肉になることは世界のなかへと入ることであり、自分の身体と世界との区別が意味をなさなくなるほどに世界と絡み合うことである。それは自分の身体に住み込むことであり、「その内に存在し、それに移り住み、その幻影によって魅惑され、捕らえられ、疎外されるということ、その結果、見る者と見えるものとが互いに逆転し、もはや誰が見、誰が見られているのか分からないようになる、ということなのである」(p. 139)。肉は世界による身体の誘惑であり、身体によって世界を身体そのものに取り込むことである。

メルロ＝ポンティは次のように続けている。

われわれがさっき肉と呼んだのは、この〈可視性〉、この〈感覚的なもの自体〉のこの一般性、〈私自身〉のこの生得的無名性なのであり、そして知っての通り、伝統的哲学には、そのようなものを名指すための名前はないのである。[…] 肉は物質ではないし、精神でもなく、実体でもない。それを名づけるためには、水・空気・土・火について語るために使用されていた意味での、

> 言い換えれば空間・時間的個体と観念との中間にある一般的な物（*a general thing*）、つまりは存在が一かけらでもあるところにはどこにでも存在の或るスタイルを導入する一種の受肉した原理という意味での「エレメント」という古い用語が必要になろう。［…］肉というのは究極の概念であって、二つの実体の結合や合成ではなく、それだけで考えられうるものだ（pp.139-140　強調は著者）。

メルロ＝ポンティは、肉は単独の実体でもなければ、「二つの実体の統合や合成ではなく、それだけで考えられうるものだ」と主張している。肉は身体のある種の位置づけられなさを示しており、それは物の実体でもなければ、純粋な観念でもなく、それら二つのあいだのどこかで構築されるものである。メルロ＝ポンティが「私の身体は物であろうか、それとも理念であろうか」と問うとき、彼は「それはそのどちらでもなく、あらゆる物の尺度なのだ。したがって、われわれは、肉と無縁ではなく、肉にその軸や奥行き、次元を与えるような理念性というもの認めるべきであろう」（p.152）と答えている。最終的には、身体そのものは実体と理念の混合物あるいは合成物であり、客観的に数値化されうる物質性とその世界への幻想的な拡張とのあいだのどこかに位置づけられるものである。メルロ＝ポンティは、身体的な住み込みの様態を通して私たちが身体の幻想的な側面によって誘惑されることを示唆しており、私たちが自らを世界に委ねるのはまったく身体なるものではないような（is not-quite-the -body）肉を肯定することによってであり、それによって、私たちは他者と世界へのより深く根づき、拡張した結びつきを見出すのだということを示唆しているのである。

そのとき、肉は思考可能な物だが、まだ思考されていない物でもある。肉は物質でも精神でもなく、これら二つの性質を帯びたものであり、しかし、これらの混合物としては記述できないものである。肉は私たちの他者への関係を通して築かれ、そのあらゆる現象学的な個別性において築かれるが、それ自身は「一般的な物」である。では、このような肉の理論から、トランスジェンダーの身体性を理解するのに有益などんな事柄を引き出すことができるだろうか。メルロ＝ポンティの肉の記述はいくつかの決定的な点で、トランスジェンダリズムあるいはトランスセクシュアリティの記述であるように思われる。すなわち、その主体がまったく単一でもなければ、二つの実体の組み合わせでもないような存在の領域を記述している点で。アイデンティティは、特定の身体の物質性によって確保されることもなければ、特有の精神的な性質によっても確保されず、むしろ、それら両方に関わるものであるとする点で。肉はそれ自身によって思考されうるが、名づけられえないものであるという点で。それは単独の実体でも、二つの実体の統合でもないという点で。そして、いずれにおいても、関係の問題こそが一次的である。自分自身の肉を感じること、あるいは他者の肉の証人として振る舞うことは、より生存可能な身体性に向けて、主体と対象、物質と幻想に関する問いを混乱させることなのである。

第Ⅱ部　ホモエラティックス

第三章　ボーイズ・オブ・ザ・レックス——トランスジェンダーと社会的構築

クィア文化のホモエラティックに向けて

歴史的にも実践的にも北米のクィア文化の中心地であるサンフランシスコには、レズビアン・バーがひとつしかない。[1] もちろん、レズビアンが会ったり遊んだりする機会は街中にたくさんあるし、たいていの夜にはレディース・ナイトを主宰するクラブやバー、その他のレズビアン・フレンドリーなスペースを簡単にみつけることができる。しかし、サンフランシスコで年中無休で「ダイク・バー」＊を自称し、掲げているのはレキシントン・クラブだけである。そのクラブは地方紙で次のように定期的に宣伝している。「とってもゲイなグラブで、毎晩レディース・ナイト（a totally

＊「ダイク（dyke）」はもともとはレズビアンに対する蔑称だったが、「クィア」のように当事者が自らをエンパワメントする言葉としても用いられる。

gay club where every night is ladies' night)」。常連から親しみを込めてレックスと呼ばれるそのバーは、二〇〇二年に「「ボーイズ」・オブ・ザ・レックス」というその年のカレンダーを販売していた。それはクラブのスタッフ——バーテンダーやバーバックス、ドアボーイ、ブックキーパー、そしてカメラマンのエース・モーガン——の写真を特集していて、これらの「男の子たち《ボーイズ》」のそれぞれはきわめて男らしくみえる。

モーガンの一二月の写真は、このバーの設立者であり所有者であるリラを写している（図3—1）。彼女はアーモンの隣に立っている。アーモンはリラの隣に座っている、顎がシェービングの泡で覆われている男性である。リラは一方の手で彼のあごひげをつかみ、もう一方の手で剃刀をもって彼の顔の横に注意深く構えている。その写真はレキシントン・クラブではなく、別のバーであるイーグル・テイバーンで撮られている。そこは地方のレザーマン*（leather man）のバーであることが、写真の背景に写っている屈強な男たちのグループや、アーモン（そしてイーグルのバーテンダー）がかぶっているバーのロゴの入ったベースボール・キャップから分かる。写真における男性性の働きは複雑なものだ。リラは女性に「読める」が、背景の男性の身体に対して前景化しているのは——文字通りにも、また形象的にも——彼女の男性性なのである。アーモンの位置は、まったく従属的なものというわけではない——彼は茶目っ気のある笑みを浮かべてレンズを直接見ている——が、しかし、彼のあごひげと男らしい顔はその前にある剃刀に傷つけられうるほど密接である。リラは彼女が髭剃りをする男性との場面を任されているだけでなく、より広い意味で、レザーマン

図 3-1 "Lila, Mr. December." *photograph by Ace Morgan*

図 3-2 "Bre, coverboy, "Boys of the Lex"." *photograph by Ace Morgan*

のバーで繰り広げられる男性性の場面をも司っている。その写真は、去勢する女というブッチ・レズビアンのステレオタイプを、ナイフで男性性を脅かすことで引用している。[2] しかし、背景の男性たちの様子はリラックスしたフレンドリーなものであり、前方に写し出されている二人の人物における危険の場面は、攻撃的というよりは温和な、お互いに対する二つの身体の態度によって和らげられている。ブッチ・レズビアンは男性性を攻撃しているのではなく、男性性とホモエロティックに戯れているのである。

写真が表象しているのは一種の男性的なホモエロティックである。ホモエロティシズムあるいは同性愛（homosexuality）を「同性間の愛」と解する一般的な理解では、このエロティシズムがいかに、セックス、ジェンダー、身体の差異と他性に依存しているかを理解するのに不十分である。というのも、もしこれが類似性のエロティクスであるなら、類似性は決定的に差異によって与えられているからである。写真に写っているすべての人は同じジェンダーに「属して」いると思う人もいるかもしれない（それは正しいかもしれないし、間違っているかもしれない）が、はっきりしているのは、彼らが同じセックスには属していないということである。写真のエロティックな力はこの同一性のなかの差異によって生み出されているのである。差異とアイデンティティの位置と交差は分解し難いものになっている。カレンダーはレザーマンのバーのイメージを用いて、レキシントン・クラブを「とってもゲイな」（すっかりレズビアンでも男性同性愛でもないゲイネスの皮肉っぽい主張として読める）、「毎晩レディース・ナイト」（これらの「レディー」はみなボーイに同一化されている）と宣伝している。このような文脈において、ホモエロティックはあまり役に立たない、味気のない形容詞であり、そのイメージによって生産されたリビドーと同一化の屈折にまったくついていけていない。その写真の展示、及び、その文脈にもとづいた用い方は、ホモエラティック（*homoerratic*）と呼んだ方が良いだろう〔“homoerotic”に“erratic”を合成したサラモンの造語。erratic は「突飛な、逸脱した」などを意味する〕。つまり、同一性のリビドー経済の参与者はそれにもかかわらず、予測不可能な驚くべき仕方で、慣習的で予期された進路を踏み外し、彷徨うのであり、そのエネルギーはまさにエロティックな同一化と交換の不安定性に依存しているのだ。

　もしレキシントン・クラブが女性がいる場所であり、ボーイがいる場所であり、そしてレックスのボーイたちのための場所であるなら、これらはまったく同一のカテゴリーであるように思われる。ブレー——カレンダーの表紙を飾っているボーイ——は、サンフランシスコのミッション・ディストリクトの一角を見渡せる屋上に腰掛け、「私のケーキ（my cake）」とデコレーションされたケーキを食べている（図3―2）。「サンフランシスコ唯一のフルタイム・レズビアンバーのボーイ」（と写真の見出しは読める）のひとりであることが、自分のケーキを買い、食べることができることの例であることにはなにか意味があるのだろうか。セックスとジェンダー、身体と関係に関するどんな理解がそのような同一化を可能にするのか。

＊　レザーマンとは、レザー（革）の服装によって男らしさを強調するゲイのこと。

私が以下で示すのは、このカレンダーはクィアの性的文化の人工物として、ジェンダー・スタディーズ、とりわけトランスジェンダー・スタディーズに根強く認められる批判のひとつを正してくれる、ということである。その批判とは、クィア理論が流動性、不安定性、そしてポストモダンなものを価値づけることで、「現実の生（real life）」において生きられたものとしてのジェンダーの含意を無視あるいは矮小化している、というものである。「現実の」ジェンダーへの回帰のこの呼び求めは、単に「理論化」されたものとしてのジェンダーに対立するとされ、概念化されたジェンダーと生きられたジェンダーのあいだに境界線を引く。そこでは、後者の「生きられたジェンダー」はどういうわけか前者の「概念化されたジェンダー」の正体を暴くものであると考えられており、「概念化されたジェンダー」は希望のないユートピア的憶測か、悪い場合には、身体化されたものとしてのジェンダーをバラバラにするものだとみなされる。この分割――それは、肉体離脱的で解放的な理論化の熱狂的な増殖に反対する安定的な地平として、身体の物質性を位置づけるのだが――は「理論」をカリカチュアに平板化する効果をもつものである。

ジェンダーを理論化すること――つまり、身体が様々なセックスやジェンダーに住み込む仕方やこれらの住み込みを可能にする社会的構造化を問うこと――は、これらのカテゴリーのどれもが付随的で無意味なものであると示すことではない。いかに私たちはジェンダーを身体化するのかは、いかに私たちはジェンダーを理論化するのかということであり、それとは異なった風に示唆することとは理論化と身体化の双方を誤解することである。理論的なジェンダーの剰余として知覚されるものを規律しようと試みて現実のジェンダーのカテゴリーに訴えることは、生きられたものとしてのジェンダーを飼い慣らすことであり、その考慮すべき複雑性を否定することである。そして、そのような複雑性はしばしば、それを記述しようとする私たちの言語を追い越しているのである。ジェンダーをクィアすることは理論的な仕事であるだけではない——それは否定しようもないことである。また、アカデミックな言説からはじめは遠く離れているようにみえる侵犯的なジェンダーを身体化する日常的な数多の例が複雑性と自己認識をもって遂行されているのは当然である——それらの例は、もし私たちがそれらを「むやみに込み入った、また複雑に込み入らせる理論化に単に対立するもの」として理解するのならば、不可視化されてしまう。レックスのボーイたちが証明しているのは、生きられたものとしての、そして身体化されたものとしてのジェンダーが力強い意味でつねにすでに理論化されている、ということなのだ。ジェンダー表現の理論化とパフォーマンスのあいだに区別が設けられるとき、私たちはそのような区別が誰に、あるいは何に役立つのかを問うのが賢明だろう。

社会的構築とその不満

トランスジェンダー・スタディーズという新興の分野のなかで多くの著者たちが示したのは、もっとも深い影響を与えたクィア理論の遺産とはジェンダーと身体性を理解する方法としての社会的構築の発展であるということである。なかには、トランスジェンダリズムを身体の社会的構築の証明として理解する者もいるが、多くの者が主張しているのは、トランスジェンダリズムが社会的構築の理論への異議申し立てを表していること、トランスジェンダーの身体の物質性が社会的構築をフィクション——そして危険なフィクション——として暴いている、ということである。

トランスの著者たちは、社会的構築に対して少なくとも三つの異議を明示している。ジェンダー化された身体性は複雑であるにもかかわらず社会的構築はそれを単純化していること、社会的構築は身体的物質性の現実に無頓着か否定的であること、そして、身体の再意味化や抵抗に社会的構築はどんな余地も与えていないこと、がそれである。私が主張したいのは、これらの異議のそれぞれが、社会的構築の意味や、ジェンダーを理論化する上でのその用い方に関する基本的な誤読にもとづいているということである。

『トランス・リベレーション——ピンクあるいはブルーを超えて』でレスリー・ファインバーグは、トランスジェンダーの人々はジェンダー不和を忌み嫌う文化によって歴史的に不可視化されてきた、と主張している。ファインバーグは、理論には社会的変化を促す役割があり、それは理論が「行動を勧める」ことができるからだ、としている。ファインバーグはまた、カテゴリーが「現実の生」から理論を取り出す点で一般的なものだと、疑念を表明している。「歴史は過去の経験の記録である。理論はその経験の一般化である。それは単純な一般化である」[3]。もし歴史と理論、そしてそれらの関係が「単純な」事柄であるなら、ファインバーグにとって、理論がジェンダーを説明するために用いる観念は単純であり、したがって社会的構築もまた単純である、ということになる。ファインバーグは表明している。「私は、ジェンダーが単に社会的構築物であるという見方に与しない。その見方によれば、ジェンダーとは幼い頃から習性的に学んだ二つの言語体系の内のいずれか一方であるとみなされている。私にとっては、ジェンダーは詩である。私たちそれぞれはそれを、私たちが教えられた言語から作り出すのだ[4]」。この見方において、社会的構築はなにか単純なものであり、「単純な」は社会的と構築の両方を修飾する形容詞である。ジェンダーを生産する社会的な領域はジェンダーをたった二つの選択肢に制限することで簡略化し、そして、社会的構築の納得のいかない単純性は「経験の一般化」としての理論に結びつけられる。「社会的」と「構築」のいずれも、規範から逸脱した経験を説明することができないとされるのだ。この不十分な一般的経験を伝えることもまた単純なものとみなされており、受動的な主体に機械的に伝達されるものとみなされている。社会的構築は文法の授業のようなものになり下がり、ジェンダーを生きるという能動的な仕事は詩的なものとして、上記の制限されたものとしてのジェンダーの硬直した文法に対立するものとされる。

　私はこの言語学的な比喩が含意しているものに立ち戻るだろうが、ここでは、ただ、社会的構築の拒絶におけるファインバーグの言語へのアナロジーが社会的領域の構築の外部に存在する――そしてジェンダーを身体化する――能動的な主体を仮定していることを注記しておきたい。社会的構築への同様の、おそらくはより明示的な拒絶は、ジェイミソン・グリーンのものである。グリーンは書いている。「フェミニスト批評によって、私たちはいまや「ジェンダーは社会的構築だ」と言うことができるようになった。あたかも、私たちはそれを超然と眺めているかのように」[5]。グリーンはどの批評か――実際のところ、どんなフェミニズムか――具体的には指示していない。生きられたジェンダーに結びついていないものとして社会的構築を描き、それを私たちに提示している批評、ジェンダーに賭けられているもの――単純な「構築」の外部にある主体や身体に存在するようにみえるジェンダー――を不明瞭にし、脅かしさえする批評を、グリーンは具体的に指示していない。社会的構築はジェンダーを、それを生きている身体から切り離すものであり、トランスジェンダーの主体――そのジェンダーの経験がそのどんな構築によっても制限されていないとされる主体――の向こう側、背後、あるいは手前をうろうろしているものであるとされる。

これらの著者たちは、社会的構築を単純なものとみなし、生きられたジェンダーを複雑なものとみなしている。対照的に、トランスの著者のなかには反対のアプローチをとる者もあり、そのようなアプローチをとる人たちは、身体の単純な物質的事実を言語学的抽象や複雑性で不明瞭にしているという理由から社会的構築を非難している。ジェイ・プロッサーの説明では、トランスセクシュアルの身体の物質性は「社会的構築の偽りを示す」ものであり、そこでは身体の性別違和的な関係はジェンダーの入り組み、錯綜した理論に対して真理――やはり、単純な真理――を肯定するものであるとされる。[6] FTMについて書いているもうひとりの著者ジェイソン・クロムウェルは、トランススタディーズでしばしばなされる身体違和と身体そのものの確信とのあいだの結びつきを問いに付している。「もし私が間違った身体をもっているのなら、私がもっているのはどんな身体であり、私の身体はどこにあるのか」[7]。しかし、もし身体違和の確信がクロムウェルにとって身体に関する存在論的な確信を与えることができないのだとすれば、それは社会的構築に印づけられていない身体――つまり身体についての理論の異議、そしてそれに対する抵抗において存在する身体――をまさに生産している。「現象学的な身体は」、と彼は書いている、「トランスの人たちにとって、セックスとジェンダーのイデオロギーへの抵抗の場である」[8]。いずれの場合でも、社会的構築は誤ったものとみなされているのであり、それは規範的なジェンダーを決定する規定が「つかまえる」ことに失敗しているからである。つまり、規範的なジェンダーを物質化することへのトランスジェンダーの身体の抵抗はその構築の失敗を示しているとみなされるのである。社会的構築はその結果、ただ規範的にジェンダー化された身体を生み出すことしかできない体系としてみなされる一方で、非規範的なジェンダーの形態は「ジェンダーのイデオロギー」の領域のすっかり外部に存在するものと推定されるのだ。このように、トランスの人たちは、彼／女らの様々なジェンダー化された身体の物質的な特有性のために、ジェンダーを完全に掘り崩す存在とみなされているのだ。

トランスジェンダーの身体の物質性がトランスジェンダーの人々にジェンダーの外部、あるいはジェンダーを超えた場を与えるというこの仮説は、トランスジェンダリズムを特徴づけるものが特定の身体性であるということに加えて、特定の行為能力（*agency*）をもつという主張に導く。そして、この行為能力をめぐって、社会構築主義批判はもっとも断定的に推し進められている。社会構築主義は、トランスの人たちが自己‐定義する能力、あるいは「真正の」身体性への彼らの主張、あるいはトランスジェンダリズムそのものの可能性といったものに代わる代わる制限を課すことを目的とする強制力とみなされるのだ。グリーンは、社会的構築はトランスジェンダーの人たちの行為能力を不可視化すると主張する。「私が信じているのは、ジェンダーが各個人に属するものであり、彼あるいは彼女が好むものに関わっているということだ。「客観的な」観察者が別の人物にジェンダーを貼り付けることはできないのである」[9]。クロムウェルは、「トランスの人たちは〔…〕他の人と同じではない。彼らが誰であり、何であるかを社会が書き留めるというよりも、むしろ彼／女らは彼／女ら自身を定義しているのだ」と主張する。[10]ケイト・ボーンスタインは、「ジェンダーを問いつづける私たちは、「ジェンダーを規定する」厄介な制度から離れて、私たち自身を名づけることができるはずだ」と述べている。[11]社会的構築は、自己‐定義や行為能力といった試みを阻害する影響力のある強制力として論じられている。そして、グリーンは、社会的構築がジェンダーそのものを危うくするものであると示唆し、次のように述べている。私たちは「社会構築主義の支配から解き放たれたジェンダーをもぎ取ることを試みなければならない」と。[12]ヴィヴィエンヌ・ナマステは『不可視の生――トランスセクシュアルとトランスジェンダーの人々の抹消』で、さらに先へと議論を進めて、次のように主張している。社会的構築主義に加担しているという理由で「現在実践されているようなクィア理論は理論的、政治的な理由双方から拒絶される必要がある」と。[13]

かくして、社会的構築は、トランスジェンダリズムへのいかなる妥当性もないほどあまりに単純なものとみなされ、しかし、トランスの人だけでなく、ジェンダーそのものを脅かすほどに影響力のあるものとしてみなされている。これらの議論において社会的構築として名指されているものは何なのか、と疑問に思う人もいるだろう。社会的構築はあまりにも単純である、あるいは、その効果は取るに足りない、あるいは、社会的構築は私たち――規範的にジェンダー化されていようとトランスジェンダーであれ、同様に――をどういうわけか「超然とした」立場に置く（クロムウェルが主張しているように）、といった主張をする社会的構築の擁護者をみつけることは難しいだろう。おそらく、トランスジェンダリズムについてのたくさんの論考――ポピュラーなものもアカデミックなものも――で、社会的構築が用いられてきた歴史への言及もなく、社会的構築を用いた個々の著者への言及もなく、社会的構築が流通しているのは、このような理由からであり、社会的構築を攻撃している著者たちが様々な理論や観念を社会的構築というひとつの見出しのもとに集めて言及しているように見えるのもそのためである。

社会的構築と身体の歴史

ここで、社会的構築について明確化しておくのが適切だろう。社会的構築は社会的な締めつけ、あるいは社会的役割、社会による管理、文化的な見込み、といったものと同じではない。それは、現実的ではないとか重要ではないといったことを意味しない。それはパフォーマティヴィティやクィア理論と同義語ではない――その両方に重要な仕方で結びついてはいるものの。身体は社会的に構築されていると主張することは、それは現実的ではないとか、肉から作られていないとか、その物質性は無意味であるとかと主張することではない。セックスは社会的な構築物であると主張することは、セックスは無関連であるとか、不変であるとか、身体化されることや作り変えることができないとか、と主張することではない。私たちの性別化されジェンダー化された身体の経験は社会的に構築されると主張することは、私たちの経験が虚構であるとか、非本質的であるとか、性別化されジェンダー化された身体についての理論より重要でないとかと主張することではない。

それでは、身体が社会的に構築されたものであると私たちが言うとき、何を言わんとしているのか。それが意味しているのは、私たちの身体がつねに社会的世界――私たちが不可避的に状況づけられる世界――によって形作られているということである。この文化的な形成は概念的な水準で生じる。概念的な水準というのは、私たちの身体が何であるか、何になるのかに関して私たちが想像可能なものが――何が身体として「カウント」され、あるいは、されないかを決めることさえ――、身体が社会的にどのように理解されてきたか、というその歴史によって、つまり、身体がこれまでどのようなものであったかの歴史によって構造化されているからである。しかし、その想像は概念的な行為であるだけではないし、「単なる」理論的な企てでもない。身体を文化的に理解可能なもの、あるいは理解不可能なものとして構成する同じ社会的な力はまた、もっとも私的で、もっとも個人的にみえ、統制的な規範にもっとも影響を受けないようにみえる身体性の感覚をも、形作っているのである。私たちが身体について感じるものは、ちょうど私たちが身体について考えることと同様に「構築されて」いるのであり、身体性を理解するモデルとしての社会的構築の有効性は、これらのカテゴリーが分離されているのではなく絡まり合っているものだというその主張に由来するのである。

社会的構築は身体的存在の「感じられ方《フェルト・センス》」に対立するものと解釈されてはならないのだ。というのも、身体は社会的に構築されているということとその感じられ方《フェルト・センス》は否定できないということとは同時に主張可能だからである。社会的構築が提示しているのは、身体の感じられ方《フェルト・センス》がその歴史的、文化的なヴァリエーションにもとづいて、その切迫さと直接性とともに、どのように生じるのか、その仕方を理解する方法であり、最終的には、その感じられ方《フェルト・センス》によってもたらされるものとは何なのかを探究する方法なのである。身体の歴史性とその感じられ方の直接性とのあいだのこの緊張は身体的存在の正確な場であり、この緊張を捉えることはトランスジェンダー・スタディーズと同様に社会的構築理論の課題である。クロムウェルは、トランスジェンダリズムを理論化することは本質主義と構築主義の中道を要求するとして、いずれも片方では「個人の経験を説明する「ことはできない」。コインの両面はその全体に寄与する。身体、セックス、ジェンダー、そしてセクシュアリティを本質主義（生まれ）か構築主義（育ち）いずれかでみるよりも、そして、個人の振る舞いを説明するためにコインを定期的にめくるよりも、むしろ、両方の理論が考慮されなければならない。人々は彼らの存在の諸側面が本質的（自然的）であると感じるが、人々がまた知っているのは彼らが感じているものは部分的には、支配的な社会がいかにイデオロギーを構築するか、その仕方に当然求められるべきであり、そのイデオロギーは身体化され、性別化され、ジェンダー化されること、そして性的な存在に関連している」[14]。クロムウェルは中間の立場を提示しようとして、身体の感じられ方を肯定することで構築主義を補おうとしている。彼が主張するところでは、身体の感じられ方の肯定はただ本質主義への訴えを通してのみ確保される。しかし、彼の最後の文は本質主義と構築主義の折衷物に関する記述にはなっていない。それは実のところ、社会的構築の記述なのだ。身体が自然に感じられると主張することは、身体が自然であると主張することと同じではないからだ。

おそらく、現象学ほど、この問題を徹底的に考え抜いた学問分野や学派はないであろう。とりわけ、身体性に関するモーリス・メルロ＝ポンティの著作は、この緊張を生産的に利用している。人々は実際、彼らの存在（この場合は身体）が自然であり本質的だと感じるし、その感じはそれ自身、身体性に本質的であると感じられる。私は、身体に現象学的な意味で住み込む身体の歴史、あるいは私自身の身体性の個人史さえも考慮に入れる必要はない。身体化された主体として生を営むこと——食べること、書くこと、眠ること、店に出かけること——は、私の身体を形作ってきた／形作り続けている力を考慮に入れたり、見極めることに依存しない。実際、身体的生はそのような自覚が求められれば身動きが取れなくなるだろう。つまり、身体への私たちの自己受容的関係は必然的に、日常生活を営んでいるあいだは吟味を受けないのである。現象学的な身体はそれ自身を単なる「そこ」として、つまり、造作もなく私に与えられるものとして、現れる。しかし、このような単純な所与性は虚構である——たとえ、それが必然的なものであろうとも。私が身体を用いて行うどんなことも、私が身体を用いて行うどんな行為も、私が身体に住み込むどんな仕方も、ただ、私の身体に先立つ行為や位置、その様態の文脈にもとづいてのみ、読み解かれうるのである。

私の身体の社会的な側面、私の身体がそれによって組み立てられる沈殿した歴史は、たとえ私の身体の自己受容的な所有が容易く行われることで身体の社会的な側面が不可視化されたとしても、消えてなくなってしまうことはない。私自身の身体が確実であるという信念の力は逆説的にも、その社会的な側面、それが身体性を判読可能にする形成的な役割をぼかしてしまう。その社会的な領野は消えてしまい、見えなくなるように思われるかもしれないが、その効果はなくなったりはしない——たとえ、その効果が無視されるとき、その効果が自然なものとして「パス」されるときでさえ。身体はつねにその歴史によって下支えされているのだ。身体は直接的な現実として感じられ、空間的な「ここ」、時間的な「いま」に状況づけられる。そして、私たちの身体の私たちへの現れ——そして、身体が私たちにもたらす事象の現れ——は絶対的なものとして感じられる。しかし、知覚され、知覚する実在として、身体は歴史という土台に依存しているのだ——たとえ、その歴史が日常生活のありふれた一幕として不可視化されたとしても。「知覚は」、とエトムント・フッサールは書いている、「ただ現在にのみ関係づけられる。しかし、この現在はつねに、その背後に終わりのない過去と、その前方に開かれた未来とをもつものである[15]」。

私たちは、その漠然とした歴史とそれが支える身体へのその関係をどのように理解すればいいのだろうか。ミシェル・フーコーは『快楽の活用』で、『性の歴史』における彼のプロジェクトが「真理の歴史」を暴き、それを書くことであったと述べている。その真理は、権力と抵抗の場とみなされる身体の歴史を通して発掘され、読み取られるものである。身体は歴史的に偶然的な特有性を通して、ただ理解され、読まれうるようになるのみである。身体はフーコーにとって、自然に与えられた現象としては存在しない。「自然な」身体とは、服従、つまり自然な実在物とみせかける社会的構築を通して生産されるのである。[16] もし私たちが権力を理解したいのであれば、身体を理解する必要がある。なぜなら、身体は、どこにも位置づけられない分散した権力によって生産されるとともに、その権力の存在の証左を与えるからである。つまり、権力はその効果——それはしばしば身体的効果である——を通してのみ認識されうるのである。このようにもし私たちが権力を理解するために身体を理解しなければならないのだとすれば、その反対もまた事実である。つまり、私たちは身体を理解するために権力を理解しなければならないのだ。例えば、規律は一種の権力であるが、それは制度や装置には還元されえない。その効果は、それが統制しようとする身体において、その上に、認められうる。身体を性別化され、ジェンダー化されたものとして生産する規律的な体制はある種の制度や、とりわけ医療のテクノロジー、身体的暴力の例などに可視化されるかもしれないが、規律そのものはこれらのいずれでもない。フーコーは書いている、「規律」は制度にも装置にも同一視されないだろう。それは権力の型であり、その行使の様相であり、道具や技術、手順、適用の水準、標的といった一連の全体を構成している。それは権力の「物理学」あるいは「解剖学」であり、すなわちテクノロジーである」[17]。

規律権力の分散した効果の例としてとくにトランスの人たちに関わるのは、ジェンダーで分けられたトイレの例だろう[18]。トイレはジェンダークィアにとって危うい場であり、とくにブッチや性別移行の初期段階にあるFTMにとって、どちらのドアを開くかを決めることはいつも容易で自明というわけにはいかない。もしブッチが女性トイレを選ぶなら、そのブッチ*が属するとされる性別《セックス》に「適切な」選択だが、もしそのブッチが「パス」できていないのであれば、じろじろ見られたり、敵意のある言葉を浴びせられたり、「男」が入ってきたと（誤ってであれ、故意であれ）不安になった女性にすぐさま追い払われる危険を冒すことになる。もしそのブッチが男性トイレに入り、そしてパスできていないのであれば、より危険を冒すことになる。この隔離されたトイレは二元論的ジェンダー・システムの明白な例であるが、それこそがそのシステムであると言うことはできない。ジェンダーの二元論を強制する権力はどんな特定のトイレにも、ジェンダークィアの脅威からその場所を監視する男あるいは女にも、局所化することはできない。それはその代わりに、「道具や技術、手順、適切の水準、標的」のすべての基盤に分散しているのである。この権力が局所化できず、特定もできないものだといっても、このことはその効果や力——その力はその権力の単独の

＊　ブッチとは、見た目のジェンダー表現が男性的なレズビアンの呼称。

例示が存在論化されるのに比例していや増すのだが——を矮小化しているのではない。例えば、トイレのドアにある様式化されたシルエット画を考えてみよう。それは単にジェンダーを指示しているのではなく、ジェンダーの完全に抽象化されたアイコンであり、存在論と差異化——あるいはおそらく差異化による存在論——以外のどんな活動も行動も描いていない。

そのとき、個人の行為能力《エージェンシー》に排他的に焦点を当てるジェンダーの読みは、ジェンダーが形作られる権力の全体の母胎を捉え損なうことになる。権力がつねに身体性に巻き込まれ、そのことが明示される程度に従って権力が変化するという事実は、社会的に理解されたものとしてのジェンダーと生きられるものとしてのジェンダーとのあいだの相互作用に関するクロムウェルとグリーンの記述において見過ごされているものであり、このことはクロムウェルの社会性の記述に対してある困難を引き入れている。

パフォーマティヴ理論に従えば、ジェンダーは、男性性あるいは女性性を表現する社会の構成員による「型通りの、秩序立った、そして循環的な遂行」である。他者の前で「ジェンダーを行う」人は、なんらかの効力を発揮するだろう。しかしながら、たとえ一人であったとしても、人はジェンダーをもち、それを明示する。もしジェンダーが社会的状況においてのみ重要であるのならば、トランスの人々は、彼らが自分の身体に従ってそうあるべきだと社会が要求するものと彼らのジェンダーが異なっていることを知る由もないだろう。トランスの人々はあたかも服のようにジェンダーを脱いだりはしない。「ジェンダーの表現の背後にどんなジェンダー・アイデンティティも存在しない」というバトラーの主張とは反対に、ジェンダーとジェンダー・アイデンティティは存在することに不可欠なものであり、そのように感じられるのだ。(19)

ジェンダーとジェンダー・アイデンティティは「存在することに不可欠なもの」と感じられるという最後の観察は重要なものであるようにみえるだろう。しかし、ここでのクロムウェルの社会的世界の理解は奇妙なものだ。クロムウェルにとって、社会的なものの「外部」が存在するだけでなく、その「外部」にアクセスするために行う必要のあることはただ単に部屋のドアを閉じることなのである。しかし、「社会的」とはもちろん、他の人々と部屋を共にすることを意味しはしない。このように誤って理解することは、社会的なものをまったく役に立たないカテゴリーにしてしまうほど、その意味を狭めてしまうことだ。私は世界を閉め出そうとするかもしれないが、しかし、それで世界はなくなったりはしないし、私自身の限定された焦点がその効果を非現実的にしたりはしない。バトラーのパフォーマティヴィティ理論に関するクロムウェルの所見——ジェンダーは自由に選択され、容易く放棄されるものであり、ジェンダーは単に陽気な演技である——も等しく問題がある。これはありふれた誤解だ。バトラー自身は、これが彼女の立場に関する根本的な誤解だとはっきりと述べているのだが。「人は朝起床して、ジェンダーを選ぶためにクローゼットあるいはオープンスペースを丹念に調べて、その日一日のジェンダーを着用して、それから夜、もとの場所に衣服を戻す」といった考えに対しては、次のことを認識しておく必要がある。「ジェンダーを決定する意図的で道具的な主体は、明白にはじめからそのジェンダーではないことになる。その主体は、その存在がすでにジェンダーによって決定されていることを自覚するのに失敗している。なるほど、そのような理論は、そのプロジェクトの中心に選択する主体――ヒューマニスト――という形象を引き戻すだろう。そのプロジェクトが強調している構築は、構築の教えに正反対のものであるように思われる」[20]。

社会的構築主義とトランスの著者たちによって促された理論とのあいだの分割を克服するのが難しいのは、ここにおいてである。というのも、トランスの著者たちが擁護しているのは、まさにそのような選択する主体であり、グリーンの言葉を借りれば、ジェンダーが「属して」いる主体、「好みのままに対処する」主体なのである。もしクロムウェルが肯定しているように、トランスの人たちが独自に「自分自身を定義づける」ことができるのならば、主体性に関するどんな理論がここで提示されているのか。そして、その行為能力《エージェンシー》が社会的な領野そのものを超えるほど限界づけられていない十分に自律的な主体は一体どのようにもたらされるのか。

ジェンダーの文法

これらの説明では、トランスジェンダーという主体が規範的にジェンダー化された主体から区別されるのは、彼／女の身体性の特有性によってであり、ジェンダーを規定する圧政的な社会構造から離れて自己を定義づける彼／女の能力によってである。しかし、自分のジェンダーを自由に選択する自律的な主体へのこの訴えは、言語がその内部で働いていることで複雑に入り組んだものになっている。自分自身を定義づけることは言語的な行為である。そして、たとえ上から課せられているように感じられるアイデンティティの指令に対立したものとして自己定義の行為が提示されているとしても、自己定義の企ては言語的あるいは社会的な領野の外部に位置しているわけではない。もし、ボーンスタインが示しているように、ジェンダーのラベルが容易に拒絶されうるものであり、「処分され」うるものであるなら、そのラベルの権力や執拗さを説明する手立てはないだろう。トランスの人たちの自己定義の重要性を断固として主張するどんな議論もすでにして主体形成の過程における言語や名づけの力を認めざるをえないのである。

言語は、トランスの人たちに安定し一貫したアイデンティティを与えるものとして形象化されており、また、そのアイデンティティを覆い隠しうるものとしても形象化されている。グリーンは次のように書いている。「ジェンダー・スタディーズは（おそらくは）男性の身体をもった人間と女性の身体をもった人間のあいだの社会的な差異に焦点を当てている。これは、本当にはジェンダーについて語っていない。むしろ、社会学と政治学について語っているのだ。［…］いかなるときに、私たちはジェンダーについて本当に語ろうとするのか。私たちがジェンダーを言語――私たちがジェンダーを記述するために伝統的に用いてきたもの――から分離することを学ぶまで、その時は訪れないだろう」[21]。ジェンダー・スタディーズが「ジェンダーについて本当に語る（really talk about gender）」ことができないでいることへのグリーンの不満の核心にあるのは、言語そのものへの不満である。この不満は想像に難くない。グリーンの見方において、ジェンダーは政治学と社会学、理論から離れて存在しているものであり、ジェンダーはそれがはっきりとみられるためには言語から分離されなければならないものである。言語そのものを使用しながら言語から逃れようとするこの解明作業は、実に手ごわい、不満を生む作業であろう。

グリーンにとって、ジェンダーは身体的水準に位置づけられているが、身体なるものに還元されないものでもある。グリーンはジェンダーを、男性あるいは女性であるという内的な確信と定義している。それは、表面的には社会的な領野からどんな干渉も受けないで生み出されるものである。しかし、「男性」と「女性」は社会的なカテゴリーである。そして、いずれかのカテゴリーに属する、あるいはそこから疎外されているというその人の個人的な感覚に関する力強い確信を内的信念が付与することができるというまさにその事実は、自分自身のジェンダーの経験とそれを規定するより広い社会的分類との分離不可能性を証明しているのである。ジェンダーは身体的現象である。しかし、トランスセクシュアルの場合には、ジェンダーは、それが対立している身体の形態から切り離されている。グリーンが強調しているのは、トランスセクシュアリティを証明する性別違和の内的感じであり、この感じこそが、トランスセクシュアルの自分自身の感覚に中心的なのだと示している。主体性を性別違和の感じに基礎づけることは得策とは言えない。それはその主体性を、絶対的な否定性——身体的形態やジェンダーの慣習的なカテゴリーの両方に対立したもの——にもとづいて構築しているようにみえるだろう。
この記述において、身体の感じられ方《フェルト・センス》はアイデンティティについての確信をもたらすものである。その感じは身体と心の入り組んだ結び目から生じるのだが、その感じそのものは単純なもの——男あるいは女であるといった信念——として記述されており、首尾一貫したアイデンティティの力強い、明白な証拠として記述されている。しかし、この感じは位置づけることのできないもの（それは身体の形態から生じるのでも、それに一致するのでもない）であり、議論の余地のないもの（それは問いや疑いを差し挟まないものであり、それ自身は「自然な」事実として現れる）である。アイデンティティのその感じられ方は、その位置づけ不可能性のために、どこかから生じるものと言われるのである。身体化された主体はアイデンティティのその感じられ方を管理したり、取り除いたりできない。その主体はその起源を名づけることはできないし、アイデンティティのその感じられ方が断固として主張するものに反論できない。その主体はただ、それを甘受しうるのみであり、性別違和の場合には、アイデンティティのその感じられ方は疎外を引き起こすものである。その疎外は、たとえ性別違和がもっとも内的な現象であったとしても、アイデンティティの感じられ方の起源と軌跡を規定する他者性である。もし、拒絶できない感じ——主体に支配権を与えるのではなく服従を強いる感じ——にアイデンティティの確信が依存しているのなら、身体化された主体が自分のジェンダー・アイデンティティを決定する絶対的な行為能力を所有すると考えることは疑わしい考えだろう。

たとえ主体のジェンダーがどのように構成されたとしても身体の感じは深く個人的なものであり、主体性に不可欠であるとする点で、グリーンは当然正しい。しかし、身体的な感じが身体の確実性、あるいは身体から離れた自己の確実性を与えることができるのならば、そうすることが可能なのはただ、それが言語のように構造化されているからなのである。私たちは第七章で、ジェンダーと言語の対応構造のメカニズムと帰結を探究することになるだろう。

ジェンダーの実体

ここまで、トランスの著者たちのなかには、トランスジェンダリズムを考える上で身体の「現実的な」ものへの回帰を説く者がいること、そして、トランスジェンダーの主体性がある種の言語的行為能力に依存しているということをみてきた。トランスの主体性を考察しようとするこのようなアプローチの厄介な帰結は、いく人かのトランスジェンダリズムの批評家の著作のなかに認められる。その批評家たちは、身体の現実的なものがジェンダーのイデオロギーに抵抗していることと、トランスジェンダリズムが一種の言語的行為によって定義づけられることの証左として、トランスジェンダリズムの現象を捉えている。[22] バーニス・ハウスマンは「ホルモン治療と外性器手術」の形をとる「性転換への要求」を「トランスセクシュアルの主体性のもっとも重要な尺度」と理解している。[23] ハウスマンがこの主張を押し進めることができるのは、トランスセクシュアルのほとんど同語反復的な定義によってである。彼女は、議論の範囲を性別適合手術を受ける人たちに限定している。つまり、多くのFTMトランスセクシュアルを排除しており、部分的にしか手術を受けない、あるいはまったく受けないトランスセクシュアル、ホルモン治療しか受けていないトランスセクシュアル、そして、おそらくもっとも重要なことに、トランスジェンダーの人々を排除している。したがって、性転換手術への「要求」がトランスセクシュアルの主体性のもっとも重要な尺度であるとされるのは、トランスセクシュアルというカテゴリーが性転換を要求する人々しか含んでいないからである。自分の身体の形態が明示していない性別《セックス》の構成員であると自分自身を感じるすべての人々を、それは含んではいないのである。ハウスマンは彼女の著作の結語で、手短にトランスジェンダリズムに言及しており、次のように指摘している。「［医療の］診断基準の拡大はまた、「性別違和」を経験する主体の任意の立場として「トランスジェンダリズム」の発展を促すことになるかもしれない」(p.130)。そして、以下のように示している。たとえその「患者」が身体的な水準におけるどんな医療的介入を選択しなかったとしても、トランスジェンダリズムはトランスセクシュアリティのように医療的に創造された条件である、と。この説明において、トランスジェンダリズムはお粗末な周辺部であって、性別適合手術を求め、しかし手にすることができない人々の「任意の」立場でしかない。つまり、トランスジェンダーの人々は単に前《プレ》トランスセクシュアルなのである。ハウスマンは、トランスの人々のなかには身体的介入を求めない人がいるという主張には懐疑的であり、この主張を身体的物質性の力の存在を証明するものとみなしている。

もし、部分的な性転換（大抵はホルモンによるもので、手術はなし）で満足する主体が存在するのなら、これは、テクノロジーによる性転換の試みが望ましい変化を十分にもたらさないことの徴候なのかもしれない。それはまさに、身体が「性転換」の処置のすべてを叶えるわけではないからであろう。言い換えれば、身体は「ジェンダー」を現実化することに抵抗するのだ。［…］私たちがしなければならないことは、身体を性的な意味の場として再考することである。身体を理論化することとは、その機能を刻みつける言語の力を超えた物質的な構造として身体を真剣に考察することを意味するのだ（pp.199-200）。

ハウスマンのトランスセクシュアリティの見方において私たちが出くわしているのは、自律的な主体である。その主体の言語による「要求」がその主体自身、そしてその主体の社会的世界を成立させるのだ。この自律的な主体は身体に結びつけられている。十分に逆説的なことに、身体は、言語の力にも、どんなジェンダーのイデオロギーにも傷つけられないものとみなされ、根本的に変わることのない性別《セックス》を断固として主張するものとされる。ハウスマンが示しているのは、トランスセクシュアルの性別適合手術を正当化するジェンダーという観念を医療専門家が創造したということである。ジェンダーは、自分の身体が表していない性別の構成員としての（誤った）アイデンティティをトランスセクシュアルが主張することを可能にする論理になるのである。医療専門家は、トランスセクシュアルが医療的治療を受けるために、一方の性別「である」ために従わねばならない語りを記録する。そして、ジェンダーという観念——それは、性的差異の身体的しるしから切り離された性別的アイデンティティとして理解されている——が、「本当の」性別から「模造の」性別への転換を可能にするのである。まさしくこの意味において、トランスセクシュアルは「ジェンダーの手先である」(p.140)、とハウスマンは書いている。ジェンダーというカテゴリーのおかげで、トランスセクシュアルはセックスというカテゴリーが可変的なものであると誤って信じ、彼／女ら自身がこの可変性の証明になるのだと。しかし、もしトランスセクシュアルがジェンダーの策略に取り込まれるなら、それはトランスセクシュアル自身の要求に応答した医療体制によって提示された策略である。ハウスマンはトランスセクシュアルの主体性のモデルを提示しているが、そのようなモデルでは、トランスセクシュアルは「手先」であり、また彼／女らがもつ行為能力は、性的差異を破壊すると脅すジェンダーのイデオロギーを彼／女らの欲望が制定するほどに絶対的なものとみなされている。ハウスマンはジェンダー・パフォーマティヴィティの考えを却下し、それを現実の性別の身体的しるしに反する性別の「ごっこ遊び」とみなしている。しかし、トランスセクシュアルの要求に関する彼女の理論はきわめてパフォーマティヴなものである。

性転換を要求することはそれゆえ、ある主体をトランスセクシュアルとして構築するものの一部である。そのようなメカニズムを通してこそ、トランスセクシュアルはトランスセクシュアリズムの記号の下に自分自身を同一化するようになるのであり、自分自身をその主体として構築するのだ。だからこそ、私たちは医者の言説を通してトランスセクシュアルの行為能力を跡づけることができる。その言説とはすなわち、性転換への要求がトランスセクシュアルのもっとも重要な徴候（そして記号）として具体的に示されるというものである。［…］性転換への要求はトランスセクシュアリズムのもっとも重要な徴候、その確実な記号になるのだ（pp.110-111）。

トランスセクシュアリティを構成するものとしての要求へのこの焦点化は、キャサリン・ミローから引き継がれたものだ。ミローにとって、「トランスセクシュアリティは〈他者〉に向けられた訴え、とりわけ要求に関わる」[24]。性転換への要求をトランスセクシュアルのアイデンティティの「確実な記号」として読むこと、そして、トランスセクシュアルが医療サービスを得るために彼らの医者に提示する語りによって形成されたものとして彼らのアイデンティティを理解することは、身体的現象から言語的な現象へとそのアイデンティティを変化させる。トランスセクシュアルを「作る」のは手術ではない。その要求そのものなのだ。要求がトランスセクシュアルにアイデンティティと主体性を魔術的に吹き込むとされるのだ。そして、これは決して不発しない、決して失敗しない言語的行為なのである。ハウスマンによるトランスセクシュアルの主体の提示は、絶対的な行為能力《エージェンシー》を主体性の証左として理解することの危険を示している。このように絶対的な行為能力《エージェンシー》の形象としてトランスセクシュアルを示すことは、選択する主体という観念を極端に拡大することだからである。トランスセクシュアルの行為能力はあまりにも完全なので、あらゆる欲望は要求になり、トランスセクシュアルのジェンダーへの関係はもはや選択としてさえ記述できないものになる。というのは、トランスセクシュアルはジェンダーそのもののカテゴリーを創造することができるとされるからである。実際のところ、ハウスマンの報告に反して、トランスセクシュアルは彼／女らが医者に報告する医療的、社会的歴史を大いに芝居がかったもの、強要されたものと理解しており、トランスセクシュアルとして承認されるために必要な、自分たちの経験をそれに合わせるようなフィクションと捉えている。ハウスマンはこの定式を逆転させ、これらの言説をトランスセクシュアルの行為能力《エージェンシー》の証左として読んでいるわけだ。つまり、公式の医療的言説がトランスセクシュアル自身の意志の延長として理解されているのである。トランスセクシュアリティとトランスジェンダリズムを理解する上でこのような意図をもった主体というモデルが貧困なのは、万能の主体というカリカチュアによって浮き彫りになる。そのカリカチュアは、セックスとジェンダーを規定する権力関係に関する粗雑な解釈に由来するものである。この万能の主体は、どんな分裂や不調和によっても破壊されないアイデンティティの安定した感覚を所有しているとされる。その主体はジェンダーとセックスの満足のいく同一化の構成を自由に選択し、あるいはそうでない場合には、セックスとジェンダーのまさにその構造そのものを再構成する。この主体の要求はすべて叶えられ、同一化と状況に対するその主体の管理は完全で、努力を要しないものであり、社会的な構造や文化的な禁止からのどんな抵抗にも出くわさない。そのような主体は社会的世界のなかにあるというよりは、むしろ、十分に形成された世界を自分の周囲に創造しているのである。

トランスセクシュアルを、彼／女らの医者や身体、そしてセックスとジェンダーのカテゴリーに対して絶対的な支配を行使することができる人々として記述することは、性転換を受けるために医療的、法的システムと交渉する骨の折れる、うまくいかない、しばしば失敗する試みについてのトランスセクシュアル自身の記述と明白に食い違っている。[25] このギャップをハウスマンは序文で認めており、彼女が述べるには、その著書はアイデンティティについてのものであって、「人々についてのものではない」のであり、構築――社会的、かつ「文字通りの」――が現実的なものを消去することに反対するテクストを求めるものである。[26] ハウスマンの説明では、身体という現実的なものはトランスセクシュアルの主体性の怪物的な権力にブレーキをかける唯一のものであり、身体の物質性こそ、トランスセクシュアルのアイデンティティを構成する試みを挫折させるとともに、「ジェンダー・アイデンティティ」そのものの観念にさえ抵抗するものであるとして、すでに性別化された身体形態という現実的なものにジェンダー・アイデンティティが従属していることを断言している。はっきりしないのは、身体の物質性に関するこのような記述が、もっとも有害なものである生物学的宿命論とは違うものとして解釈できるのかどうかだ。最終的には、この「現実」こそ、ハウスマンがもっとも関心を寄せているものであり、政治的な目的は根本的には対立しているものの、彼女はこの関心をいくつかのトランスの理論家と共有している。彼／女らと同様に彼女が主張しているのは、「私たちがしなければならないのは、性的な意味の場として身体を再考することである。身体を理論化することは、その機能を刻み込む言語の力を超える物質的な構造として身体を真剣に考えることを意味するのだ」(p.200)。この主張は、「セックスとジェンダーのイデオロギーへの抵抗の場」としての物質的な身体というクロムウェルの理解、「本当に」ジェンダーについて語るために私たちは言語を遠ざけなければならないとするグリーンの主張と図らずも共鳴しているのである。

現実的なものを超えること

多方面から寄せられる指摘を受け止めて、身体をまさに真剣に考えるよう努めることにしよう。そして、それによって何が帰結することになるのか、みていくことにしよう。身体が物質的な構造であることを認めるのは十分すぎるほど容易い。このことは決して、異議を差し挟まれてはこなかった。もし私たちが言語的な書き込みに対立するものとして現実的な身体を理解するのなら、それは重要な意味で記述そのものに抵抗している。というのも、記述とはつねに、それが名づけを通して同定するものを刻み込むことだからである。この意味づけへの抵抗はさらに外側へと拡張されるだろう。つまり、哲学者や理論家のお節介な思弁から身体を守るのだ。そして、この抵抗はまた、内側へも拡張される。つまり、私たちが置かれている状況の意味をその内部で理解しようとする私たち自身の試みを、それは拒むのだ。この身体の物質性は構築や変換を免れ、その身体の自然的で所与の状態を変化させる試みから免れている。どんな真理を、この身体はもっているというのか。「現実の」身体が私たちに語るもの——あるいはむしろ、それが沈黙の内に、言語の助けなしに差し出すもの——は無である。ありのままの物質性としてのみ考えられ、いかなる心的備給からも切り離された身体は、まったく意味というものをもたない。この身体は無言であり、無感覚であり、肉のモナドである。それはその言葉のラカン的な意味で「〈現実的なもの〉」でしかない。すなわち、それは言語や象徴化、意味作用から排除されているのだ。それが記述するものが現象学的な意味で生きられた身体として承認されず、人間としてほとんど承認されないという意味で、このような身体は誰にも属さない。はっきりとしないのは、この身体を崇めることで何が引き出されるのか、あるいは、それが代わりに提示しているのはどんな身体性なのかということである。誰もそのような身体の所有権を主張することはできないだろう——ならば、誰がそれを要求するというのか。

「身体を改造可能なものとして扱うことが示しているのは、考慮に値するどんな心的備給もそこには存在しないということである[27]」と議論されてきた。これはまったくの誤りである。改造とは心的備給を身体的で、生きられた備給に変換するものである。つまり、改造は備給である。私たちが身体においてもつ心的備給は、複雑にもつれた書き込みや意味作用で混乱していないような領域へと身体の物質性をご丁寧に確保することによって保護されているのでも、あるいは増幅されているのでもないのだ。

この現実的な身体は現象学的な意味で生きられた身体とはほとんど関係がないようにみえるが、身体からその歴史と心的備給を取り除くよう要求されるプロセスは現象学的還元に酷似している。フッサールが考察したのは、現象学とは事象をあるがままに理解する方法であって、単に事象をそう見えるものとして理解する方法ではない。フッサールの有名な宣言、「事象そのものへ！」は、現実存在に関する絶対的な確信を確立することへの呼びかけである。この確信は、彼が現象学的還元あるいはエポケー（判断停止）と呼んだものによって達成されうるものである。それは、世界についての判断を宙づりにすることで成立する世界への態度であり、知が生じる仕方を決定すると私たちが思っているもの、対象に関する知とその対象そのものとのあいだの一致を保証すると私たちが思っているものを括弧に入れることである。この括弧入れ、あるいは還元は、「超越に関わるあらゆる知の主張を厳密に控えること、そして、内在の領野に関わる主張への知の批判を制限することと」によって特徴づけられる。[28] 超越とは、意識が志向する対象の印象をそれによって集め、知覚を超えて、世界に存在していることをその対象に追わせる推論の過程である。超越の「問題」とは一致のそれである。対象に関する私たちの知覚が対象そのものに一致するかどうかを知る術を私たちは決してもたないのであり、したがって、知覚を超越している対象を私たちは経験するというよりも「推論する」のである（p.59）。フッサールは述べている、私たちは世界に対する「自然的」態度を宙づりにしなければならないと。自然的態度においては、対象を知る可能性は自明視されており、その対象は所与として現れる。この態度を、「対象とそれに関する知とのあいだの関係に対する反省」（p.16）である「哲学的態度」に置き換える必要があるのだと。しかし、現象学的還元は目的というよりは手段であって、停止点ではなく、知の可能性の地平を確立しようとする哲学的態度であるのだ。それは世界に対する自然的態度に取って代わることを意味しない――人は「宙づりになった」まま世界を動き回ることはできない。むしろ、「存在の新しい領域、個人的存在の領域を勝ち取る」ことをこそ意味するのだ。モーリス・ナタンソンはエポケーを「心理学的な呼吸停止」[29]と記述し、その「呼吸停止」の目的は救いであるとしている。つまり、フッサールが試みているのは、世界に対する自然的態度を支える信念を救い出し、その信念に安定した、確実な基盤を与えることなのである。このように、その試みは言語的観念論ほどラディカルなものではない。というのも、「エポケーの行為によって、現実の世界はなにかしら変化するのでもなければ、現象学者はそのような変化を与えるのでもない」からである。[30]還元によって、世界は私にとって存在するのである。「私は私自身において本質的な個人性を所有する。その個人性はそれ自体で自足したものであり、それ自体においてまとまりをもったものであり、あらゆる現実的な、客観的な可能的経験と知がそこに属するものである」。[31]ときに「現象学的観念論」と呼ばれる、このような存在のあり方が想定している存在とは、体系的に実行された世界からの孤立を通して、その存在がラディカルな確実性をもつものにそれ自身を制限するような存在である。つまり、自我は世界を狭めるのだ、世界がその自我だけを含むように。フッサールは、自我の外部に存在する世界はそれでもなお存在するだろうと念を押している。「私はソフィストのように「世界」を否定したりはしない。私は懐疑論者のように世界が存在することを疑ったりしない。私は現象学的還元を用いるが、それは私に時-空間的存在に関わるいかなる判断をも完全に禁じるためである」[32]。ナタンソンが示唆しているように、自然的態度への私たちの住み込みにおいて自明視されているものは、私たちが住み込んでいる世界の存在というよりも、その世界が他者が住み込んでいる世界と同じものであるということ、私たちはみな世界を同じように知覚しているということである。自然的態度に深く埋め込まれているものは、世界は他者にとっても同じであるという思い込みなのである[33]。

したがって、現象学的還元は、世界に対する自然的態度が問題含みの前提を抱えていることを理解する上で有用な手段であり、これらの前提の障害から離れて世界を見ることを可能にするものである。私自身とは異なった観点を自我から撤退させることで、現象学的なアプローチは世界を差異の場として保証する。その差異は、自然的態度に受け入れられている思い込み――「世界」はどんな所与の主体にとっても同じ言及対象をもつ――においては禁じられているものである。「個人の「私」は、「私」を縛る「私たち」から解放されねばならない。現象学的還元はフッサールの言葉では、共同のものとして地平づけられた現実としての「私」から、究極的にはその個人の自身、彼の「自己性」の源としての自我への運動である」[34]。しかし、ナタンソンが注記しているように、現象学的還元は間主観性を考えるための手段ではありえず、フッサール自身「間主観性の問題」(p.195)に戸惑っていた。他者とのどんなコミュニケーション、純粋な相互作用も――無私無欲に他者を観照することではなく――、哲学的態度からの撤退を要求し、存在の自然的態度への参与を要求する。

これは、現象学的還元に関するメルロ＝ポンティの重要な批判である。そして、世界に対する自然的、及び哲学的態度（実際、その身体と心、あるいは主体と世界）は決して整然と分けられないとする彼の主張は、次のような結論を導いた。「還元が私たちに教示するもっとも重要な教訓とは、完全な還元の不可能性である」[35]。実際、メルロ＝ポンティが「世界は私が考えているものではなく、私が生きるものである」（xvi-xvii）と書くとき、メルロ＝ポンティは、フッサールが還元を信頼している点を穏やかに戒めているように思われる。

現象学的還元の操作が生み出す身体は、歴史性から分離されている点と社会的世界の内で状況づけられていない点とにおいて、トランスの理論家たちが提示した「現実的な」身体と酷似している。しかし、前者の身体は二つの重要な点で後者とは異なっている。そのひとつは、「現実」についての異なった考え方である。一方で、トランスの理論家たちにとって「現実的」というのは実際のものや物質的に与えられたものと等価であり、それは理論化に抵抗するものであり、主体にとってのその現実存在は疑いえないものである。現象学的な言語では、「現実的」というのはこれとは全く異なったものを意味する。「もし世界が存在し、現実的なものが存在するなら、それらを構成する経験的な動機は私の経験、すなわちあらゆる単独の自我の経験に達することができるのでなければならない[36]」。これが含意しているのは、対象が多くの人にとってひとつの事象であるというよりも、対象は多くの人にとって多くの事象であるということである。現実的な対象は「その可能な現れすべてから成る複合体」なのであり、あらゆる個々人の観点に対して／から、それ自身の存在の可能性をその内部に含みもつ（p.251）。この意味で、なにかを現実的なものとして構成するのはその物質性ではなく、可能性の地平であって、それが個々人に示す様々な経験すべてへの開かれなのである。

一見すると、これはひどい哲学的な思弁であり、まさにジェンダーへの哲学的アプローチに対する批判が私たちに警告している現実的な世界の否認であるようにみえるかもしれない。しかしながら、このような見方が見落としているのは、この思弁的な試みが向けられている目的である。現象学的な企ては、現実的な世界を捨象する試みではなく、むしろ、世界についての私たちの前提を問う試みであって、それによって、私たちは世界をよりはっきりと明瞭に見通すことができるのだ。これこそ、非社会的で物質的に与えられた現実的身体と、現象学が提示している現実的身体とのあいだの第二の区別である。前者が現実的であるのは、私たちがすでに知っているもの（物質性に関して、ジェンダーについて、身体そのものについて）をそれが確証する限りにおいてである。そして、後者が現実的であるのは、私たちが身体について前提として仮定しているものをその身体が超える、あるいは、その身体自身の能力を指し示す限りにおいてなのである。この意味で、現実的であることは、自分の身体と自己とを、自分が前もって知ることも予期することもできないものの可能性に開かれたままにすることなのである。それは、物質性の可能性の閾に状況づけられているということであって、その核心において抑制され、締めつけられており、決定的であるような物質性の内部に捕らえられているということではないのだ。

次のように異議を唱えられるかもしれない。私たちはまだ「本当には」ジェンダーについて語っていないと。その呼びかけに言語的な抽象や思弁だけを提示することでもって応えてきたにすぎないと。そして、この異議にはまったく正当性がないわけではないだろう。おそらく、私たちはレックスのボーイたちに立ち返ることで結論を下すのが良いかもしれない——私たちが現実のジェンダーに立ち戻ることを彼らが促すかどうかを知るために。本章のはじめで、ジェンダーと身体、そしてそれらの関係に関するどんな理解がレックスのボーイとしての同一化を可能にするのかを問うた。疑いもなく真なのは、これらのボーイたちのそれぞれが現実的な身体をもっていることであり、彼らのそれぞれが現実的なジェンダーをはっきりと表していることである。これらのカテゴリーはいずれも単に他方によって規定されているわけではないが。彼らはみな、なんらかの仕方でボーイに同一化しているが、この名前が彼らのアイデンティティを捕らえる程度はそれぞれ異なっている。これらのボーイたちのなかには、自分自身を女とみなす者もいれば、自分自身をそのカテゴリーに周縁的にだけ関連づける者もおり、自分自身をまったく女と思わない者もいる。現実的な身体のセックスという考えを擁護する者なら、「女《ウーマン》」は社会的カテゴリーであって、それゆえ再構成や再意味化に導かれるかもしれないが、「生物学的に女性《フィーメイル》」のカテゴリーは当然生物学的なものであって、仮にそのボーイたちが女《ウーマン》ではないとしても、彼らはその身体の形態によって生物学的な女性《フィーメイル》として問題なく同一化できる、と応じるかもしれない。しかし、私たちはこれらのボーイたちが女性《フィーメイル》に身体化されていると理解できるのか。彼らの身体の写真を考察するために表象の領域へと移ることで、私たちはたしかに現実的なジェンダーからのさらなる逸脱を冒しているかもしれない（だが、ジェンダーとはある意味ではつねに、その表象を通して読まれるものではないのか？）。カレンダーに写ったボーイたちのなかには、伝統的に女性《フィーメイル》を意味すると考えられているものの身体的なしるし――平らではない、尻や胸の膨らみ――を示している者もいる。しかし、彼らの誰も女らしくはないし、彼らのなかには事実、男性《メイル》に身体化されていると読める者もいる。これらの身体が「本当には」女性《フィーメイル》であると主張し、ボーイたちのジェンダーの現前や同一化では決して否認することのできないアイデンティティについての真理をこれらの身体がもっていると主張することに、いったいどんな意味があるのだろうか。たとえ、これらの身体が女性《フィーメイル》というよりも男性《メイル》としてコード化されているとしても――彼らの友人や恋人、通行人、彼ら自身に判読可能なコードによって――これらの身体がボーイたちを女にするのだと主張することで提示されているのは、セックスとジェンダーのカテゴリーというもっとも硬直した決定論的で保守的な観念以外の何だというのか。それは、男性性によって汚染されていないような女性専用スペースという観念ではないだろう。というのも、レキシントン・クラブには、女であるかもしれないし、女ではないかもしれないボーイがいるだけでなく、女に同一化するフェム*、そしてバトラーが述べているように「彼らのガールがボーイであることを好む(37)」フェム、あるいはおそらく、彼らの「ボーイがガールであること」を求

＊ フェムとは、見た目のジェンダー表現が女性的なレズビアンの呼称。

めるフェムもおり、女であるかもしれないし、女ではないかもしれないボーイで彼らのガールがボーイであることを好むボーイもいるからであり、ブッチとブッチのカップルやトランスとトランスのカップル、すなわちホモエラティックはますます目に付くようになっている。意味をもたないわけではないが、身体の形態はこれらいずれの例においても同一化や欲望を台本のように規定しているわけではない。身体の形態がジェンダーのイデオロギーを超える真理を構成していると理解する者は、現在ジェンダーが生きられている仕方を真剣に考えるのが賢明だろう。

第四章　トランスフェミニズムとジェンダーの未来

女性学／ジェンダー・スタディーズ／トランスジェンダー・スタディーズ

女性学、フェミニズム、そしてトランスジェンダリズムや他の非規範的なジェンダーの研究、それらのあいだの関係はどのようなものなのだろうか。女性学という見出しの内部におけるトランスジェンダー・スタディーズの場――あるいは、その不在――を問うことで、フェミニズム――とりわけ、その制度化された形態において排他的ではないようなフェミニズムも――が、思考され、身体化され、生きられているものとしての非規範的なジェンダーについて行けていないことを、私は示したい。トランスジェンダーという用語をめぐる最近の議論には、過去にフェミニズムの言説の内部でクィアと女という用語の議論を通して浮上した指示性とアイデンティティについての同様の懸念が反響しているのだ。

本章で私が示したいのは、女性学が再び活気のある学問分野として台頭するためには、女性学は現在現れているジェンダーにもっと応答しなければならないということである。男女の二元論を超えたジェンダーは虚構でも未来形でもなく、目下、身体化され、生きられているのであって、女性学という分野はまだこれについて説明していないのである。女性学がトランススタディーズとの真剣な交際を結ばない限りは、生きられたものとしてのジェンダーの現在の状態に十分にアクセスすることは望めないし、その可能な未来を思い描くことも叶わないだろう。これと等しく事実なのは、トランススタディーズはフェミニズムを必要としているということである。揺籃期にあるトランススタディーズはしばしば、主体性に関するリベラリズムの個人主義的な概念に占められており、そこでは、ポストジェンダーの主体は絶対的な行為能力《エージェンシー》を所有し、そのジェンダーを完璧な表現で仕上げることができるとされている。女性学がジェンダーの構造――そして、その構造の背景にある権力の関係――に関して提示している体系的な理解なしには、トランススタディーズはジェンダーを歴史的なカテゴリーとして理解することはできないし、現在、ジェンダーがどのように現れているのかについての説明を提示することもできない。このことがとくに必要なのはトランスの人々に対する暴力について議論するときであり、この暴力は個人主義的で主意主義的なジェンダーの理論を用いていては到底理解できないものなのである。

これらの広い問題関心にもとづいて、私は三つの写真を考察したい。これらの写真は、トランスのアイデンティティとフェミニズム――その制度化された形態とポピュラーな形態の両方におけるフェミニズム――とのあいだの関係を例示し、複雑にしている。これらの写真の内のひとつが与えているのは、トランスジェンダーの人口とレズビアンやフェミニストの人口――敷衍すれば、トランスジェンダーの論点とレズビアンとフェミニズムの関心――とが異なっているだけでなく相互に排他的であるというよく見受けられる見解と抵触せずに提供されているトランスジェンダーのイメージ、そしてナラティヴである。トランスとレズビアンフェミニストのコミュニティを分割されたものとみなし、トランスの人々をこの分割の行為主体とみなす広く知れ渡った見方は、トランスジェンダリズムがアカデミックな注意を引く、あるいは引かない、その仕方と相互に補強し合いながら関係している。トランスとフェミニズムの遭遇は学問の世界の外でますます生じており、そこではフェミニズムのよく知られた意見は制度化された女性学のプログラムの直接的な生産物と考えられている。

トランススタディーズは学問の世界のなかで安定した足場のようなものをまだもっていない。トランスの問題に関するアカデミックな仕事の量は増えているが、制度的に語れば、「トランスジェンダー・スタディーズ」はつねに判読可能なカテゴリーというわけではない(1)。これは広くそのカテゴリーへの無関心によるものかもしれない(とはいえ、この点に関してはトランススタディーズだけがそうというわけではないだろう。というのも、同じことがいくつかの地域研究にも言えるのだから)。あるいは、大学内部におけるジェンダーの研究の場についてのコンセンサスがほとんどなく、セクシュアリティの研究の場についてはなおさらそうであり、そして、トランスジェンダリズムはこれら両方の事柄を挑発的な仕方で問題にしているように見えるからかもしれない。今日生み出されているトランススタディーズの研究のなかには、社会科学から出てきたものもある。例えば、人類学、社会学、歴史学である。しかし、トランスの問題に関する現在の多くの研究は人文学から出てきており、この研究のなかには女性学の分野に入るものもある。ある意味では、これは「自然な」協調であるようにみえるだろう。女性学は一群の豊かなツールを提示しており、制度的な環境のなかで確固たる地歩を占めているようにみえるし、ジェンダーとその生産や存続、その侵犯を探究し、身体性、アイデンティティ、そして社会的構造がそのジェンダーの生産によって形作られる仕方を探究しているように思われるからである。女性学はまた、学問の世界のなかで、身体と差異に関する議論や、権力が身体を様々に形象化し、非形象化する仕方に関する考察の場を提供してもいる。

しかしながら、トランスの教育や研究は女性学の領域のなかでいつも温かく歓迎されてきたわけではない。この不在を時間的な事実として読む人もいるかもしれない。この不在をただ制度的な変化の速度によるものとみなして、研究とカリキュラムの両方の水準におけるインクルージョンは当然その内やってくるはずだ、と結論づけるかもしれない。このような見方が示しているのは、女性学、及びその普遍主義の様々な契機に異議を申し立ててきた諸々のアイデンティティの長い系譜のなかでもっとも遅れたアイデンティティがトランスジェンダリズムであり、学問分野としての女性学もやがて、ちょうど有色人種の女性やレズビアン、セックス・ラディカルズ*（sex radicals）、そしてクィアにそうしたように、トランスの人たちのアイデンティティと問題関心を考慮に入れるようになるだろう、ということだろう。これが達成されるかどうか——これら他の周縁的なアイデンティティがついに女性学によってうまく取り組まれるかどうか、あるいはそれらのアイデンティティがそこに同化主義的ではない居場所《ホーム》を見出すかどうか——という問いは措いておくとして、このような女性学の発展についての段階論的なモデルでは、未来における女性学という分野のあり方を予測することもできなければ、学問の世界のなかでトランススタディーズの足跡を記述することもできないことは確かだと考えるだけの理由がある。

なぜ女性学がトランススタディーズになかなか応答しないのかを、異なった方法で理解することもできる。ある意味では、トランススタディーズはそのプログラムに与えている困難において孤立している。もし、トランススタディーズは「女」のカテゴリーのもとに組み込まれる主体位置をまたひとつ増やしていると理解する代わりに、トランススタディーズの課題はこのカテゴリーをばらばらに破壊することであると、とりわけその破壊がセックスとジェンダー、男と女のあいだの関係の新たな分節化を要求しているものだと理解するならば、その困難は明瞭になる。実際、ジェンダーの固定された分類学に異議を申し立てるのに比類なく適った主体性のひとつとしてのトランス

＊ おそらく、「セックス・ラディカル・フェミニズム」のこと。フェミニズムにおいて性的自由を重要視する立場のこと。例えば、反ポルノグラフィ運動に反対する立場をとるフェミニズムなど。

の固有性は、学問分野としての女性学の固有性の抵抗に遭遇する。分野としての女性学のまさにその本質は、ちょうどそのような分類学を裏づけるジェンダーに依拠しているからだ。「女」のカテゴリーは、たとえそれがインターセクショナル*で歴史的に偶発的なものだと理解されたとしても、もしそれが研究の対象であるだけでなく学問分野の基盤でもあるのなら、ある種の持続性と一貫性をもたなければならない。そして、指示対象の抵抗の場を描くような主体形成はそのような図式には容易には組み込まれないだろう。私が主張するのは、トランスの主体は女性学に対してまさにそのような主体であり、近接的だが同化できない主体であらざるをえず、ジェンダーを二元論的なシステムとして制定し、保証しうるのはトランスの主体が女性学から追放される限りにおいてのみである、ということである。トランスジェンダーの主体は二元論的ジェンダーの構成的外部なのだ。

ウェンディ・ブラウンが指摘しているのは、あらゆる学問分野に認められる定義上の不安定性が女性学においてとりわけ先鋭化していること、その作業が個別のツールや方法論を提示することではなく――それはインターディシプリナリーな土台と視座なくしては不可能である――むしろ特定の主体――すなわち、女――の記述にもとづくことで学問分野として機能しているという事実にその制度的な特性が表れているということである。このことは、「女性学において、現在、私たちが直面しているまさに現実的な難問」のひとつに導く。ブラウンは次のように続けている。

しかしながら、現代的な制度としての女性学は政治的、理論的に保守的であるだけでなく、一貫してもいないかもしれない。一貫していないというのは、女性学は定義上、限定づけることのできない「女」を研究の対象として制限しようとするからであり、保守的であるというのは、女性学がその研究の対象を女性学の存在理由（*raison d'être*）として保持しようとするなら、そのような制限へのあらゆる異議申し立てに抵抗しなければならないからである。したがって、八〇年代に女性学を襲った周知のセオリー・ウォーズ、レイス・ウォーズ、セックス・ウォーズがいまなお続いているのである。(2)

女性学の危機がそれ自身その分野そのものの存続に必然的であると示唆することで、ブラウンは女性学における現在の危機の文脈を示している。ブラウンが指摘しているのは、女性学が一方ではその主体の様々な形容詞の入れ替えに広い注意を払いながらも、その学問分野としての存続はその主体への焦点を狭めることに依存しているということである。このことは維持不可能なパラドックスに導く。

＊ "intersectionality" は直訳すれば「交差点性」。元々は、ブラック・フェミニズムの文脈から生まれた用語で、黒人女性が「性差別」と「人種差別」の両方に「轢かれる」状況、つまり「性差別」と「人種差別」の複合性・交差性を示すために用いられたが、現代ではより広く、差別の複数性・交差性を指摘する言葉として用いられている。

女性学には、そしておそらくは、探究のジャンルというよりも社会的なアイデンティティによって組織化されているいかなる学問分野にも、その研究対象の一貫性や境界づけに異議が申し立てられるときにその存在理由を失うことにさらされるところがある。したがって逆説的にも、規範的、あるいは名目的なカテゴリーというよりも、批判的な自己‐反省的カテゴリーとしてジェンダーを維持しようとすること、統制的な場というよりも、知的にラディカルな場として女性学を維持しようとすること——手短にいえば、ジェンダーや女性学が規律化される（＝学問分野化される）《ディシプリナイズ》ことを拒絶すること——は女性学を一貫した研究の場として肯定することと食い違う問題関心であり、拒絶である（pp.23-24）。

ここにはどんな方法論もなく、ただ主体だけが存在するのなら、そのとき、学問分野の範囲を拡げる唯一の方法はそれが表象する主体の範囲を拡大することであり、この拡大はしばしば足し算的な仕方でなされることになる。したがって、ブラウンの批判が記述する女性学において働いているのは、二つの足し算的な主体性というモデルである。第一に、承認されていない主体位置を普遍のなかに追加すること（というのも、彼らはどうみても「新しい」わけではないだろう）であり、それ以前には彼を包摂していなかった普遍への追加である（有色人種の女もまた女である、レズビアンの女もまた女である、障害をもった女もまた女である、というわけだ）。第二に、主体性の他の側面もまた人格に不可欠であるという了承である。[3] 差異を考慮に入れようと試みる女性学によって擁護されているこのような主体性の「足し算的」モデルは三つの点で不十分である、とブラウンは主張している。それは第一に、権力はもっぱら服従の力として機能するものだという誤った想定の下で働いており、権力の生産的な能力を無視している。それは、権力が単に主体に対立するのではなく、主体を基礎的に可能にするものだという事実を見過ごしているのである。第二に、権力は、人種や階級、セクシュアリティを形成する上で同じ仕方で働いていると理解できるものではない。権力は多種多様であり、それは様々な規範に沿って働き、多様な目標をもち、それぞれの実例に即して働くのである。最後に、「インターセクショナル」として知覚された主体、つまり、呼びかけの個々の軸に沿って区切られた諸々のアイデンティティの重なりとして知覚された主体は、どんな生きられた主体性にもほとんど関係づけられていない点である。

多くのフェミニストやポストコロニアル、クィア、批判的人種理論の理論家たちが近年警告しているように、ジェンダーから人種を、あるいはセクシュアリティからジェンダーを、コロニアリズムから男性性を抽出することはできない。上記に示したような方法で主体形成の様々な様相を足し算的なものとして扱うことは、主体化の言説を通して主体が存在するようになる仕方を無視することである。歴史的に複雑で偶発的な生産、分析的に区切られたアイデンティティ・カテゴリーを尊重しないような形成を通して生じる生産を、それは無視しているのだ（p.24）。

もし、主流の女性学がアイデンティティの足し算的なモデルへの参与が歴史的に支持されてきたことが事実であるのならば、そしてまた、アイデンティティを維持する上でフェミニスト認識論の不可避的にジェンダー化された土台として「経験」という真理に特権を与えることが必要だという信念をその学問分野が庇護しているということも等しく事実であるのならば、そのとき、女性学が提示している主体性の記述はトランスの主体を理解するのにきわめて不十分であるように思われる。

もし女性学が学問分野として存続するために必要なアイデンティティの固定化が必要であるのなら、学問の世界のなかでトランスの活動のためのより制限づけられていないような居場所《ホーム》は存在するのだろうか。そして、トランススタディーズが女性学の長々と続く困難と交渉するような方法は存在するのか。規範に陥ることなく、ある種のジェンダーの唯名論を与えることができる空間を育むような方法はないのだろうか。

クィア

「トランス－アイデンティティは自然な事実ではない。それはむしろ、私たちが自らの身体である種のことを行うときに用いるよう強いられる政治的カテゴリーである」(4)とリキ・ウィルチンスは示した。この洞察は、トランス・アイデンティティを行為に似たものとして提示しているが、しかしまた、選択の問題に還元できないものとしても提示している。さらにいえば、トランスジェンダー・スタディーズが、トランスはセクシュアリティよりもむしろジェンダーにもとづいたアイデンティティであるという事実にもかかわらず、女性学よりもレズビアン&ゲイ・スタディーズにより密接に連携していることが示唆されてもいるだろう。しかしながら、トランススタディーズと女性学の合流に認められた同じ困難がトランススタディーズとゲイ&レズビアン・スタディーズの関係にも認められるのである。レズビアン&ゲイ・スタディーズとその政治との関係におけるトランススタディーズの現在の状況を議論するなかで、スーザン・ストライカーはブラウンと同様の指摘を行っている。ストライカーは、クィア理論がアカデミズム内部でジェンダーとセクシュアリティを理解するラディカルに進歩的で、革命的でさえあるモデルを提供するだろうという望みを彼女が一九九〇年代中盤に支持していたと記している。だが、ストライカーが現在感じているのは、この望みがまったく実現しなかったということである。

クィア・スタディーズはトランスジェンダーの課題を理解するのにもっとも適した場でありつづけている一方で、たいていクィアは「ゲイ」や「レズビアン」の婉曲表現になっており、異性愛規範とは異なる主要な手段としてセクシュアル・オリエンテーションとセクシュアル・アイデンティティを優先するレンズを通してトランスジェンダーの現象はたいてい誤解されている。もっとも私が懸念しているのは、「トランスジェンダー」がますますあらゆるジェンダー・トラブルを含む場として機能していることであり、それによって、同性愛と異性愛をともに人格の安定した、規範的なカテゴリーとして保証するのに用いられていることである。これは壊滅的で、隔離的な政治的帰結である。これと同じ論理が、現在、反同化主義的な「クィア」ポリティクスを、より口当たりの良いLGBTの市民権運動へと変質させている。そこでは、Tは、人種や階級のように、現実に存在しているセクシュアリティを横切るものとしては知覚されておらず、むしろセクシュアル・アイデンティティの単なるもうひとつの（容易に切り離せる）ジャンルに還元されてしまっており、しばしば思いがけない仕方で、あらゆるアイデンティティがその特有性を達成する手段を白日の下にさらすものとされている。(5)

ちょうどジェンダーという用語がセックス（決定論的、二元論的、自然的、等々）に伴う困難をかき乱すことを約束する言葉としてしばしば機能していながら、まさしく「セックス」を意味してしまったように、クィアはいまや、その用語の指示性の欠如が反アイデンティティ主義の政治の目印でもなければ、ジェンダーあるいはセクシュアリティを統制する規範からの逸脱に付された名でもなく、「レズビアンかゲイ」の記号として機能してしまっている、とストライカーは理解している。ストライカーの批判と足し算的なアイデンティティ・ポリティクスに対するブラウンの批判には類似性があるのだ。ただし、ストライカーが「現実に存在するセクシュアリティを横切る」乗り物としてジェンダーを用いることに希望の根拠を見出している点は注記しておくべき興味深い点であるが。

トランススタディーズの擁護者のすべてではないが、ジェンダーと主体の生産に関するお馴染みの考え方のラディカルな粉砕としてトランススタディーズの対象あるいは目的を特徴づけることに同意する者もいるだろう。そして、トランススタディーズをこのように理解すること（あるいは実際に、そうすること）はトランスジェンダーの主体性の否定であると理解する人たちから正当な批判もなされている。[6] このように考えると、トランススタディーズは主体の安定性に挑戦したポストモダニズム、及びセクシュアリティ研究やクィア理論におけるその応用にむしろ調和するようにみえるだろう。実際、トランスの理論家のなかには、ポストモダニズムがトランススタディーズにきわめて有用であると理解する者もいる。スティーブン・ウィットルは、主体のポストモダン的脱中心化とその「声の多様性」の主張こそがトランスの声をジェンダーに関する言説に導き入れることを可能にしたのだと示唆している。サンディ・ストーンはトランススタディーズの基礎的なテクストである論考「帝国の逆襲」のなかで、ジェンダーの「異言語混淆的な」説明の必要性に同意している。そして、フェミニズムと制度化された女性学を強化する「経験」への信頼とそれが表面上与える学術用語とカテゴリーとをトランスの人々はすっかり破壊するのだというよりラディカルな立場を、彼女は提示している。[7]

これらのカテゴリーは変化しているし、そのような変化はジェンダーの二元論の内部でも外部でも事実起こっている——たとえ、ジェンダー化された同一化や自己-記述における多くの変化が私たちの注意から容易く逃れるとしても。少なくともこの二十年間に、自分をフェミニストとは呼ばない若い女性の増加についてのたくさんの議論と書き物があった。しかし、ジェンダー化された自己の記述において、これとは別の世代的な変化がわずかに読み取れる。例えば、私の授業を受けている多くの人がそうである。すなわち、思い切って言ってしまうと、私が女性学の授業で生徒として受け持っている、多かれ少なかれ女らしい、多かれ少なかれ規範的にジェンダー化されている女たち（women）のあいだには、彼女たちの大部分、おそらく半数以上が自分を女（women）とは呼ばないし、その言葉でお互いを記述しもしない。その代わりに、彼女たちは「生物学的に女」（*female*）という言葉を使っている。なぜそのような状況が生じているのかを問うことは本章の枠組みを超えているが、ここで、たくさんの興味深い重要な問いが提起されるだろう。制度化された女性学の遺産が（デニス・ライリー*の言葉を借りれば）その名であることを望む女性的主体の数を減らしているという可能性はあるのか。[8] それは「女（woman）」を拒絶する解放の例なのか。それとも、あまり歓迎できないものの徴候なのか。「生物学的に女《フィーメイル》」のカテゴリーのうわべの明白さには、「女」のカテゴリーよりも居心地がよく、御しやすいところがあるのか。もし「女《ウーマン》」が文化的な達成物と理解されうるのなら、このことはその失敗の可能性を高めるのか。そして、この失敗のリスクは非同一化を呼び起こすのか。この流行が示しているように思われるのは、二元論の内部においても、その外部においても、女性学がいまだ、セックスとジェンダーとの関係で記述的な実証主義のかなり低い課題にさえ対応できていないということである。

LGB FAKE-T

トランススタディーズともっとも友好な関係にあるのはレズビアン&ゲイ・スタディーズである。この結びつきはときに連合の記号やそれと似た関係や闘いの記号の下になされているが、また、ときに、トランスジェンダリズムとは何か、そのゲイあるいはレズビアンのアイデンティティとの関係とは何かに関して混乱をきたしているものもある。トランスの著者のディーン・スペイドは、トランスがその差異や特有性への注意なしにレズビアン&ゲイ・スタディーズの庇護の下にしばしば組み込まれる仕方に言及しながら、*LGB fake-T* という言葉を作り出した。[9] このような造語が作られる背景には、ジェンダーはセクシュアリティを意味しているのではないかという疑い、そこではジェンダーはセックスだけでなく同様にセクシュアリティの単なる関連事項にすぎないのではないかという疑いがある。ときに、ジェンダーはセクシュアリティの代役となり、そして、セクシュアリティが実際にジェンダーの代役になる。例えば、最近の婚姻をめぐる議論は、報道機関とレズビアンとゲイの代弁者とによって、ジェンダー・イシューというよりはゲイ・イシューとして

＊ デニス・ライリーの著作 *Am I That Name?*（1988）を念頭に置いている。ライリーは同書で、「女」のカテゴリーの歴史的構築性を論じた。

枠づけられている――性行為はバウアーズ対ハードウィック事件やローレンス対テキサス事件においてそうだったように、明示的にというよりはただ暗黙の仕方で仄めかされているのだが。婚姻をめぐる議論がジェンダーとジェンダーの自由をめぐる議論に合流することは容易に想像がつくだろう。宗教的右派の同性婚への反対に対してそのような連携をとることはたしかに正しいように思われる。宗教的右派のスローガンはもちろん、クィアなセクシュアリティへの嫌悪、ソドミーへの憎悪によって満たされている。だが、「結婚は男と女のあいだのものだ」というよくあるスローガンは、不適切なジェンダーや気まぐれなセクシュアリティをその主張自体が矯正するものだと想像しているのである。同様に、主としてジェンダー・イシューであるものはゲイ・イシューであるとミスリードされている。トランス・イシューをレポートしている最近の新聞の一面記事はこの混同を反映している。例えば、「セクシュアル・オリエンテーションが理由でシャワー用テントから追い出されたトランスセクシュアル」、「新しい言語にみられるゲイ・アイデンティティのニュアンス――「ホモセクシュアル」は「ボイ*(boi)」のあいだでは時代遅れだ」など[10]。最後のタイトルが明示的に示しているのは、ホモセクシュアルというシニフィアンが「ボイ」という新しい言葉によって転覆されることへの不安――あるいはおそらく嘲り――であり、このタイトルは、ボイがジェンダーのシニフィアンであるようにはホモセクシュアルがジェンダーのシニフィアンでは決してなかったこと、ボイという言葉に反映されているアイデンティティの「ニュアンス」はゲイを示すセクシュアル・アイデンティティのしるしではなくジェンダーのニュアンスであることを、一時的に忘却している。さらにいえば、ボイがホモセクシュアルを転覆せんばかりであるという不安は、このボイが実際には他のボイを好むホモセクシュアルのボーイであるという観察によって鎮められている。ボイを推定上ヘテロセクシュアルであるとし、ホモセクシュアルを推定上ジェンダー規範的であるとすることで、これらボイとホモセクシュアルという言葉は相互に排他的であらねばならないと思い込むならば、私たちは誤りを犯していることになる。

一面記事で言及されているトランス女性は暴行を受け、公衆トイレから引きずり出されたが、それは彼女のセクシュアル・オリエンテーションのせいではなく彼女のジェンダー表象のためである。そのトイレでは、どんな性的行為もなかった。禁じられた「行為」は、彼女のジェンダーの表現だったのだから。警察を含め、公衆トイレでトランスの人を困らせ、強襲する人々の大半がそうであるように、この女性トイレの使用者たちは、その人がそのトイレの使用を主張するに足るほど女性的ではないと決めつけたのであり、その攻撃の過剰な反応はこれらの混同のより有害な帰結のひとつを示している。セクシュアル・アイデンティティとジェンダー・アイデンティティの混同は、ジェンダーの侵犯がセクシュアルな侵犯のようなもの、脅威として知覚されるものを隠すとともに

＊　ボイ（boi）とは、しばしば完全に男性アイデンティティをもっているわけではないが、男性性への関係を表現するトランスジェンダーの人たちによって用いられる。さらには、男性性への関係を示すために、女性に同一化している人やジェンダークィアに同一化している人も用いる。また、「ボイ」を自らのジェンダー・アイデンティティとする者もいる。

明示するという誤った思い込みにもとづいている。

このような侵犯と暴力の交わりは広く行き渡ったものであり、真面目に扱われており、しばしば注目されるとともに、また隠されてもいる。例えば、映画版『セルロイド・クローゼット』は、レズビアンとゲイの人々が長らく映像上の暴力の主体だったという議論を、ハリウッド映画からの諸々のシーンのモンタージュで締めくくっている。そこでは、ゲイやレズビアンのキャラクターは暴力や死に直面している。『セルロイド・クローゼット』は映画における同性愛嫌悪的《ホモフォビック》な暴力の表象が映画に働いていることを理解することを促すが、より注意深く見れば、これらのキャラクターの多くがトランスであることは明らかであり、映像上で上演され、反復されている処罰が降りかかるのはセクシュアリティの規範というよりはジェンダー規範を侵犯しているキャラクターたちに対してであるということは明白である。このようにジェンダーをセックスやセクシュアリティから分離することは明らかに危険に満ちた企てであるし、私はそれらのあいだの隔たりを誇張したくはない。ジェンダーとセクシュアリティは不可避的に――たとえ予測不可能だとしても――結びついている。しかし、このことはそれらが同じ事柄であることを意味しないし、それらが代替可能であると断定することはトランスの人にとって悲惨な帰結をもたらすものである。

ナイフを収める

これらの混同のひとつはいまでも、大衆紙におけるトランスの人々に関する議論において連綿とつづいている。『ニューヨーク・タイムズ』の二〇〇六年のある記事、それは『タイムズ』紙が数年間断続的に追いかけたFTMトランスのシリーズ記事のひとつだが、その記事はジェンダーとセクシュアリティの混同を同じ仕方で提供することで始まっている。しかしながら、この記事はトランスとレズビアン・コミュニティのあいだの合流を主張するのではなく、彼らのあいだの対立を示すことで結ばれている。[11] レズビアンとトランスのコミュニティのあいだの関係は全面戦争として記述され、「いくつかの女性の団体に怒りを向ける」「対立」として記述されている。この戦争への参加者はどうしようもないほど分割されている、とその記事は主張している。この記事は手短に、この対立がとりわけ可視化された場のひとつとしてミシガン・ウィメンズ・ミュージックフェスティバルに言及している。そのフェスティバルの設立者でありプロデューサーであるリサ・フォーゲルは、一九九一年から、すべてのトランスの人（MTFもFTMも）を女性だけのスペースから除外する方針を打ち出し、その年、ナンシー・ジャン・バークホルダーはトランスであるためにそのフェスティバルから追い出された。この方針はトランスの人たちとそのアライによって抗議されている。彼らがその禁止に反対しているのは、彼らが分離主義的スペースという考えを拒絶しているからではなく、むしろ、トランス女性は女で<u>あ</u>り、それゆえ女性用スペースに含まれるべきだという根拠にもとづいている。[12] その禁止を支持した初期のプロデューサーの一人の言葉、「あなた自身を男に変えることで、あなたが反対側に移ったことに気づかないのか?」がその記事で引用されている。

ストライカーが看取したこと——あらゆるジェンダー・トラブルはいまやトランスの記号の下にまとめ上げられ、ゲイとレズビアンのコミュニティのメンバーはその封じ込めを通して彼ら自身を異性愛者にずっと似通ったものとして、したがってより安全なものとして公に表象することができる——は『タイムズ』紙の記事の前提と結論に例証されている。煽情的なレトリックが横行しており、それによれば、トランスの人が直面する差別と暴力はレズビアンたちから広まるものと断定され、したがって、その攻撃はコミュニティの存続を脅かす脅威への防衛的な反応として形象化されている。その記事は、レズビアンのテレビドラマ *The L Word*〔邦題は『Lの世界』〕に登場する一人の人物からの引用で始まっている。彼女は、トランスとしてカミングアウトし、マックスという名前を選択し、まさにテストステロン〔男性ホルモンの一種〕を摂り始めた別の登場人物に狼狽えている。彼女はそのニュースに残念そうに、こう応答する。「私たちのストロング・ブッチの女性が女であることを諦めて男になるのを見るのは、本当に悲しい」。その記事はマックスの性別移行後にレズビアンたちのブログに噴出した熱狂をレポートし、「テストステロンのオーバードーズ〔過剰摂取〕」でその登場人物が死ぬことを求めたあるブロガーを引用している。レズビアンたちの手によって提案された虚構上のトランス男性のヴァーチャルな殺害が『タイムズ』の記事の出だしを飾っていることには心底ゾッとする。すぐに分かるのは、その記事がトランス男性についてのものではまったくなく、その代わりにトランス男性がレズビアンのコミュニティに招く危険に対して怒ったレズビアンの反応についての記事だということである。しかし、その怒りを背景にした暴力は一種の先物買いのロジックによって生じるものである。オンラインの殺意に導くレズビアンの怒りがある意味では正当化されており、つまり、その怒りはトランス男性が女やレズビアン、ブッチのカテゴリーに引き起こす脅威への反応に対する自己防衛というコミュニティの戦略なのだと仄めかされているのだ。

これはまず、もっとも陳腐なクリシェ――いわゆる「怒り狂った男嫌いのレズビアン」――の単なる再生産として斥けられてほしいものだ。しかしながら、私は二つの事柄を示したい。それらは、よりいっそう混乱させるようなものに注意を向けさせるものである。トランス男性への怒りの背後に、この記事に散りばめられている戦争と自己防衛のレトリックの背後に控えているのは、トランスの人は危険である、とりわけ女性を脅かす点で危険である、という根拠のない、広く普及している疑いである。この疑いは、トランスを略奪者とする幻想に変形される。その幻想においては、トランスの人々はレイピストに比せられ、非トランスの女性への脅威――ときに特定の、ときに曖昧で不特定の――を具体化していると主張されるのだ。

暴力や暴行の問題は長い間、トランスジェンダリズムの一般的な報道に流通している。[13] 事実、暴力はトランス・アイデンティティの本質的な特徴として提示されているのだ。『タイムズ』紙の記事が主張しているのは、FTMトランスの運動が「最近の十年間で勢いを得たのは、ますます整備されたことで選択しやすくなった手術や、インターネットによって得やすくなった支援のネットワークのためであり、一九九九年の映画『ボーイズ・ドント・クライ』――それは男性として生きることを選んだネブラスカ州出身の若い女性であるブランドン・ティーナの殺害という実話にもとづいた映画である――によって高まった感動のためである」ということだ。この年代記に反論を加えることは比較的容易だろう。FTMトランスジェンダリズムはもちろん、『タイムズ』紙が特集を組み始める以前から、レズビアン・コミュニティの内外で重要な争点であり続けたのだから。しかし、この年代記によって提示されているものはお粗末な物語の起源であり、『タイムズ』紙にとっては、トランスジェンダリズムの誕生の年代は正確に、あるパフォーマティヴなスピーチ・アクトに定められている。一九九八年、ケイト・ボーンスタインは『タイムズ』紙に「彼女の息子／娘」という社説を書いた。そこで彼女は「トランスジェンダー運動」に言及したのだが、編集者はこのフレーズに尻込みした。ボーンスタインがその理由を尋ねたとき、彼女はこう言われた。もし私たちがトランスジェンダー運動というフレーズを活字にしたら、そのようなことが実際に起こったことになってしまう、と。(14)

トランス男性がここ数年間でますますメディアの関心を引いているのはたしかに事実である。しかし、この年代記でもっとも戸惑うのは、あるトランス男性の死の契機とその死によって「引き起こされた感情」にトランスジェンダー運動の誕生を位置づけている点である。したがって、トランスジェンダー運動の起源をめぐる物語は逆転したストーンウォールとして形成されている。その物語では、暴力が創設された瞬間はコミュニティを再建するのでも、差別やハラスメントに反対する公共性を再建するのでもなく、むしろその代わりに、その死の終わりなく反復された上演の連鎖のなかにその最初の例をしるしづけているのだ。創立神話としてのストーンウォールがその力を得ているのは、クィアやクィーンが反撃したという主張からである。[15]『ボーイズ・ドント・クライ』を創立神話として引用することとは、それとは正反対のことを主張することであるように思われる。つまり、ブランドンは反撃できなかった、ブランドンのような者たちはいまもなお反撃できていないのだ、と。そして、反撃が向かう他方の陣営にはいわばレズビアンがいるのだ、と仄めかされている。[16]

レズビアニズムへの脅威として表象されるトランス男性に対する暴力に加えて、ここには二つ目の暴力が存在する。この二つ目の暴力はブッチというカテゴリーを損なうものである。その暴力によって、ブッチというカテゴリーは、トランスジェンダリズムとは概念的に区別されるため、規律的な女性化を被ることになる。例えば、性別移行を選択するブッチは「女であることを諦めた」と記述される。ブッチは「女であること」に確固とした、所有的な関係をもつという乱暴な主張は、ブッチがトランスとは異なっているという主張によって必然化される。ブッチとトランス男性はジェンダーの関係において似ているように見えるし、等しく男性的なジェンダーの表現をするので、「女であることへの忠誠」――それは漠然と定義されたもので、必ずしも可視的な女性性が伴うわけではない――は彼／女らを区別するであろう唯一のものであるだろう。トランス男性と対照させてブッチ・アイデンティティの要素を描くためにこのカテゴリー・ミスティクが主張しているのは、ブッチが断固とした女性であるということである。すなわち、トランス男性は胸をひどく嫌悪するが、ブッチはそうではない。トランス男性は身体を攻撃し、拒絶するが、ブッチは自分の身体を称賛する。トランス男性は公的に男としてパスしたいが、ブッチは女として承認されたい。トランス男性は男性的な言葉で自分自身について考え、男性代名詞を好むが、ブッチは男性代名詞、男のジェンダー役割、男性的自我理想を拒絶する。トランス男性は男の特権を欲するが、ブッチは男の特権を拒絶する。トランス男性は自分自身を嫌悪するが、ブッチは自分自身を誇りに思う。もし、これらがブッチネスの描写であるなら、それは大仰に動機づけられた驚くほど不正確な描写だが、このことは偶然ではない。この種の抗議は、過去数十年来馴染みのある、ブッチ／フェム・アイデンティティと性別役割分担に反対する「フェミニスト」の反応と同一である。その議論は正確に同じものである――過去にブッチによって演じられていた悪役の役割がいまやトランス男性に割り当てられている点を除いて。

これは、トランス男性との入り混じった性別違和的男性性からブッチを救出することで、ブッチの死を上演するものである。ブッチの死の責任をトランス男性に負わせる前に、いったん立ち止まって、以下のことを思い起こすことが重要であるように思われる。「現実の」ブッチネスの死について書かれたことや、その時代の終わりを嘆くこと、ブッチの喪失を哀悼することは、ブッチネスそのものに付随する産物であったということを。クィアな男性性のスタイルとしてのブッチネスは、「彼らは皆どこに行ってしまったのか」というノスタルジックな希少性のモデルによって部分的には構築されているのである。

『ニューヨーク・タイムズ』紙の記事はまさにこのような仕方で性別移行を批判しているのであり、このようなブッチネスの価値づけを通してトランス男性を中傷しているのである。ブッチネスは一方ではトランスに対立して、欲望可能な理想として支持されており、他方、かつて、つまりトランスの現在の議論以前には、ブッチネス及びブッチ自身が酷評されたのも同じ理由からであり、すなわち、男性性あるいは男であることの容認できない限界にあまりにも接近したために酷評されたのである。その境界線は移動し、いまやトランス男性がブッチに対立して、男性性の新たな限界の事例となり、他方、ブッチはいまやレズビアンの理想として持ち上げられているかのようだ。この傾向はトランス理論において広く注目され、批判されており、おそらくそのなかでも、ジュディス・ハルバースタムによるものがもっとも有名だろう。ハルバースタムは、ジェンダー侵犯をトランスの身体に割り当て、他のすべての身体を規範的なものとして印づける（あるいは印づけないままにする）ことがトランス理論やトランスフォビックな理論に同様に生じていることに着目し、ストライカーとともに、「ジェンダーの逸脱をただトランスセクシュアルの身体にのみ割り当て、ジェンダーの規範的なものを他のすべての身体に割り当てるモデル」（p.153）をより複雑にさせることを要求している。[17]

ハルバースタムが明らかにしているこのようなレトリックは、ゲイル・ルービンが論文「性を考える」で指摘しているように、異性愛者により受け入れられやすいものとしてレズビアンのコミュニティを構築する効果をもつものであり、それはとりわけポピュラーな言説に明白である。第一に、そのレトリックはジェンダー規範的と推定されているレズビアンをトランスジェンダーの人々から切り離す。さらに、それが示唆しているのは、もしジェンダー規範的なレズビアンが異性愛者と同様にジェンダー変換の奇妙な世界を不快に思うならば、『ニューヨーク・タイムズ』紙の読者は彼ら自身の同性愛嫌悪《ホモフォビア》やトランス嫌悪《フォビア》にかかずらう必要はない、ということである。

性別移行の議論に行き渡る暴力、それを自覚しようとしているフェミニストの反応にさえ認められるような暴力は、様々な領域で生じつづけている。性別移行はあたかも死に似た何かであるとされるか、あたかも移行後の主体はその現れによって移行前の主体の死を上演しているとされている。性別移行はさらに、FTMの性別移行の処置――それはときに、自己‐切除、あるいはより大げさに「女性に対する暴力」として記述されている――に関する議論のなかで、殺人的なものとして形象化されている。しかし、これらの「自己‐切除」の議論には、突然、ナイフを反対側に向けることで終わるものがある。バーニス・ハウスマンは、性別移行の身体的介入は自己に対する暴力であり、そして自己に対する暴力はトランス理論とフェミニズムの対立の証左であり、なぜなら、「フェミニストは、性別違和の身体性の問題の起源として社会的システム――自己の身体ではなく――を攻撃することによって自身のジェンダーの備給を理解している」からである、と述べている。[18] レズビアンの著者であるアリックス・ドブキン――彼女はしばしばFTMを「切除された女性」と評する――は、トランスジェンダリズムに反対する記事のひとつを「さあ、ナイフを収めよう」という文で終えている。彼女の見方において、どういうわけか、トランス男性自身というよりもレズビアンがいまやその暴力の標的とされていることは明白である。[19]

これらのやりとりにおいて、レズビアニズムは異性愛規範的な関係の形態と一致するものとして作り直されるようになる。レズビアニズムは家族のようなものになり、他方、トランスジェンダリズムは家族を破壊するものである。レズビアニズムはコミュニティ――ヴァーチャル（*The L Word* の鑑賞者たち）、オンライン（ブロガーたち）、教育的（女子大学）、そして政治的（女性のスペース）――であり、他方、トランスジェンダリズムはコミュニティからの追放である。レズビアニズムは安全（家庭内的、分離主義的）であり、他方、トランスジェンダリズムは危険（性別移行による自己への危険、あるいは女性のスペースを侵害することによって他者にもたらす危険）である。トランス男性がレズビアン・コミュニティを去るといったときに戻るトランス・コミュニティへの言及がほとんどないことに注意しよう。あるいは、トランスのメンバーとの親族関係や結びつきを保持し、支持するようなポジティヴな方法で作り直されるレズビアンやクィアのコミュニティへの言及がほとんどないことにも注意しよう。レズビアン・コミュニティの外部にあるスペースは、断固として隔離され、断絶したスペースとして形象化されているのだ。件の記事は、ブログ上の殺害から、宿命的ではないがおそらくは決定的な追放という解決に至るまでの、トランス男性に対する選択肢を開陳している。ミルズ大学の卒業生（専門的な教育を受けたフェミニスト）からの引用は次のようにレトリカルな問いを挙げている。「いついかなるときに、私たちはあなたを追い出すのか。あなたが名前をボブに変えるときか。あなたがホルモンを摂り始めるときか。あなたが髭をのばすときか。あなたが胸を二つとも切除するときか」。この論理に従うなら、レズビアン・コミュニティはトランスの人たちを拒絶することができるし、しなければならないことになる。それは、もしトランス男性がレズビアン・コミュニティから追放されるなら、という仮定の問題ではなく、いつ、どのように追放するかという問題なのである。

切除の波？

『ニューヨーク・タイムズ』紙の記事にはシェーン・カヤ――その記事で議論されているトランス男性――の二つの写真が掲載されている。ひとつは、シェーンと彼の元パートナーであるナターシャ、そして彼らの三歳の子どもの写真である。三人ともみな笑っており、シェーンは子どもを高く抱き上げている。二つ目はシェーンの腰から上をシャツ無しで写したものである。ショートの白髪交じりのヘアー、タトゥーの彫られた二の腕、男らしい、筋肉質な胸部を、彼は誇らしげにみせている。その写真の見出しにはこうある。

シェーン・カヤは乳房切除の痕をみせている。

この見出しはぎょっとさせる。それはそのトーンのためではなく――それは事実に即した淡々としたトーンである――、それが報道している内容と読者が最初に見るもの――単に男性的な身体――とのあいだのミスマッチのためである。たとえ、シェーンの胸部がいくら正常に見えようとも、それが見せているのはその見出しに従うなら、彼の男性性ではなく、その男性性を得るためになされた女性性への暴力なのだ。その見出しは男性の胸部ではなく、失われた乳房を見せているのである。そして私たち読者は、その証左として彼の身体を読むよう促され、シェーンの少し低い胸部の外形を跡づける痕跡――その男性性の偽りを示す「嘘」――を探し出すよう促されているのだ。これは、トランスの人たちの取材記事にある写真にいまや馴染みになっている様式である。「普通に見える」トランスの人の写真は、彼らのトランスの状態や手術の状態を知らせる見出しや補足記事の隣に置かれるであろうし、それはジェンダーの失われた部位を突き止めるゲームとしてトランスの人の写真を提供する「暴露記事」として機能するだろう。この例では、二番目の写真は一番下に位置しており、あたかも、その上にある幸せ一杯の家族写真を否定あるいは掘り崩しているかのようである。この写真には、三重の辱めがある。というのも、シェーンはかつてあった胸への言及によって女性性に呼び戻されるとともに、彼自身の除去の行為主体として名づけられているからである。性別移行を家族的な幸せを断ち切るものとして枠づける写真の戦略はまた、語りの水準でも行われている。シェーンと彼のパートナーは破局し、それは彼の性別移行が理由である、と語られるのである。

これらの写真の戦略は最終的に、トランスの人々の差異——すなわち、彼らがこれまでレズビアンと理解されてきたそのレズビアンと、彼らがいまや男性になりたいと思っているその男性との、その両方に対する還元不可能な相違——を再分節化する役割を果たすものである。その記事は躍起になって、たとえトランスセクシュアルが私たちの傍を歩いていても彼らをつねに見分けることができるだろうことを保証しようとする。そのレトリックは様々な戦争を模倣したものになっており、差異についての文化的不安はテロへの戦争を焚きつけるために動員されており、このテロへの戦争が私たちに勧告しているのは、潜在的なテロリストは私たちのなかに隠れているのだから、つねに油断するな、ということである。それぞれの戦争において、危険は同一性を装う差異として身体化されている。その記事のなかでレズビアンがトランス男性の身体に向けている侮辱がまさにそうである。そして、それぞれの戦争において、先制攻撃はそのような敵に対して効果的な唯一の兵器として提供されているのである。

これはシェーンの胸の筋肉の写真というよりもシェーンの傷跡の写真だと主張することは、彼の胸部を「なにも見るべきものがない恐怖」として提示することである。この「恐怖」はもちろん、女性器に対する子どもの感知に関するフロイトの所見であり、女性器はペニスとの比較によって単なる無ではなく、恐ろしい無とみなされる。実際、FTMの性別移行についての一般的な議論にもアカデミックな議論にもよくみられる不安や怒りは手術による胸の喪失をめぐっており、そのため、性別移行による胸やその末路への焦点化はトランス女性に対する一般的な議論におけるペニスの中心性に類似している。トランス男性の身体へのこのような熱視線はその傷跡の物理的な現前を超えて、乳房切除術から、これらの傷跡が何を意味しているのかという問いにまで及んでいる。胸に対する過度の関心、胸を「救おう」とする欲望、あるいは自分の胸を「切除」するために乳房切除術を考えている「若い女性」を救おうとする欲望においては、性別移行は、トランス男性が胸の物質的な肉を犠牲にしてファルスという非物質的な特権を追い求める取引として理解されている。したがって、表面上はフェミニスト的な問題関心が提示しているのは、取り除かれた胸を、トランス男性が手放した女性性のシンボルとみなして嘆いてみせる陰険な試みなのである。はっきり言っておくが、これらの胸は、それがまだトランス男性の身体の一部だったようなときにも、女性性のシンボルとして肯定されたり、明言されたりすることはめったにないのである。

もしトランスの人々への公的な関心が「あそこの」手術への注視になり、そこではMTFにおける手術が去勢と理解されるのならば、FTMに関する一般の議論の焦点は乳房切除術になり、再び、一種の去勢あるいは逆転した去勢として理解されてしまうことになる。胸は女性性の絶対的なシニフィアンになる——胸は女性器とは異なった仕方で、たとえ服を着ていたりして覆われていても、性別《セックス》の実証的な裏づけを与えるのだ。胸への注視は『タイムズ』紙の記事で繰り広げられており、陰茎形成術についてはほとんど何も言われておらず、ただ「代用ペニス」というひとつの言及があるだけである。これは一方で、ジェンダーとセクシュアリティを性器の形態に還元しない新たな効果をもつかもしれないが、トランスの人々が一般の報道で現れるときにしばしば生じるのは、トランスの人々への興味は追い払われているのではなく、新しい部位に注がれているということである。リキ・ウィルチンスは彼女のペニスとあそこの手術に対する人々の興味についてコメントし、彼女のトランスの特有性と彼女のフェミニズムの両方を主張する特徴的な意見のなかで次のように述べている。「トランスセクシュアル女性は「自分の男性器《ディック》を切る」と間違いなく記述される。この行為を女性器《カント》を得る行為と述べた人は誰もいない――レズビアン、フェミニスト、あるいはトランスジェンダー女性でさえ」(p.193)。

メイキング・オブ・ア・マン

本章のはじめに言及した写真との比較として、ヤーナ・マーカスによって撮られ、「変容――ザ・メイキング・オブ・ア・マン」と呼ばれるショーで展示された一連の写真にとりかかることにしたい。ここでの「メイキング」は、ジュディス・バトラーがフェミニズムにおける遺産として理解し、現在トランスの理論家によって引き継がれているものと理解している「生成＝なること(becoming)」という言葉と共鳴している。「ある意味で、ケイト・ボーンスタインはシモーヌ・ド・

ボーヴォワールの遺産を引き継いでいる。もし、人が女に生まれるのではなく、女になるのなら、そのとき生成《ビカミング》=なることはジェンダーそのものの媒体である」[20]。私が示したいのは、これらの写真が性別移行をする主体を『タイムズ』紙の写真とはまったく異なった仕方で描写しており、それによってジェンダーの形成《メイキング》についての異なった語り口を私たちに提示しているということである。

その写真のシリーズは、エイダンという名前の若いトランス男性の三枚のモノクロ写真から成るものである。最初の写真が写しているのは、座っているエイダンであり、リラックスしていて、どこか物思いに耽っているようにみえる。彼の腕は緩やかに、彼の胸部を抱えている。彼はTシャツを着ており、そのTシャツには「あいまい（AMBIGUOUS）」とプリントされた文字が認められる。二番目の写真が写しているのは、シャツを着ていないエイダンで、胸部はさらしで抑えられている。三番目の写真では、エイダンはガーゼをとって、彼の胸部、及び、そこに刻まれている最近の乳房切除術の結果をみつめている。このシリーズと『タイムズ』紙の写真はそれぞれシャツを着ていないトランス男性を写しているが、しかし、その主体と鑑賞者とに対するそれらの趣旨、構成、立場はまったく異なるものである。

エイダンのシリーズ写真はいくつかの推論を要求しているが、なかでもとくに興味深いのは、内と外、自己と鑑賞者、見えるものと見えないものとのあいだの関係の問題としてジェンダーを描き、解釈しているそのやり方である。エイダンの胸部の三連作——服を着たもの、さらしで抑えたもの、裸のもの——が私たちに提示しているのは、隠された全体から開示された裸への進展である。この外部と内部の対照はトランスの著作に広く認められるものであり、そこでは、内部はしばしばジェンダーの非物質的な真理を表し、外部は偽りの、望まれていない肉体的な覆いを表している。ジェイ・プロッサーの『第二の皮膚』からジェイミソン・グリーンの『紛うことなき男になる』、マックス・ウォルフ・ヴァレリオの『テストステロン・ファイル』まで、トランス男性にとっての性別移行は、身体の可視的なシニフィアンがジェンダーの内的で不可視の感覚と一致するようになる身体変容のプロセスとして記述されてきた。このモデルは、性別移行が未知の向こう側にあるジェンダーへの跳躍ではないという点で、より一般的にトランスの人たちの生を映し出している。エイダンは手術前は断固として女性だったと主張することは、控えめに言えば不正確であり、はっきり言えば暴力である、と言える。ここでは、外的な身体的変化は内的な連続性と持続性を示しているのである。

このイメージの場合には、その写真が示しているのは、シャツを着ていないエイダンであり、さらしで抑えられた胸部である。彼の腕は頭の上にもち上げられており、彼の頭はわずかに左に傾いており、目は閉じられている。そのさらしはほぼ完全なフラットな輪郭を作り出しており、両方の胸の膨らみはさらしによって抑えられている。しかし、私たちはこのさらし――それはサランラップあるいはそれに類するもので作られている――を透かし見ることができる。そのさらしの効果は、ただ覆われ、隠されたときにだけジェンダーの変形を可能にする身体的変形を表現しており、その覆いや隠匿はそれにもかかわらず、不思議なことに鑑賞者に透明なものとして提示されている。したがってこの写真は、絡まり合う内側と外側のあいだの関係の驚くべき逆転を提示している。すなわち、フラットで、男性的な胸板としての胸部というエイダンの内的な自己イメージは、さらしを通して外在化され、可能になり、さらしそのものは消え、ただその効果だけを残していく。私たちは、見るという行為において生じるエイダンへのある種の感情移入に捕らえられ、おそらく写真に添えられている引用文――そこで彼はさらしの痛みと彼が直面する身体的ジレンマを記述している――を読むことで増大する感情移入に捕らえる。

着るものによって、私は男に見える。私は身体を覆うために大きな服を着るが、しかし、私にはあまり自信がない。自分の胸を覆うためにジャケットを着、それによってよりパスする傾向があるとしても、夏になれば、Tシャツを着ることが多くなり、自分の胸を抑える必要がでてくる。フラットな胸に見えるようにするために、さらしで縛りつけなければならないが、それはかなり痛いし、窮屈なものだ。包帯を使う人もいれば、サランラップや、とにかくきつく締まるものを使う人もいる。あまりにきつく締めると、呼吸ができなくなってしまう。いま、私はスポーツブラを着用しているが、それは単に痛いのが嫌だからだ。私は数年間、このことでもがき苦しんできたし、事態は悪化の一途を辿っている。私はただ、自分の身体に安らぎを得たいだけだ。私はすぐに胸の手術を受けるだろう。

私たちが先にみた分類学は、トランス男性とブッチを切り離された存在とみなすものだった。それは前者を身体を捨てる者、後者を身体を問わない者とみなしていた。だが、エイダンが訴えていることはブッチにもトランス男性にも起こりうるものだろう。

術後、エイダンは新しい胸部についてこんな風に語っている。

> 手術は私にとって正しいものだったと確信している。私は性別移行を一歩ずつ進めたかった。［…］胸の手術は私にとって喫緊の事柄になった。胸の問題はますます悪化していたから。私は自分がするのは胸の手術だけだと思っていたし、それをすればかなり良くなるだろうと感じていた。私はフィットした好みのシャツを着ることができるだろう。私の胸部はかなり窪んでいる。そこはかつて胸があった場所で、私はそれが平らになっているのを気に入っている。私は体重を増やすために二、三か月辛抱しなければならない。だから、私の胸が理想的なものになるにはまだ時間がかかるだろう。しかし、私の身体的な性別移行はまだ始まったばかりで、私はすぐにテストステロンを摂るだろう。昨日は風が強い日で、私はぴったりとしたシャツを着ていた。私ははじめて、自分の胸を意識しなかった。［…］それは素晴らしいことだった！

実際、最後の写真は、エイダンが彼の乳房切除の痕を見せているものである。しかし、その記事は『タイムズ』紙の記事に比べれば、かなり適切なものにみえるし、その効果はまさに正反対である。エイダンはカメラの正面にシャツなしで立ち、腰から上が撮られている。しかし、最初の写真では彼の目は私たちの方をみており、二番目の写真では彼の目は閉じられており、顔を背けていたのに対して、三番目の写真では彼は自分の胸部を見下ろしている。彼の手は自分の胸部を取り巻いていた布の塊を解き放ち、その素材はよくわからないがおそらくはガーゼで作られたもので、さらしや包帯を示しているように思われる。彼は自分の胸部を見下ろし、まだ新しい、治療中の、手術でできた一番目立つ痕をみつめている。最初の二つの写真では、カメラは、エイダンが顔を背けていた彼の胸部をみていたが、最後の写真では、カメラ、エイダン、そして鑑賞者はみな、彼の胸部の新しい地形に焦点を合わせている。私たちは彼を見るというよりも、彼とともに見るよう求められているのだ。

エイダンはまだ、自分の胸部や身体に完全に安らぎを得たとは報告していない。彼が示しているのは、彼の新しい胸部が男性的身体の始まりだということである――「私の身体的性別移行はまだ始まったばかりだ」「私の胸部が理想的なものになるにはまだ時間がかかるだろう」。乳房切除術はこのプロセスのスタートであって、到達点ではない。性別移行は身体性のプロセス、絶えざる生成《ビカミング》として示されているのであって、手術で始まり、手術で終わる一回限りの行為ではない。そして、存在と生成のこの構造は、内側と外側の単純な二分法を超えている。エイダンは、手術後に外出することの喜びを報告している。エイダンはぴったりとしたシャツを風によって感じており、自分の胸部を意識せずに済むようになっている。重要なのは、これが自己についての純粋に内的な意識ではないということだ。自分の胸に対する不快さや胸の否認が次第に強くなるのは、パスすることに失敗したときであり、他の人々——おそらく彼をジェンダーが曖昧な者とみなす人——が手術前のエイダンの胸を探し出そうとし、彼／女らが女性性の確証としてシャツの下にある胸を読み込もうとするときである。このような外的な誤認こそが、その個々の部位についての意識や、その表現についての自己意識を強烈に感覚させるのだ。その部位や表現はエイダンの自分自身の意識とはもはや分離不可能なものになるのである。したがって、外見に対する不快感という彼の内的な感覚は、単なる齟齬やミスマッチではなく、性別違和の内的な感覚なのであって、その感覚は拡張され、彼の身体から外的世界の眼差しにまで拡張されるのだ。その眼差しはジェンダーの曖昧さにあからさまな敵意を向けるものであり、それは彼のジェンダー化された自己の感覚の一部として内面化され、体内化されるのである。

トランスジェンダー・マスキュリニティ

トランスの立場はしばしばレズビアンフェミニストの批評家によって、ジェンダー規範への屈伏として記述され、レズビアンのシスターフッドの放棄やそれに対する裏切りとみなされてきた。その批判が訴えかけようとしているのは、「女」の連帯の放棄には、レズビアンの「姉妹たち」への非倫理的な関係が存在しているということである。しかし、レズビアニズムやフェミニズムを裏切らないトランス男性に唯一残された立場は彼の胸を取り除くことを考えるよりもむしろ彼の痛みや不快を耐え忍ぶことであるという主張がなされたとき、そのときにどんな倫理的な態度がとられているのかを考察することは決定的であるように思われる。もし、彼のパスがある種の裏切りとして理解されるのなら、まさしくそこで裏切られているものとはいったい何なのか。もし、パスの失敗が彼を暴力の標的にしてしまい、あるいは彼を危険にさらすことになるのならば、私たちはどんな応答をするのか。エイダンが「女であること」――それに対して彼はどんな同一化の関係ももっていない――の可視的なしるしに耐えるために身体を変えてはならないと主張することは何を意味するのか。トランス男性が性別移行よりもむしろ彼の女性性の確証としての身体に苦しむことを要求するレズビアンフェミニストの主張を考察してみよう。もし、例えば自分の身体を心地良いものにしたいというトランス男性の欲望がレズビアンの連帯の地平から反対されるのなら、私たちは次のことを問うべきではないのか。なぜ、とくにトランス男性の身体が標的にされるのか。なぜ、私たちのあいだで侵犯的なジェンダーの身体だけが例外的にその連帯の重荷やそれに対する応答責任を耐え忍ぶよう強いられるのか。男性性に対するレズビアンの欲望――生物学的には男性ではない者に身体化された男性性に対するレズビアンの性的な願望――もなおレズビアン・コミュニティに危機を招きうるものだというのだろうか[21]。そして、このような欲望が自分たちをストレートにはしないのだというレズビアンであることの保証――彼女たち自身のレズビアニズムに関して保証される必要のあること――は、トランス男性、ブッチ、その他の男らしい女性の安全や身体的な快適さを犠牲にして得られるものなのか。

同一性はそのとき、彼女らのコミュニティにおけるトランスに同一化した人々をいくつかのレズビアンが拒絶する引き金になる。私が以下で示すのは、トランス男性がジェンダー化された共通性のコミュニティを通して自己自身や互いを見出すときに異なった種類の同一性が働いていることである。グリフィン・ハンズブリーが説得的に論じているように、トランス男性性（transmasculinity）は、ジェンダー化された身体性の理想に忠実なものとしてではなく、また、一様な男性身体という幻想に奉じたものとしてでもなく、むしろ、男性的な身体的表現と感じの幅として理解されるべきである。[22] コミュニティという全体的な概念をスペクトラムという言葉で書き換えるハンズブリーの試みは、男性性を存在の種類（トランス男性 対 非トランス男性）というよりも存在の仕方（多かれ少なかれ程度の差はあれ男性的であること）として理解することを可能にする。それは、あまり固定化されていないトランスジェンダリズムの存在論であり、トランスジェンダリズムのよりパフォーマティヴな記述である。すなわち、トランス男性性は、ひとつの単純な主体であれという指令でもなければ、ひとつの自己同一的なカテゴリーに適合させろという指令でもないことを、ハンズブリーは私たちに理解させてくれるのであり、ひとつのトランス・アイデンティティという考えから離れて、トランスの記号の下にある経験の多様性に私たちを導いてくれるのである。

ハンズブリーの記述は二つの点で、『タイムズ』紙のトランス男性とそのパートナーの描き方との有用な対比を示している。第一にそれが力強く明確にしているのは、トランスの人たちは事実コミュニティをもっているということである——『タイムズ』紙によって描かれた棄却された孤立という形象とはかけ離れて、彼らはその生が共有され、しばしば互いに分かち合われた人たちなのである。第二に、『タイムズ』紙ではトランス男性はトランスであるために彼らの親密な関係を分裂させ、破壊する行為主体として理解されていたのに対して、彼らの関係を終わらせることを選ぶのはトランス男性というよりもトランス男性のレズビアンのパートナーの方であるという異なった観点を、ハンズブリーは私たちに与えている。もちろん、両方のシナリオが可能であるのは事実であろうし、ときにその関係をやめるのがトランス男性であることもレズビアンのパートナーであることもあるだろう。また、その関係が存続し、必ずしも終焉を迎えないこともあるだろう。しかし、ハンズブリーが私たちに思い起こすように促すのは、そのようなカップルが別れるとき、トランスの人たちがつねに分割の行為主体であるわけではないということであり、彼らの経験は強烈な傷つきやすさや見捨てられる悲しみの経験でもありうるということである——『タイムズ』紙が描いているような、アイデンティティのために関係を放棄するという自分本位の行いというよりも。

同一性を強固にすること、ある種の均一性への衝動は、ハンズブリーの言説のなかで完全になくなってしまうわけではないが、むしろその代わりに、異なった圏域に移し変えられているように思われる。私は以下の問いの批判的かつ政治的な賭金に関心がある。その問いは様々な形で、トランスの問題に関する現在の議論のなかに現れているようにみえる。「同一性」という契機がアイデンティティを統治する規範的理念としては放棄され、関係を治める規範的な理念として再浮上することは可能なのか。トランス男性的コミュニティが強固な統一体よりもより包容力のあるものだということは否定しようもない事実だろう。しかし、もしアイデンティティが関係から自己を取り出し、差異から自己を撤退させることで可能になるものであるならば、このトランス男性の表現の多様性はより捉え難く、より基盤的な形態の同一性を覆い隠しているのだろうか。すなわち、もしトランス男性が（FTMアイデンティティに関するヘンリー・ルービンの著作のタイトルを模倣して）「自己製《セルフメイド》の」ものとして理解されるのなら、アイデンティティが同一性の産物として、つまり、まったく内的なプロセスの自己‐発生的な沈殿物として理解されるようになるなんらかの方法が存在するのか。そして、アイデンティティそのものが関係において形成されるものである以上、トランス男性的アイデンティティはそれが他の男性性への同類性や類似性を示す限りにおいてのみ現れるものなのか。

ハンズブリーの論文には、アイデンティティがあたかも個人の属性や所有物であるかのように記述されているときがある。それは、一部のトランスの著作には馴染みのあるものであり、それらの著作では「私は〜である（I am）」がもつ社会的な力はトランスの人々が直面する抹消や不可視性に対抗することを呼び起こすものである。他方で、ハンズブリーはこのモデルを、ジェンダー化されたアイデンティティを関係の産物として、すなわちコミュニティを求めることやコミュニティとの相互作用を通して形成されるものとして理解するモデルで補っている。ハンズブリーの論文、及び彼が記述しているトランス男性のコミュニティにおいては、トランス男性的アイデンティティのそれぞれ——埋没系《ウッド・ワーカー》、*トランス男性、ジェンダークィア、男性——が現れ、判読可能になるのは、互いの関係においてのみであり、彼らのアイデンティティが意味と一貫性を得るのは、男性性のスペクトラム上の似通った——しかし、同一ではない——位置へのその秩序だった関係からである。実際、スペクトラムという考えはまさにこの関係に依存している。ある意味で、スペクトラムそのものは、近接的だが境界づけられているジェンダーのカテゴリー間の結びつきの可視的な痕跡以外のなにものでもない。ハンズブリーが私たちに提示しているのは肯定の場面——トゥルースピリット・カンファレンス、**セラピー、グループ、会話における——であり、そこでは、アイデンティティの表現と多様性は他のトランス男性たちとの関係や同盟、連帯において生じるものである。似た他者たちとの協働や連帯において引き受けられたプロジェクトとしてのジェンダー化されたアイデンティティという考えは、フェミニズムから受け継がれた親しみのある遺産である。しかし、もしフェミニズムの遺産がトランス男性のコミュニティにおいて読み取られうるなら、ここでのフェミニズムの地位とは何かを読み取ることは難しい。

* “woodworker”とは、特別移行したトランスセクシュアルで、移行前の過去を隠す人のこと。日本では「埋没系」がほぼこれに相当するが、必ずしもトランスセクシュアルに限定して用いられるわけではない。
** トゥルースピリット・カンファレンスとは、ワシンドンDCで年一回行われていたトランス男性及びそのアライの会議。

男性、トランス男性、ジェンダークィアのあいだのこれらの関係を同一性の連盟として読むことに私たちは誘われる。それは、トランスの団体においてもっとも価値を与えられ、理想化された男性性はストレートの生物学的な男性であるという通念を複雑にし、クィアする。ひとつの可能性は、トランス男性のコミュニティにおける男性性のホモエロティックなあるいはホモソーシャルな結びつきにはラディカルで不安定な潜在性があるというものであり、もうひとつは、すでにクィアである男性性がトランス男性性の核にあるというものであるように思われる。さらに、これらの記述において、女性的なもの、女であること、そしてレズビアンはどのような地位にあるのか、に関しても検討してみたい。そして、これらのホモソーシャルな結びつきが差異と付き合うよりもむしろ差異を無視し、忌避するアイデンティティの閉じた同盟を形成するのかどうかを問うことにしたい。

ハンズブリーはトランス男性的主体の形成の記述を提示しており、トランス男性とブッチが外側からは区別し難いというあまりにもしばしば見過ごされてきた事実を強調している。

［ジェンダークィアは］自らの欲望に働きかけるたくさんの訴え（voices）のボリュームを下げる方法を見出さなければならない。ジェンダークィアの人たちは自身の内なる自己‐知覚に調子を合わせなければならないのだ。ジェンダークィアのボイ（boi）とブッチのダイクを区別するものは何なのか。身体的には、しばしば差異はない。再び、差異は自己‐解釈にかかわっている。ボイ、あるいはガイは自分自身をトランス男性のボイと知覚しているし、そう知覚されることを望んで

いる。それは、男として見られることを求める埋没系やトランス男性の要求よりもずっと難しい要求である（p.259）。

ハンズブリーは、視覚的というより内面的なジェンダーの側面、つまり自己のジェンダー化された感覚を裏づける感じられ方に注意を向けている。この記述において、ジェンダークィアの課題は「自らの欲望に働きかけるたくさんの訴えのボリュームを下げる方法を見出」すことであり、「自身の内なる自己‐知覚に調子を合わせ」ることである。これらの訴え《ボイス》は様々な仕方で現れる――トランス男性のコミュニティ（ジェンダークィアに性別移行を行ってほしい人たち）から、レズビアンのコミュニティ（ジェンダークィアに「女」のままでいてほしい人たち）から、そして「非トランスの世界」（その要求は不特定だが、消滅させるとまではいかなくとも、間違いなく敵意をもったものと推測される）から。重要だと思われるのは、彼らが歓迎されていないという事実に加えて、これらの訴え《ボイス》を特徴づけている他のものがそれらの訴え《ボイス》の欲望であり、その欲望は単に受動的に現れているのではなく、むしろジェンダークィアのボイに能動的に行使されているものであり、積極的に抵抗される必要のある圧力であるということである。

これらの訴え《ボイス》の位置もまた、不確かである。それらは外的で社会的なものと同一視されており、どういうわけかトランス男性の思考、感覚、欲望、そしてアイデンティティから分離した、あるいは分離可能なものとされている。しかし、ジェンダークィアがそれらの「ボリュームを下げる」ことが可能であるということが示しているように思われるのは、少なくともジェンダークィアがそれらの訴え《ボイス》を静め、抑えることができる程度には、それらの訴え《ボイス》は内面化されているということである。あるいはおそらく、これは同時に生じている内面化と外面化である。アイデンティティの統合された感覚に矛盾し、それを脅かすような欲望の圧力は、それがどこか外からきたものとして、つまり他の人々や他のコミュニティの訴えを通して生ずるものとして理解される限りで、外面化される。しかし、これらの脅威を招く欲望があたかも自己の外からくるものであるかのように外面化され、読まれ、応答されるや否や、それらの欲望は同時に内面化されるのであり、意志をもってそれらのボリュームを下げるような自己の管理下にもたらされる。世界が彼に向ける多言語的な訴え《ボイス》のボリュームを下げ、とり消すジェンダークィアの――そしてトランス男性の――作業を理解することとは何を意味するのだろうか。

広く行き渡っているホモフォビアやトランスフォビアに抵抗する方法として、これは戦略的であるだけでなく、ある程度必然的なものである。しかしながら、私たちは問うだろう――この内側へと向かうこと、世界を閉め出すことがアイデンティティの統合や関係の可能性いずれかに思いがけない帰結をもたらすのかどうかを。私たちが欲望とアイデンティティ、内部と外部、自己と他者を相互に脅かすようなものとして理解することを、それは必然化するのか。もし、自己同一性の安定した、恒久的な感覚を達成することが目標であるのなら、トランス男性の主体が他者の欲望をのけ者にしたり、無化したりすることなしに他者の欲望に出会う余地はあるのか。あるいは、他者の欲望によってかえってのけ者にされたり、無化されたと感じることなしに、トランス男性の主体が他者の欲望に出会う余地はあるのか。実際、トランス男性的欲望のための余地はあるのか。あるいは、安定した判読可能なアイデンティティのためにその欲望に関するいかなる主張をも放棄することを、彼は要求されているのか。

　重要と思われるのは、ハンズブリーのテクストにおいて、女性的なものによって占められている構造的な位置が限定づけられている点である。ここに現れている女性的な他者――性別移行を許さないブッチのレズビアン・パートナー、ホモフォビックでトランスフォビックなストレートに同一化した埋没系のパートナー――は否定や否認の形象である。ここには、差異とともにアイデンティティを作る余地はほとんどなく、差異に反発してアイデンティティを作る余地があるだけである。他者の訴え《ボイス》――とりわけ女性的他者の訴え《ボイス》――はつねにノーと言うだけなのか。他者の訴え《ボイス》はつねに、真のアイデンティティを誤ったものとみなし、性別移行を妨害し、そんなことをすれば立ち去るぞと脅すものなのか。「Tか私か」と最終通告を言い渡すレズビアン・パートナーの形象はまさにこの選択の完璧な形象であり、その二者択一においては、差異を横断したやりとりは「真の」アイデンティティを犠牲にしてのみ可能とされている。そこでは、「であること（*being*）」と「をもつこと（*having*）」は互いを排除するとされ、アイデンティティは欲望を犠牲にすることによってのみ追及可能だとされるのだ。禁止する女性パートナーという形象はトランス男性の主体に「（トランス男性）であること」か「（パートナー）をもつこと」か、いずれかを選ぶよう迫るものであり、両方の立場を採ることは許さていないのである。

しかしながら、ハンズブリーは続けて、このアイデンティティと欲望のゼロサムゲームをさらに複雑に込み入らせている。「再び、それは自己‐解釈にかかっている。ボイ、あるいはガイは自分自身をトランス男性のボイと知覚しているし、そう知覚されることを望んでいる。それは、男性として見られることを求める埋没系やトランス男性の要求よりもずっと難しい要求である」。これは一見すると、矛盾しているようにみえる――アイデンティティは「自己‐解釈にかかわっている」が、それでは、アイデンティティはいかにして、名前のない他者、知られていない他者の承認を求めるのか。しかし、埋没系やトランス男性が男として「見られることを求める」契機において、この求めによって実に多くのことがなされていることを、私は以下で示すだろう。

ハンズブリーがここで記述しているのは、「イデオロギーと国家のイデオロギー装置」でアルチュセールが記述し、のちにバトラーがジェンダー化のプロセスを記述するために取り上げた「呼びかけ理論」の完全な逆転である。[23] 呼びかけはアイデンティティ形成についての説明であり、その理論においては、私が主体として現れるために応答しなければならない一連の名前やカテゴリー、呼び出しを世界が発するとされている。ここで呼びかけの議論が有用であるように思われるのは、名づけの複雑な働きや、名づけやアイデンティティが仲介する自己と世界、自己と他者のあいだの関係を理解する方法を、それが提供しているからである。それが有用なのは、私たちが自分の本分を決定する前に自分自身がラベル付けされ、名づけられ、同一化されているのを見出す方法、これらのラベルが私たち自身の修正や取り戻しの戦略に抵抗するものである理由、たいていのトランスの人たちが多分証言できそうな事実を説明する手立てを与えるからである。私は私の名前を主張すると同時に、それによって私は主張されてもいる。あるいは、私はアイデンティティのカテゴリーによって主張され、そのカテゴリーはいかにして私が社会的世界のなかで知覚され、受け止められるのかを規定している。そして、名づけやカテゴリー化のこれらのプロセスの間中、ジェンダーの働きは、私の主体性への単なる附属物ではなく、私の主体性が成し遂げられるための前提条件である。呼びかけ理論が説明するのは、私のアイデンティティが私自身を超えた社会的生をもつこと、私「自身の」アイデンティティさえ、そのあらゆる個別性において、私が他者によって呼びかけられる名前、私が他者によって承認される方法に依存しているということである。

ハンズブリーの記述では、社会的な理解可能性の場面は逆転されている。世界が私に名を与えるのではない。十分に私を捕らえることに失敗し、それにもかかわらず私が応答しなければならない名を、世界が与えるのではないのだ。そうではなく、ハンズブリーが報告している「私」はその名づけの外部から現れている――名づけとの関係を決めるために、私に負わされるカテゴリーが私の個別性と隙間なく一致することを保証するために。私に存在をもたらすのは世界ではない。私が状況づけられる広大な世界への私の存在の関係を決めるのは、むしろ、私なのだ。「〜として見られること」の求めは、不可視性を悲しんでいるのでも、人が住まい、あるいは私たちに住まうカテゴリーやラベルの手前で／を超えて真に深く承認されることの不可能を嘆いているのでもない。なにかとして見られることを求めることは、等価性と共約不可能性を同時に主張することであって、他方を代償として一方を主張することではない。バトラーは次のことを指摘することで、この構造を私たちに思い起こさせている。すなわち、アレサ・フランクリンは「あなたは私を自然な女のように感じさせる（You make me feel a natural woman）」と歌うことで、自分の個別性と、カテゴリーの仮定上の自然性、そしてその二つは還元不可能であるという主張、これらのあいだの隔たりやギャップを呼び起こすのだと。(24) バトラーの説明では、それらを媒介し、このギャップを橋渡しするものが欲望である。

したがって、ハンズブリーが私たちに示しているのは、主体性におけるこの重要な、困惑させる接合点であり、そこではカテゴリー化の言語は不可避的に、私が自分自身に感じるものと私に付されるカテゴリーとのあいだのギャップを導き入れるものである。ハンズブリーは「私は単なる男としてラベル付けされることに違和感がある。私にとって、それはあまりにも窮屈である」と述べることで、まさにこのギャップを指摘している。彼は、彼が自分自身は男だと思っているその確信と、その確信を確証することも否認することもできる社会的な承認とのあいだの緊張関係を記述している。なにかとして見られることの求めは時間の逆転に関わっている。すなわち、はじめに、私は自分自身が男だと知っており、それゆえ、あなたに私をそのようなものとして見ることを求める。しかし、承認の力は、純粋に内的である感じられ方《フェルト・センス》とまったく同じように、自分自身の知覚を形成する上で必要不可欠である。私は次のように示唆しさえするだろう。すなわち、ジェンダーの純粋に内的な感じられ方を思い描くことは不可能であり、ジェンダーの社会的構造はつねにその感じられ方《フェルト・センス》に随伴し、それを形作るのであると。

私たちのもっとも内密で個人的なジェンダーの感知にさえ社会的な構造が必然的に認められることは、ジェンダーが解読可能になる社会的な二元論をもっとも内的なジェンダーの感じられ方《フェルト・センス》さえもが裏づけているようにみえるという事実によって確かめられるように思われる。ハンズブリーは男のように感じるのであって、どんな名前もなく、どんな共通の文化的参照点をもたないような私秘的なジェンダーを感じているのではない。トランス男性にはよくあることだと思うが、もし社会的世界の規範的なジェンダーの構成がその内的な感じ方を偽りだと非難することを企てるなら、そして、社会的世界が外見にもとづいて「あなたは男だ」と言う――あるいはその決定を認めない――とき、そのとき確かだと思われるのは、カテゴリーの規範的な制限を超えた自己の理解に生存が依存していることであり、そして、より力のある自己理解でもそれだけでは承認を保証するには十分ではないということである。トランス男性性は自己‐解釈――個人的で自己反省的な同一化の行為――を要とするのだと主張することは、これらの同一化がいかに物質化されるか、関係のどんなつながりがこれら物質化と可視性の背後に控えているかといった問題にまだ応えていないのである。

それでは、私たちはどのように、アイデンティティの二つの矛盾した様態を密接に関連づけながら考えればいいのだろうか。一方には、内的に感じられた自己から全体を引き出すようなジェンダーを所有している十分に自律的な主体が存在し、他方には、他者を求める主体、社会的世界の規範的なジェンダーの構成が認めようとしないジェンダー化された名前を与えてほしいと願う主体が存在する。それら二つの様態を関連づけて考えるにはどうすればいいのか。それら、「私は～である」の主張を可能にする自己‐保証された行為能力と「～として見られること」の求めに身体化されている傷つきやすさとは、両立可能な訴えなのか。男として見られることを求めることは――そのように見られることを要求することでさえ――、それを十分に自律的な主体の意志をもった意図的な創造とみる見方とはまったく異なった、ジェンダー化された創造と配置の活動であり見解であるように思われる。十分に自律的な主体というカテゴリーはどの程度、内的に感じられた自己から全体を引き出すというジェンダーの規範に依拠しているのか。そして誰が、そのような求めを受け取る側にいると想像されているのか。見られることの求めはその傷つきやすさにおいて差し出される他なく、別のトランス男性の人によって深い承認をもって答えられうるしかないものなのか。求めと承認の呼びかけと応答は他の男性的主体たちとの「水平的な同志愛」（ベネディクト・アンダーソンの言葉）の舞台で繰り広げられるにすぎないのか。どんな仕方で、その呼びかけへのもっとも満足のいく答えが別の男から寄せられるのか。その問いは、女性的な他者の否認、あるいは女性的な他者の／による否認という二重の否認を要求するものなのか。そして、承認と互恵性の結びつきが男性性と他の男性性とのあいだだけでなく、男性的なものと女性的なものとのあいだにも分かち合われる方法を私たちが理解することを、欲望はどのように促すのだろうか。

ハンズブリーが私たちに提示している関係の同一性と差異の形象――すなわち、ジェンダークィアのボイとブッチのダイク――に戻ることにしよう。ハンズブリーははっきりと、これら二つのカテゴリーのあいだの差異を身体的差異とみなすことに反対している。男としてまったく「パス」していないにもかかわらず男性的である身体に直面すると、ただ身体的な手がかりだけではこの人がブッチのダイクなのか、ジェンダークィアのボイなのかを私たちは決定することはできないだろう。ハンズブリーが論証しているのは、ジェンダー化された主体性を確立する上での身体の重要性はその身体の形態上の外形に関わるというよりも、どのように肉が意味づけされ、意味づけ直されるのかに関わっているということであり、この再意味化（resignification）はときに身体の可視的な変化を伴うこともあれば、伴わないこともある。身体や振る舞い、男性性の度合いさえも、トランス男性スペクトラムに沿ってアイデンティティを規定するのに十分ではなく、身体の解剖学はここでは、身体が現象学的な意味で住み込まれる仕方よりも決定的なものではないのだ。

しかし、ブッチのダイクとジェンダークィアのボイの場合において、彼らを分割するのは自己同一化の問題でしかないのだろうか。ハンズブリーが主張しているのは、「それは自己-解釈にかかわっている」ということであった。私はこの結論部で、さらに問いたい。もし、ブッチのダイクとトランス男性のボイとのあいだの差異が身体に位置づけられないなら、描くべき重要な区別が他にあるのだろうか、と。ただ言語の水準においては、私たちにはセクシュアル・オリエンテーションとジェンダー・アイデンティティの区別が提供されているように思われる。私たちが誰かをダイクとして記述するとき、あるいはそんな風に自分に同一化するとき、私たちは倒錯や欲望に関することを示している。私たちがなによりもまずダイクについて知っていると思われる事柄は、彼女が欲望していることである——彼女が誰あるいは何を欲望しているのかを言えるほど十分に私たちが彼女を実際に知る前から、あるいは、たとえ彼女が自分あるいは他者を「女」として認識可能であったとしても。私たちがなによりもまずトランス男性のボイについて知ると思われる事柄は、ボーイという彼のジェンダーである——そのジェンダーに生じる複雑に絡み合った肯定と否認を私たちが知るようになる前から。主体の位置として、ダイクは欲望の性質を記述し、ボーイは身体性の性質を記述しているようにみえる。しかし、ダイクとボーイを「であること」と「もつこと」の分離した様相に境界線を引くものとして理解することは、両者のニュアンスを捉え損なうことになってしまう。「ダイク」を語ることはすでにジェンダーに関するものを語ることであり、そして「ボイ」における倒錯した（複数の）欲望は様々な方向に即して読まれるものだろう。

たしかに重要だと思われるのは、同性愛のモデルではトランスジェンダーの問題を理解するのに不十分でありえるし、事実そうであることを知ることであり、ハンズブリーが問うているように、私たちがジェンダー・アイデンティティとセクシュアル・オリエンテーションの区別を主張するときに何が得られるのかを問うことである。私が信じているのは、倒錯的な欲望とジェンダーの倒錯的な表現とのあいだのそのような区別によって何が失われ、零れ落ちているのかに向き合うことも私たちにとって等しく重要なものだ、ということである。一方で、多くの注釈者が注意してきたように、ゲイへの攻撃や同性愛嫌悪的《ホモフォビック》な暴力がまさにジェンダーの境界線を取り締まるために用いられてきたことは明白である。セクシュアル・オリエンテーションとジェンダー・アイデンティティの根本的な分離可能性や分離性を主張することは、これら二つのカテゴリーが――たとえ相互に構成し合っていないときでさえ――相互にもつれ合っている仕方を見逃してしまう。たとえその人の欲望がその人のジェンダーによって予測されることができないときでさえ、私の欲望が私のジェンダーを通して経験されること、厳格な区別が両方のカテゴリーを貧困にしてしまう危険があることは確かな事実なのだ。

MUD

最後に、リリー・ロドリゲスの二〇〇五年の写真集『Mud』をトランスの身体と主体性の表象として考察したい。その写真は、ハンズブリーが記述しているクィアとトランス男性性のあいだの複雑で、喜びに満ちた関係を捕えている。『Mud』はいくつかの方法で、肖像画の静止した枠組みを壊しており、それはフレームのなかに一人ではなく二人の主体がいる点にもっとも顕著である。それが示唆しているのは、私たちがすでに他者との関係、差異、結びつきの領域のなかにいるのであって、肖像画の慣習によって表象されている孤独なアイデンティティのモナド的な制限の内部にあるのではない、ということである。実際、鑑賞者であることは写真のなかで表面化されており、鑑賞者は間接的にだが写真のなかに現れているのであって、それは椅子に座っている主体と見られないカメラとのあいだの固定した眼差しではない。写真のフレームのなかにはぼやけた一組の靴が背景にみえており、それはここにある関係が単なる二者関係ではなく、少なくとも三者関係であることを示している。鑑賞することは同一化することであり、欲望に結びついているのだが、フロイトの表現を借りれば、「自我」は傍観しているのである。これら二人の人物の水平に広がった身体のもつれあいは、時間的にも（その図は運動でぼやけている）空間的にも（フレームをはみだした彼らの身体それぞれの拡がり）まったく捉えられない。その写真は彼ら二人の身体のあいだの触れ合いに焦点化されており、それは決闘のようで、じゃれ合っているような、そしてエロティックなようにも見えるもみ合いである。これら二人の人物が互いに押し合っているのか引っ張り合っているのか、あるいはその両方を同時に行っているのかは判別し難い。私たちが目撃しているのは、同一性に還元されることを拒絶している男性性と男性性との重なりなのだ。これらの人物の内の一人はその剝き出しの胸部に傷跡を携えており、もう一方の人物はスポーツブラを着用している。身体的な差異、もちろんそうだ。だが、どんな知がその差異によって与えられると私たちは信じているのか。それはジェンダー・アイデンティティの差異を示しているのか。あるいは、それはセクシュアル・アイデンティティの差異を、それとも階級の、手術へのアクセスの、年齢の、政治の差異を示しているのか。私たちはおそらく、その答えを知ることはできないだろう。男性性の身体的なしるしからどんな結語を引き出すことができるか、できないか、あるいは引き出すべきか、すべきでないかといったことを決定することのこの不可能性は、私たちが互いに無化する恐れなく他者性と倫理的に向き合う空間を開くのに役立つものだろう。フェミニストは人種、階級、セクシュアリティ、障害といった区別を学んできたし、擁護してきた。それでは、このアポリアはなぜ、ジェンダーの領域では頑なに存続しているのか。

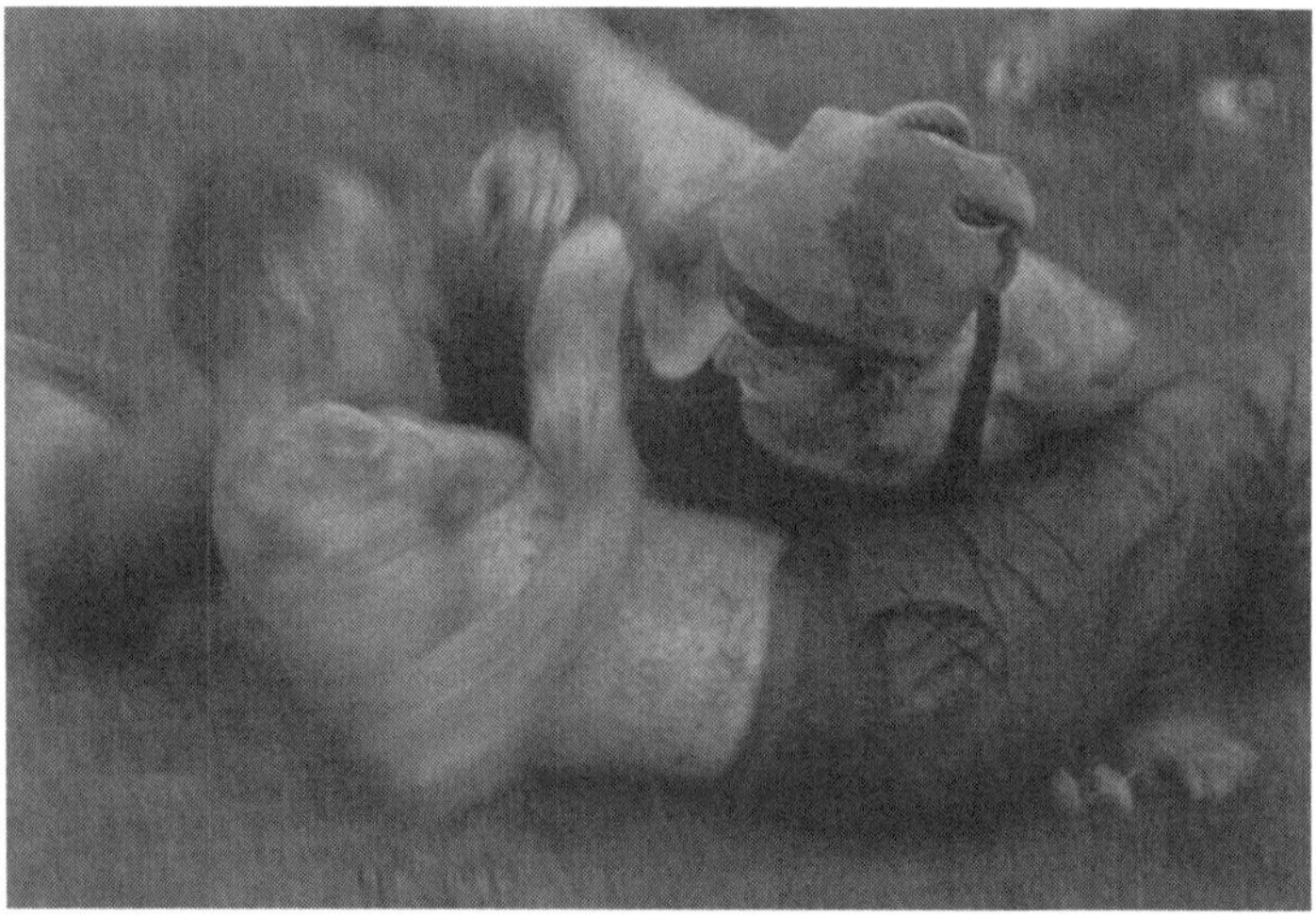

図 4-1　"Mud, 2005.." *photograph by Lily Rodriguez*

第Ⅲ部　性的差異を超えること

第五章　性的差異のエチカをトランスする——リュス・イリガライと性的未決定性の場

性的質料形相論に抗して

リュス・イリガライはそのテクスト「場、間隔」のなかで、場、性的差異について、そして、関係を通して与えられる身体についていくつかの問いを提起している。[1] 私が問いたいのは、身体と関係に関する非異性愛規範的な読解が『性的差異のエチカ』におけるイリガライの著作の論理の内部において可能かどうかであり、もしそれが可能なら、異性愛の視座の外側にある性的な関係、あるいは厳密に男あるいは女と理解されることのできない身体や同一化の形態にどんな余地が開けるのか、である。私は一方ではイリガライに従って、そのような問いに対する場と関係に関する理論の重要性を主張したい。そして同時に、私はイリガライに逆らって、性的差異の身体、境界線、関係がセクシュアリティにおける差異や、性的に異なったもの、あるいは異なった形で性別化されたものを排除する必要のないイリガライのクィアな読解といった介入が始まる点に目を向けたい。

「場、間隔」におけるアリストテレスに関するイリガライの読みは他の哲学者に関する彼女の読みと同様に、なによりもまず関係、すなわち自己と他者に関心がある。そこでは、自己は哲学の男性的主体として形象化され、他者はそれから黙殺された女性的なものとして形象化されている。アリストテレスに関する彼女の読みの中心にあるのは、自己と他者のあいだのその関係の場への探究である。イリガライは主張するだろう、形相が男性性に、女が質料《マター》=物質に結びつけられているのと同様に、女は場に結びつけられている、と。そして決定的に重要なことに、場は形相に似ているが、形相には還元されない、とイリガライは主張する。これはきわめて驚くべき戦略であって、というのは、質料が歴史的に女性的なものに結びつけられ、形相が男性的なものに結びつけられてきた方法の逆転だからである。イリガライはここでまったく異なった仕方で議論を進めており、形相と位置を——質料ではなく——女性的なものとして読む彼女の読みはそれにもかかわらず身体の性的な特有性に依拠している。イリガライの読みが依拠しているのは、アリストテレスの記述において質料が密度をもったものであると同時に不確定でもあるという事実であり、『自然学』第四巻で与えられる質料の見方においては質料が根本的に形相や形態を欠いたものであると理解されている。「場、間隔」において、イリガライはアリストテレスにおける形相を女性的なものの記述として、すなわち場の記述として読解しているのだ。

これからみていくように、女性的なものにとっての場の不可能性が存在する。すなわち、場は女性的なものが男性的なものに対してあるものであって、男性的なものは決して女性的なものに対して場としてあるわけではなく、実際、女性的なものは決して自らに対して場としてあることができない。イリガライはこれを巧妙に逆転させ、女性的なものを容器（container）として読む。それは男性的なものを収容し、男性的なものの動く核に対して固定された外的な境界線として機能するものである。イリガライが述べているように、問題なのは、女性的なものが自身のための場を見出し、それになることであり、それゆえ女性的なものそのものを場のなかに見出すことである。これが成し遂げられれば、女性的なものは男性的なものに対する場になるだろう。女性的なものがこれを成し遂げる方法——すなわち、皮膚の奪還——ははじめは女性的なものと同様に男性的なものによってもうまく動員されるであろう戦略として、つまり身体と場を見出す方法として読めるものである。しかしながら、ここには、身体のもっとも外側に位置する層の、すなわち皮膚の——あるいは皮膚によって固定されたものとしての身体の——「身体測定（corporeal surveying）」が、ここで分節化されているような男性的なものと女性的なもののあいだの馴染みのある分割を混乱させさえする重要な方法が存在しているのだ。

イリガライのアリストテレス解釈に対する私の読解において、私は場についての二つの主張を行いたい。ひとつ目は自己の場と関わりのあるものであり、この点で私はイリガライにつき従う。二つ目は関係の場に関わるものであり、この点で私はイリガライから離れることになる。「皮膚」が重要であるとイリガライが示したように、身体的境界の外的輪郭について真剣に考察することは、身体――とりわけ女性的な身体――がどのようにそれ自身の場を見出し、したがってそれ自身の場から他者との関係に向かうことができるのかを私たちが理解することを促しうるものである。[2]私が行いたい第二の主張は、その他者への関係に関するものである。イリガライは性的差異を「私たちの時代のもっとも哲学的な問題」として提示していた。[3]そして、彼女は性的差異に即して関係を理論化するためにアリストテレスに立ち返り、身体的、性的関係がいかに性的差異の間隔（interval）を架橋するのかを問うた。私が示したいのは、イリガライのしばしば眩暈を引き起こす概念の逆転によってさえ、皮膚のようにアリストテレスのテクストを包み込むような介入によってさえ、「場、間隔」においては性的差異の問いは行き詰っているということだ。この袋小路は、性的差異の根本的に質料形相論的な理解――すなわち、男と女が質料と形相のようにつねに存在論的に結びつけられるという信念――に由来しているのだ。

性的差異というイリガライの概念と、性的差異が決定的に創造的（generative）であるという彼女の洞察とを、ジェンダーと異性愛規範に異議を申し立てる性的差異の記述に役立てることは可能か。性的差異の分割がそれが占める場――つまり男と女のあいだの境界線としてしるしづけられている場――に固定されないとしたら、その記述はどのようなものになるだろうか。その境界線が決定論的な仕方で身体に引かれないなら、私たちは女性間の性的差異、男性間の性的差異、身体と心的なもののあいだの――これらのカテゴリーのいずれにも容易には安心感や居場所を見出さない者の身体と心的なもののあいだの――性的差異を理論化することができるだろう。そのとき、性的差異の場に関するクィアな読みは、第一の問いに答えることで第二の問いに答えるものになるだろう。

場はどこにあるのか？

『自然学』の中盤でアリストテレスは場の問題に向かい、もし私たちが存在と運動の両方を理解したいなら、場について徹底的に理解しなければならない、「なぜなら、存在するものはどこかにあるとみな仮定されているからであり（非‐存在はどこにもない——ゴートスタッグ〔ヤギと鹿のキメラ〕やスフィンクスはどこにいるというのか？）、「運動」はそのもっとも一般的で主要な意味で場の変化だからである」、と説明している。(4) 場は存在に堅固な支えを与えるに十分だろうという望みとは裏腹に、場は関係を通してのみ考えられることを私たちは見出す。物の場、したがって場にある「物」はただ他の諸々の物を通してのみ見出されるのだ。アリストテレスに従うなら、「場の存在は相互的な置き換えの事実から明白であると考えられる。いま水が入っている容器から水がなくなると、空気が存在する。それゆえ、もうひとつの物体《ボディ》がこの同じ場を占めるとき、場は、そこに入り、置き換わっていくあらゆる物体《ボディ》とは異なったものであると考えられる」(p.208b, 1. 1)。

アリストテレスがまず『自然学』第四巻のはじめで場を導入するとき、彼はきわめて間接的な仕方でこれを行っている。私たちが場を考察するように導かれるのは、場による／の直接的な経験によってではなく、物体《ボディ》や対象の喪失によってであり、つまり、その対象の別のものによる置き換え

（ないし破壊）によってである。「場の存在は相互的な置き換えの事実から明白であると考えられる」。場は、二つの異なった、分離した物体《ボディ》の非物質的な残余なのだ。場の問題はその発端からしてすでに、関係の問題であり、運動性の問題、置き換えの問題、諸物体《ボディ》の問題なのであり、異なった諸物体《ボディ》の推移を通して、同じ場で他のものに取って代わるもの――まず水があり、その次に空気といったように――を通して、場そのものは開示されるのであり、これらの異なった諸物体《ボディ》の関係が相互的であるのはただそれが相互に排他的である限りにおいてである。つまり、場は、二つの物体《ボディ》が同じ場を共有できないという事実の証明として存在するのだ。場は、二つの物体《ボディ》の境界づけられ、分離した同一性のしるしであり、これによってのみ、空間は場に一変するのである。場とは、二つの物体《ボディ》が決して共存することのできない空間、二つの身体が絶対に共有することのできない空間なのである。

場はそのとき、関係の欠如の証明であり、水から空気への連続性の欠如の証明である。水や空気はその痕跡を残さないし、それがそこに収容され、入れられるどんなしるしも残さない。場が場であるのは、それが水や空気といったこれこれのものと異なっている限りにおいてなのであり、それはどんな痕跡も残しはしない。場は空虚であり、相互的な排他性の関係のネットワークを通して確立される。場が存在するのは、そのなかにあるものから境界づけられ、引き離される限りにおいてであり、場が場として存続するのは、少なくとも先の例では、場のなかにある事物が別の事物とは異なり、それら事物が場にそれらの一部も残さずに場を通過する限りにおいてなのである。

アリストテレスはそのとき、少なくとも最初の段階では、場を関係として——あるいは、非関係、すなわち相互的排他性の関係として——示しているようにみえる。しかしながら、場はテクストが進むにつれて、関係が生じる位置に、そして最後にはまさに関係そのものになる。場は最終的にただの関係として確立され、場を分かち合う二つの物体《ボディ》の近接性によって確立されるにすぎない。「場は」、とアリストテレスは書いている、「包み込んでいる物体《ボディ》が、そこで包み込まれている物体《ボディ》と接触している境界線である」。また、他方を含まない二つの分離した実体が提起されているが、しかし、いまや、場はそれらの実体のあいだの接触から成るものとして提示されているのだ。アリストテレスは次のように結論づけている。「包み込んでいるもののもっとも内側の静止した境界線、それが場である」(p.212a, l. 20)。つまり、それ自身は動かない、固定した、境界づけられたものの文脈のなかで、対象や物体《ボディ》は動くのだ。そして、その固定し、境界づけられたものは単に接触の空間であるのではなく、むしろ、それ自身がもう一つの物体《ボディ》——場の確立には必要だが、それには還元されず、場そのものと同じではない物体《ボディ》——なのである。「もし、物体《ボディ》がその外部で、それを包み込む、もうひとつの物体《ボディ》をもつなら、それは場のなかにあるのであり、それがもうひとつの物体《ボディ》をもたないならば、それは場のなかにはない」(p.212a, l. 32)。場はそのとき、包む物体《ボディ》と包まれる物体《ボディ》とのあいだの接触の平面であるだろう。

ここで私たちは、アリストテレスが手短に触れ、イリガライがかなり詳しく論じた問題に注意を払うことにしよう。すなわち、もし包み込んでいる物体＝身体《ボディ》のもっとも内側の境界線が場であるならば、このことはその物体《ボディ》＝身体の外側の層を、それ自身の場を欠いたものに、つまり場の外部に置いていることになる。包み込む身体――女性的身体――のもっとも外側の表面がそれ自身において住まわれるようになるかどうか、あるいは、それ自身のまわりに場を割り当てるかどうかをみるために、イリガライはこの外的な境界線を皮膚として読むよう促している。「しかし、私たちのそれぞれ（男あるいは女）は場をもつ――すなわち、彼あるいは彼女の身体だけを包むこの場、私たちの身体の最初の容れ物、身体的なアイデンティティやその境界線、私たちを他の身体から区別するものを。形態と輪郭はまた、ひとつの型を決定し、ある身体を他の身体によって代理不可能なものに変えるものすべてを決定する。これを身体測定（corporeal *surveying*）と呼べるだろうか(5)」。

ゴート – スタッグあるいはスフィンクス

私たちは、身体測定に関する問い――それは何なのか。それは視覚的な活動なのか。それとも、触覚的なものなのか。そのような身体測定にとって適切な対象、不適切な対象とは何か――に立ち戻ることになるだろうが(6)、ここでは、男に対する場であるためには女は自分自身に対して場であらねばならないとしたイリガライの主張を注視することにしよう。イリガライはアリストテレスのように、関係に先立つ場を示し、他なるものが入っていない――入ることができない――境界づけられたものを示すことで、場の問題を導入している。私たちは自己の場を身体の場として確立し、身体の場をそのもっとも外側の境界、その包み、その皮膚として理解する。しかしながら、アリストテレスのモデルでは、場はまだ、この身体のもっとも外側の境界を包含していない。イリガライが行っている作業は、皮膚を包みもするものへと変換することであり、皮膚を境界づける包みとして考えることであり、その結果、身体はそれ自身を収容することになる。身体はそれが男性性を収容する前に、それ自身に対してその境界づけの機能を遂行せねばならない。女性的なものと男性的なものとのあいだの関係に向けた最初のステップは、イリガライが示しているように、女が自身の身体を不連続の、分離した実在物として見出し、主張することである。

私はここですぐに、女性的なもの（the feminine）と女（woman）の区別の崩壊に立ち戻ることになるだろうし、これら二つのカテゴリーを引き離すことが可能かどうかを検討することになるだろう――それらに単なる同一性ではないような互いへの関係を与えるために。イリガライが記述している関係的な結びつきを理解することは重要である。不連続な実在として女自身が現れるのは、他者との彼女の出会い以前からではありえず、むしろ、ただこの他者への関係においてのみ現れるのだ。この他者は、女に近接している他者であり、女の内部にインストールされている他者である。女はその他者から離れることによって、身体と人格のもっとも外側の部分を形成し、女が男に提供する場のようなものでその他者に応じるのである。私たちのそれぞれ――女性と男性の両方――が、存在する場を見出すために、女性的なものはそれ自身の個別性に引っ込み、また、彼女個人の身体の水準で生じているのと同じ問題を見出す。もし、私たちの皮膚が「私たちを他の身体から区別する」ものであるなら、他の身体はすでに、私が私自身を見出すまさにその契機と場にインストールされていることになる。すなわち、私ではないこの他者は私自身の境界線を描き出しているのだ。身体が自己に属すのは、それが「私たちを他の身体から区別する」限りにおいてであり、したがって女性的なものは不可避的に男性的なものの場によって境界づけられ、それに結びつけられたものとして自身の場を見出すのである。その結果、女性的なものは、他方の側にある男性的なものの圧力を感じることなしに、自身の皮膚を拡張することさえできないのだ。

しかし、たとえ男性と女性が完全に不可避的に結びついているものだとしても——あるいはおそらく、それらは不可避的に結びついているからこそ——、イリガライが明確にしているのは、一緒くたにしたり、置き換えたりすることができるものとしてそれらを理解してはならない、ということである。男性と女性のあいだで共有された境界線は、彼／女らのあいだの境界を強化する契機になるのである。そして、この境界、カテゴリー化の決定要素は身体的形態であることが判明する。というのも、「形態と輪郭はまた、自分のサイズを決定する。それらすべては、ある身体を他の身体に代理不可能なものにする」からである。イリガライはここでアリストテレスのように、身体を、それが構成される物質の単なる塊よりも正確ではっきりしたものと考えている。私自身の身体を描き出すことは、その重さだけでなく、形態や形姿を感覚することを意味する。そして、形態や形姿といった後者のものが知覚可能になるのはただ、別の身体、別の自己が位置する世界から私自身が押し出されると感じるときだけなのだ。私たちは再び、イリガライのテクストにおけるもうひとつの驚くべき逆転を見出すことになるだろう。すなわち、アリストテレスにおいて場を確保していたものはある身体の別の身体への代替可能性であったが、この代替可能性の限界をここでイリガライは指摘しており、近接性を可能にするアイデンティティ——同一性というほどではないにせよ——を身体の形態と形姿が保証することをイリガライは示唆しているのだ。もし一方が他に代替不可能であるなら、そのとき、二つの身体は他方を圧倒したり無化する恐れなく、同じ空間を共有し、同じ場に住み込んでいることになるだろう。彼／女らは互いへの関係において規定され、構成されるけれども、形態と輪郭の彼／女らの差異、彼／女らの異なった身体の諸形態は、彼／女らの異なったアイデンティティを保証し、堅固にする。この最後の点は決定的である。というのも、もし一方のものが空間を乗っ取る行為において他方のものを押しのけ、打ちのめすならば、消え去ってしまうのはそこにあるものだけでなく、場そのものであるからだ。

　ある身体は別の身体に代替不可能であると示すことに、どんな意味があるのだろうか。そして、このことはどのように私たちが性的差異を理解するのに役立つのか。私がここでもっとも関心を抱いているのは、性的差異を横断して身体を特徴づけると言われている単独性や代替不可能性が確保されるのは性的差異内部の身体に交換可能性を帰すことによって可能になっているという点である。男性身体が女性身体に代替不可能であるとする論理は、あらゆる男性身体を他のどんな男性身体をも代理できるものとみなす論理と同じ論理であり、あるいはある意味では、個々の女たちを女一般の交換可能な部分とみなす論理と同じ論理である。これらの身体に関して代替不可能なものは単なる個別の質ではなく、大きさと形の変化でさえなく、「男性的なもの」あるいは「女性的なもの」という名称である。イリガライは書いている。「というのも、男性的なものはそれ自身を受け入れ、迎え入れる器（*vessel*）として構成する必要があるからだ。そして、男性的なものの身体形態、存在、本質は場のその構造のために器にフィットしないのである」（p.39）。このように理解するなら、受け入れ、迎え入れることができないものに男性的なものを変えるのは、関係の難しさや想像力の失敗といったものではなく、むしろ、イリガライが決定的なものとみなしている男性的なものの身体形態の「フィットしないこと（poor "fit"）」である。しかし、もし私たちが男性性を男性身体とは異なったものとして理解するとしたら、どうだろうか。もし女性性を子宮という器に還元できないものとして理解するとしたら、どうだろう。もし性的差異が身体形態の領域のなかで手際よく分析されないとしたら、どうか。その結果、男性性が単なる身体形態の問題《マター》であるというよりも関係の様態であるとしたら、どうだろうか。

性的差異は身体の表面で解読可能なものでなければならないのか。そして、性的差異は「自然的」セックスと同じものなのか。もちろん、性的差異の問題を男や女のカテゴリーに還元しない方法、身体的、性器的な形態によって決定しない方法が存在する。例えば、性的差異の物質的なしるしとみなされている性器的形態の二形論に模倣的に関係づけるよう促す同一化的可能性を要求しない仕方で性的差異を定式化する者もいるだろう。もし性的差異を二元論的な用語とは異なるもので考えようとするなら、性的差異というカテゴリーは決定論的な身体的物質性から切り離されることが可能になり、性的差異だけでなく自己にも本質的に決定論的なものとして性器的形態を位置づけようとする誘惑に抵抗することができるようになる。もし性的差異がカテゴリー的にも機能的にも性器的差異から区別できないとしたら、すなわち性的差異そのものを二元論として示すならば、性的差異は性器的差異というよりも性器二元論である。

アリストテレスとイリガライが同意しているように思われるのは、ゴート‐スタッグあるいはスフィンクスのように性別を決定できないものは存在しないし、場をもたない、ということである（「非‐存在はどこにも存在しない――ゴート‐スタッグやスフィンクスはどこにいるというのか」）。ゴート‐スタッグとスフィンクス――それらは性的差異との関係において矛盾した仕方で位置づけられ、根本的に決定不可能なものとされている――は『自然学』第四巻のはじめに現れ、それらがどこにも位置づけられないと示すために取り上げられている。アリストテレスはこれらの怪物を、存在するあらゆるものはその適切な場をもたねばならないことを論証するために提示しているように思われる。しかし、この一節は上の主張を異なった方向から行っているようにみえる。すなわち、場の存在論的な一次性を保証するのは、カテゴリー的に規定不可能なものがどんな適切な場をも占めることはできないというその事実なのである。物や存在を不可能にするのは、文字通り、それが場をもたないということなのだ。これは、場の理解が存在の徹底的な吟味によって明確になるということではまったくなく、むしろ、場に対する適切な方向づけこそがどんなものが存在するかを私たちが決定するのに用いられているということである。私たちはあたりを見回す、私たちはどんな場所にもゴートｰスタッグあるいはスフィンクスを見出せない、そしてこの不在はそれらのものが存在しないという結論の証拠である。

私たちはあたりを見回す、私たちは出会ってきた存在が男か女であることに気づく、そして私たちはジェンダーと性的差異の場に関して迅速かつ確実に結論を下す。女性的なものは女なるものであり、子宮をもった者であり、女であり、男性的なものは男性であり、これは「身体形態、存在、そして本質」に拠る、と。しかしながら、身体測定のどんな尺度、どんな方法によって男性的なものあるいは女性的なものは決定されるのかという問題がまだ残っている。

身体測定と性的未決定性——あるいは、ギャップを心に留めること

私たちが検分する身体がもっとも馴染みのある二元論——男性と女性——に適応することに抵抗するとしたら、どうだろう。身体測定の対象がトランスジェンダーの身体であったら、あるいは、他の、性的差異を分析する上で私たちが慣れ親しんでいる分割に異議を申し立てるような身体であったら、どうだろうか。イリガライが示しているのは、場における共存、すなわち、男性的なものと女性的なものとが共にあるような場の確立は関係の究極的な目標であり、それが確立されうるのはただ、男性的なものと女性的なものとのあいだの隔たりが閉じたとき——「もし（労働と自然との分割における）彼／女らのあいだの分裂が橋渡しされるのなら」——であるということだ。そ

して、彼女は「身体測定」を、この新たな場の確立を可能にする手段として示唆している。そのとき、イリガライが示唆している身体測定とは、この二つの身体のあいだの間隔を閉じ、それらのあいだのギャップを橋渡しし、男性性と女性性が同一性において、場において一致することを可能にするものである。

しかし、この間隔が存在することを認めたとしても（アリストテレスは熟慮の末、この間隔が幻覚であり、形相の錯覚であると論証しているのだが）、この分裂への、このギャップへの、この身体化された差異へのもっとも生産的な応答がそれを閉じることであるということは明白なことではない。実際、私たちは「身体測定」を、他者の差異を感知する方法としてだけでなく、イリガライが示しているように、私自身の肉に含まれている差異を見定める方法でもあるとみなすだろう。差異とは、単なる私の身体の鈍重な物質性の水準だけではなく、最終的に私の形態を構成する他者との不安定な境界線の水準においてもつねにすでに孕まれているのだ、とイリガライは主張している。このように、場は、同一性という共有された自己同一的空間になるのではなく、より創造的かつラディカルに言えば、他者の差異を無化し否定することなく、また、他者を私自身のイメージで複製することなく、私が他者の他者性に直面する場になるのだ。

そのとき、この身体測定の効果とは何か。それは男性と女性のあいだのギャップを閉じるために試みられるのだが、しかし、これはその測定の付随的な効果でしかないことを私は示すだろう。この測定の目的は女のもっとも外側の境界線を見出すことであり、その境界線は女が自身のために場を確立することを可能にするために突き止められ、住まわれねばならないものである。この境界線を突き止めることはとりわけ女にとっては決定的である。というのも、女はイリガライにとって、永続的に開かれたものであり、決して閉じられることがなく、決して封されることのないものだからだ。しかし、境界づけられていない身体は決して全体ではありえない――たとえ、その身体が日常的な物質的対象であれ、人間的形態であれ。女は自身の一貫性のために、彼女の単独性の境界を定める差異の境界線――つまり、男性的なものの外的な縁――に依拠する。この身体測定が私たちに示しているように思われるのは、身体的存在の条件である。この条件において、男性的なものは、女性的なものを住まわせるための場、女の境界を定め、彼女の存在を保証するための場として働くことになる。これは、性的差異に関するイリガライのもっともよく知られた形象化のまさに逆転である。場が物と同時に生じ、境界が境界づけられるものと同時に生じるのと同様に、男性的なものもまた、必然的に女性的なものと同時に生起するのであり、男はつねに女と同時に生じるのだ。私たちは、女性的なものと女を男性的なものと男のための可能性の条件として理解するものとしてイリガライの著作を解することに慣れ親しんでいるが、この場面では、男性的なものが女性的なものの構成的外部になっており、すなわち女の存在の条件になっているのだ。

イリガライは、女性的なものという形のない、境界づけられていないものに形を与える男性的な形態＝形相という論理を出し抜く方法として間隔の概念を提示しているように思われるが、私たちはこの可能性を考察するために、そのアリストテレス的モデルから離れなければならない。アリストテレス的モデルは、諸身体＝物体《ボディ》のあいだの不可能な重なりを要求するものである。これらの身体はつねに必然的に他の身体と連続しているものとして示されているのであり、これらの身体が男と女であるというイリガライの主張の直接的な結果として、男と女は不可避的に結びついたものとみなされているのである。

二つ以上であること

したがって、はじめはまったく分離したものとして位置づけられていた二つのカテゴリーのあいだの分かち難い近さが魔法のように約束されることになる。性的差異の分割を横断してそれぞれの存在の根本的な境界性を主張することは、それぞれの一貫した具体的なアイデンティティを保証するだけでなく、それぞれの不変的な接触の近接点と出会いの場を保証するものでもある。異なったカテゴリーのメンバー間の関係が同じカテゴリーのメンバー間の関係より近しく、重要であると示唆することはきわめてアリストレス的な定式であって、それは「統合された諸身体は互いに触発しないが、接し合う者たちは互いに影響を与え合う」(p.212b, 130) という彼の観察に要約されている。イリガライの「男と女はもっともミステリアスで創造的なカップルである」という宣言の背景にあるのは、これと同じ論理なのだ。

性的差異を横断して関係を理論化するこの立場の帰結として印象的なのは、この立場から名目上同じ性別カテゴリーに「属している」人々のあいだの関係を考察しようとするとき、その関係はきわめて不毛なものと化してしまうという点である。つまり、性的差異内部の関係はまったく関係ではないということになってしまう。別の女に関係する女の位置は性的無差異の位置でしかありえないことになるのだ。この点に関しては多くの問題点が指摘されてきており、倫理的関係や性的差異に関するイリガライの著作は異性愛規範と同性愛嫌悪のあいだのスペクトラム上に位置づけられてきた。イリガライはこの種の非難に性的差異の一次性を肯定することでもって応え、同性愛は性的差異というより性的選択の問題であって、性的差異の問題は異性愛者と同様に同性愛者にとっても一次的な問題である、と示している。イリガライの視点においては、同性愛はこの問題からの単なる逃避であって、その関係の再交渉ではないのだ。

　この主張は次のいくつかの点で馬鹿げている。性的選択と性的差異が厳密に分離し、また分離できる領域であると主張している点で。同性愛を理解するための適切な方法として「選択」を形象化している点で。さらに付け加えれば、異性愛と適切なジェンダー化を宿命的なものとみなしている点で。おそらく、もっとも問題含みなのは、同性愛は差異からの逃避であり、どんな差異の関係ももたない同じ者同士の愛にすぎないと断定している点である。倫理的関係を達成するために、イリガライはカップルにとって必要なのは二であることだと語った。彼女の見解に従えば、これはゲイやレズビアンのカップル――あるいは他の、クィアなペア――には決して実行できないものなのである。

しかし、たとえイリガライが同性愛を逃避や諍いのない関係未満のものとみなして却下しているようにみえるとしても、関係に関する彼女自身の理論はその可能性を別の仕方で記述するための手立てを提示してもいる。イリガライの記述において克服不可能なジレンマとして現れているものは、もし私たちがイリガライが提示している性別化された境界の位置を再構成するなら、すなわち、もし私たちがその場を変えるなら、すぐさま、より効果的で見込みのあるものに変わるのだ。というのも、もし厳格に考えられている男性と女性のカテゴリーに私たちがその視座を制限せず、ジェンダーが例えば女性性の内部でさえ遂行される無数のあり方を考慮に入れるならば、私たちは諸々の差異を見分けることができるし、おそらく差異そのものさえ見分けることができる。これらの差異はきわめて身体的で、否定しようもなく物質的である諸差異であり、たとえ、その差異が心的で情動的で、関係的な差異でもあったとしてもそうなのである。

イリガライの図式の内部で有用で、決定的でさえあるように思われるのは、差異が関係の核心にあるというその主張であり、自己と他者のあいだの境界線の重要性及び創造的な力に関するその主張である。この男性と女性のあいだにある境界線はときにイリガライによって、霧の立ち込めた深淵として、すなわち、橋渡しすることのできない非物質的な分割や裂け目として特徴づけられており、別の場合には、触覚的な境界、肉のように触れることができる明瞭なものとして特徴づけられている。しかし、性的差異の分割の重要性を主張し、その分割をつねに男女のあいだのみに引くことで、いったい、何、あるいは誰に利するのか。

もし私たちがブッチ／フェムのカップルの例を取り上げ、それぞれ異なった対照的な振る舞い、身体性の様式、身体的住み込みの方法、そして情動的な傾向を彼女らが例示していることに注意を払うなら、これらの対照関係の記述子として性的差異という用語を用いることを認めないことはおかしなことではないか。トランス男性とストレートの女性とのあいだの関係性において、彼／女らのあいだの差異が断固として身体的で「性別化」されていることは明白ではないのか。トランス男性とゲイ男性から成るカップルのあいだの性的差異を認めることは、男性というひとつの差異化されたカテゴリーにすべての男性性を容易く放り込むことに私たちが抵抗することを可能にし、他方で同時に、このカップルのそれぞれが実際に男であることを認識＝承認することである。これらのペアは、一方の性別が他方から隔離されることを要求することなく性的差異を知覚することを促しているのだ。トランスの身体はまた、性的境界線を横切ることを、表象不可能な違反行為としてではなく、差異の交渉《ネゴシエーション》として理解することを促す。男性と女性の境界線を横切ることが可能であることを認識＝承認することが意味するのは、身体的包みを性的差異の絶対的な他者性の象徴的なしるしとしてのみ理解することはできないということだ。実際、性別移行とは「皮膚を奪還する」手段として理解されうるのであり、それはイリガライが女たちに引き受けるよう課したプロジェクトである。

イリガライの性的差異の身体測定は差異の場の一次性に関連づけられており、その測定は自分自身の身体に住み込むことさえも性的差異との出会いを必要とすることを明らかにしている。しかし、イリガライの身体測定は性的差異の場を誤解しており、その場をつねに向こう側に、絶えず私にとって謎めいており、決して手の届かない、知ることもできないような他者に、置くのだ。性的差異のどんな真の出会いも不可能であること、性的差異は私に近接しているが、決して知られることも理解されることもできないものだと断定することは、私の性的存在を、閉じたもの、性的差異から離れた孤立したものにしてしまう——たとえ私がそれと結びつく努力をしたとしても。それぞれの性別《セックス》にそれ自身に適切な領域が与えられ、その領域が他方が決して横断することのできないものであるとき、性的差異の場はつねに理解の範囲を超えた、把握できないものになる。その効果は最終的には、性的差異を結びつけることを装いながら性的差異に予防線を張ることなのである。

実際、性的差異にはなにか言葉では言い表せない力、魅力的で、変化を引き起こす力があるのはたしかだろう。しかし、ペネロペ・ドイッチャーが私たちに思い起こさせているように、性的差異の概念が——とりわけ倫理学あるいは政治学の地平としての——つねに、その可能性と不可能性のあいだの緊張によって駆動していることを想起することは重要である。⑦その差異が男性と女性のあいだのコントラスト——そこではこれらは不変的な名称として理解されている——にのみあるわけではないことを考察することは避けようもない。もし私たちが、イリガライが奨励しているように、差異に生き生きとした力を与えるなら、私たちはまた知らねばならないのだ——女性性は男性のカテゴリーと共存可能であること、女であることの反復の内部で表現された男性性は他のどんな種類の男性性とも同じように存在論的に力強いものであることを。これらのペアを倫理的で生産的で創

(7)

造的な関係の領域から排除することは、性別《セックス》と差異をもっとも還元論的で生物学的な用語法で理解することを意味してしまう。二元論的な体系のなかで容易に居場所《ホーム》を見出せないジェンダーは、それでもなお、差異によって生を吹き込まれている。性的未決定性は、そのような主体を根無し草(placelessness)だと宣告するのではなく、むしろ、主体性と関係の双方の核心に差異を置くものなのだ。

第六章　性的無差異と限界の問題

トランスセクシュアルの幻影

エリザベス・グロスの論考「経験としての欲望――クィアの主体性を再考する」は、ジャスパー・レイバットからの以下の引用ではじまっている。「「男性のレズビアン」、FTMトランスセクシュアル」であるレイバットは、カテゴリーの意義とクィアネスの存在論について思い巡らせているが、それらの論点はグロスの論考の中心的な問題である。

私にとって、クィアはあらゆるジェンダー、あらゆる性的な党派と哲学を超えたものだ。クィアネスとは、ある存在の状態である。それはまたライフスタイルでもある。それは永遠にオルタナティヴであるものだ――ゲイとレズビアン両方のメインストリームに対して。いまクィアであるものは五年後にはクィアではなくなっているかもしれない。もしトランスジェンダーのクィアがゲイとレズビアン双方のコミュニティに受け入れられるなら、もはやそこにはクィアなものはないだろう。それは、あなたが生きている時代を映しているのだ。[1]

彼が記述している問題はグロスの論考を駆動させているが、ジャスパー・レイバットその人はエピグラフの導入の後、消えてしまう。そして、たとえレイバットが呼び起こす「トランスジェンダーのクィア」のカテゴリーがクィアネスや権力、肉体性についてのグロスの議論を枠づけているとしても、そのカテゴリーもまた、はじめのページの後の議論からなくなってしまっている。「経験としての欲望」のはじめで引かれたエピグラフは、おそらくその論考だけでは目立たないのだが、グロスの『移ろいゆく身体』(*Volatile Bodies*)の結論部とともに読まれるとき、より意味深になる。『移ろいゆく身体』では、トランスセクシュアリティがその最後の三ページではじめて現れる。グロスが『移ろいゆく身体』を結論づけるためにもちだすMTFトランスセクシュアルは、「経験としての欲望」の導入部にあるFTMとパラレルな関係にあり、ペアになっている。それらはまったく文字通りにグロスの「肉体的フェミニズム(corporeal feminism)」の限界をしるしづけているトランスセクシュアルという幻影の例の一対である。

本章では、性的差異と肉体的物質性に関するフェミニスト的再想像の試みの内部におけるトランスセクシュアリティの配置のされ方を探究し、その構造によってどのような肉体的、同一化的可能性が生み出され、どのような可能性が遠ざけられているのか、を問いかける。テクストの物理的な境界線上にあるトランスセクシュアルの位置は、肉体性と性的差異についてのフェミニストの理論との関係におけるトランスセクシュアリティの位置を徴候的に示しているものである。トランスセクシュアルという幻影はグロスの理論のなかで決してきちんと論じられているわけではないが、それにもかかわらず彼女の著作のなかに――たとえ語られていないとしても――絶えず現前している。彼女の著作は、身体の肉体的限界に関する伝統的な哲学の考え方を問うものであり、身体として「カウント」されるものの地平を拡張することを試みている。私がここで議論したいのは、限界というこの観念が異議を申し立てられているだけでなく差し替えられてもいるということである。すなわち、身体的可塑性の限界に関する探究が詰まる所ジェンダー的可塑性の限界についての問いに再形象化され、そして十分に逆説的なことだが、ほとんど限界のないような再構成を可能にする場として身体を確保するためにジェンダーの可塑性が排除されているのである。

『移ろいゆく身体』は肉体性に関するラディカルで重要な再考の試みである。グロスが扱っているポール・シルダーやディディエ・アンジュー、身体的局所論に関する他の理論家と同様にグロスが主張しているのは、主体の効果のすべては、深さと内面性の比喩を通して心的なものを表象することで説明されるというよりも、身体の局所論、つまり肉体の表面をモデルとして使うことで説明される方が道理に適っている、ということだ。グロスはまた、身体とは、社会的、文化的な力がそこから主体を創り出す受動的な生《なま》の物質ではなく、主体性の問題に中心的なものであると主張している。しかしながら、グロスがアンジューやシルダーと異なっているのは、性的差異が身体性や主体性に付随的なものではなく、その両方に構成的であると主張している点である。グロスの試みはいくつかの点で反マテリアリストであり、決定的にフェミニスト的なものであり、彼女の分析が提示しているように思われるのは、柔軟で変わりやすい身体の可能性、絶えず変化し、変化可能な同一化、変換、再作動に開かれている身体——それ自身の皮膚の制限さえ超えることができる身体——の可能性である。彼女はまず、身体の物質性を決定づけることに警戒し、生物学的なもののカテゴリーを動員することを疑い、そのカテゴリーへの存在論的な確実さを当然視することを拒否している。「生物学的な身体——もしそれが存在するなら——が主体にとって存在するのは、ただ、イメージの媒介を通して、一連の（社会的／文化的な）身体のイメージを通して、である」[2]。生物学的な身体は社会的な構築物か、ただイメージの媒介を通して解読可能になるもの（そこでは、これらのイメージは、個人の身体と身体が意味するものの社会的、文化的観念との両方を表象している）か、いずれかである、とグロスは示唆している。これらの立場は同じものではないが——一方は「生物学的身体」を認め、他方は認めない——、それらの立場は、いずれも身体をつねにすでに文化で満たされたものとみなし、その文化の媒介を通してのみ主体に獲得されるものだとみなしている点で、機能的には等しいものである。

「非物理主義的マテリアリズム」と性器二元論

本書第一章及び第二章と第三章で私たちがみてきたように、ここで示されている身体と主体のあいだの関係は馴染み深いものだ。すなわち、私が私の身体にアクセスできるのは、私が自分の身体に対してもつ精神的イメージを通してのみであり、そのイメージはきわめて流動的なものであって、生物学的身体と強い結びつきをもっているわけではない。この身体イメージは生きられた身体に付随的なものではない。身体イメージは、人がその身体を経験する唯一の手段なのだ。グロスがヘッドやシルダーの神経学の著作を論じることを通して論証しているのは、身体イメージが私たちに身体とアイデンティティを与えるということであって、その反対ではない。そのイメージこそが「安定し、象徴的なアイデンティティの前提条件であり、生《なま》の物質である」(p.44)と、グロスは述べている。

グロスは、身体を「主体性の生《なま》の素材=物質」と解する理論に反論しており、それはフーコーやセルトーといった人たちの著作に認められるものだとしている。主体性の生《なま》の素材=物質は、物質的身体という「素材」ではなく、むしろ身体イメージであり、それは「対象の広大な領域を収容し、統合することを可能にするものである。身体の表面に接触し、その表面に留まるものは何であれ、身体イメージに統合されるようになるだろう」(p.80)。グロスは「生《なま》の物質」という論法に対抗する試みを行っているが、マテリアリズムを放棄しているわけではなく、むしろ、マテリアリズムを再構成しようとしている。彼女は生物学的なマテリアリズムを、彼女が「非物理主義的マテリアリズム」と呼ぶものに置き換えることを提唱しているのである。しかし、「非物理主義的マテリアリズム」の正確な輪郭は不鮮明なままだ。グロスは、物理的なものと物質的なものがいかに区別されるか、その結果、後者がどのように前者の束縛から自由になるのか、といった点に関して決して明示してはいないのである。だが、グロスがジュディス・バトラーを援用しながら主張しているようにみえるのは、前文化的ないし「自然的」身体に依拠することなく身体の物質性を肯定することは可能だ、ということである。グロスは明示的に、そして繰り返し、「自然的」身体という考えを拒絶しており、「有機的」身体として形象化されているものは実際のところ、「自然」として「パス」している、すでに文化化された身体なのだ、と主張している。

生物学的身体はそれをもたらす文化的媒介に依拠することなく肯定されることはできないというこの主張は、性的差異——しばしば自然的なものないし生物学的なものと同じ水準に位置づけられるもの——が同様に構築されたものであり、文化的媒介に依存したものであるという主張と一致している。「回帰すべきどんな自然的身体も存在しないし、家父長制による歪曲や圧力が取り除かれればアクセスできるようなどんな純粋な性的差異も存在しないのだ」(p.58)。生物学的身体という神話こそ、「純粋な性的差異」という神話を生み出しているのである。そして、グロスはいずれの神話も疑っている。ところで、ここでのグロスの結論は、身体の神経科学的説明に関する彼女の読

解に支えられているだけでなく、また精神分析にも支えられている。精神分析は、

身体が決して自然的ないし生得的に心的でも、性的でも、性別化されているのでもないことを〔…〕明らかにしている。身体は、特定の身体として作られる社会的構築の外部では不確定で、決定不可能なのだ。このことは次のことを含意している。すなわち、精神分析が想定し、説明しようとしている身体は、柔軟な、開かれた意味づけの過程であり、その身体をしるしづけている既存の用語とはまったく異なった用語で書き直され、再構成されることを可能にし、したがって今日認められる性別化されたアイデンティティや心的主体性の形態を記述し直すことを可能にするものなのである（pp.60-61）。

身体は否定しようのない「物質性という重さ」を携えているが、グロスが強調しているのは「生物学は心理学的に柔軟なものとして理解されなければならない」（p.28）ということである。しかし、身体はまったく柔軟なものでも、無限に柔軟なものでもないとされる。『移ろいゆく身体』は身体を、予測不可能なもの、不安定なもの、過剰なものとして理論化している。身体の「生成の力は前もって知られることはできないし、素描できない」（p.124）。しかし、テクストが進むにつれて、グロスは物理的な限界によって制限づけられていない身体を提示することに対して躊躇するようになる。「身体はその生物学的な諸限界によって制限づけられる。付け加えれば、その限

界の枠組みと「伸縮可能性」を、私たちはまだ知ることもできなければ、前提にすることもできない――たとえ、なんらかの諸限界を前提にしなければならないにせよ」（p.187）。そして、グロスは次のように続けている。

なんらかの生物学的な限界や制限が存在するにちがいないが、これらの制限は永続的に取って代わられ、克服されることができるものである。なぜなら、人間身体は身体そのものを、人工補助器具が身体に統合されることを可能にするような総合作用に開くことを可能にし、その環境を変換し、書き換えることを可能にするからであり、身体は、外的だが内化され、加えられることになる対象を身体そのものの空間と様相に体内化することを通して、絶えずその力と能力を拡張するからである。身体は、「有機的身体」（あるいは文化的にそのようなものとしてパスしているもの）を代補する／によって代補されるのであり、その身体を超えているのである（pp.187-188）。

グロスは、身体そのものとその環境を変換する身体の可能性、それ自身を超える身体の可能性、ほぼ何にでもなれるような身体の可能性を肯定していると同時に、そのような身体の見通しに不安を抱いてもいる。詰まる所、私たちには限界がある、さもないと身体の物質性はもろともに失われてしまう、というわけだ。そして、グロスが最終的に結論づけているのは、どんな身体も超えることができない限界とは性的差異の限界である、ということなのである。

性的差異は単なるアイデンティティに対する可能性の条件ではない。そこでは、主体は性器的身体形態の「純粋な差異」の沈殿ないし効果であるとされ、性的差異は身体の存在論と認識論の条件とみなされる。「性的差異という概念、起源的で構成的な差異という概念は、強調して言えば、存在論的なものではない。たとえ、性的差異が、どんな対象、どんな実在、どんな存在が存在するか（存在論的な問い）を可能にする限りで前存在論的な領域を示しているとしても。たとえ、性的差異が、私たちが何を知ることができるか（認識論的な問い）に先立ち、その問いを条件づける限りで前認識論的な領域を占めているとしても」（p.209）。そしてグロスはついに、性的差異が物質的な差異であることを明らかにする。たとえグロスが主体性の「生《なま》の物質」として身体を考えることへの反論を維持しているとしても、その議論の賭金は『移ろいゆく身体』の進路を変更させている。主体性の生《なま》の物質として身体を理解することによって身体と自己を決定的に形成している心的次元を無視していることを示すことでグロスはその議論を開始させていたにもかかわらず、彼女の議論は、生《なま》の物質という議論が物質的な身体そのものの重要性を無視していると非難することで閉じられる。身体の物質性に主体性を創造する力を過剰に与えることに警戒を示す議論で始まったものが、奇妙な転回を経て、身体の物質性に力がほとんど与えられていないことに対して不満を示すものになり変わっているのだ。最初の段階では、身体は生の物質として考えられるべきものではなかった。なぜなら、生《なま》であることは虚構だから、身体はつねにすでに文化の産物だからである。しかし、次の段階では、「生の」という形容詞は先とは反対の理由から満足のいかない形容詞になる。というのも、その形容詞は、物質性を無形で未完成のものとし、文化の媒介なしに物質性が生産する実体的な効果を否定しているからである。

最後にグロスが示しているのは、身体の物質的素材に対する文化的書き込みの効果として性的差異を記述することは不十分だということである。なぜなら、そのような想定は「物質性を否定すること、あるいは、身体への物質的な特有性と規定性を否定すること」だからである。「それは純粋な、すなわち物質的な差異という基礎的条件を否定することである。そのような否定は、身体を無限に柔軟で可鍛的なものにしてしまう」(p.190)。二つの性別という「まさに現実的な身体的差異」、否定しようもなく物質的である「純粋な差異」において、性的差異は文化が働く以前からすでに存在しているのだと。

グロスが『移ろいゆく身体』のはじめで提示しているように思われる身体の拡張は、無限に柔軟な身体という考え――それは性的差異をもみ消し、抹消するものとされる――を彼女が拒絶するときに撤回されることになる。そのとき、身体は性的差異の問いとの関係では、固定し、硬直したものになり、それは他の領域と状況では身体を特徴づける柔軟性と対照的なものである。私の身体図式はきわめて流動的なものなので、私が被る帽子についている羽や、私がもつ杖も身体に含まれるほどである。私が私の身体で/として用いる器具はなんであれ、私の身体にな
る。しかし、私の身体は性的差異の外部に「なる」ことはできないのだ。人は身体の限界や身体と世界のあいだの境界線を越えることができるし、粉砕することさえできる。しかし、性別化された特定の身体部位、身

体が生まれもった「パーツ」は決して変換されえないし、取り替えられないとされる。身体の物質的素材は「改訂」されるだろう。しかし、そのような変換は性的差異の領野では不可能とされるのだ。性的差異は改訂されえず、ただ直面される他ないかのようなのだ。

「男性であれ女性であれ、あるいはなんらかの他の用語であれ……」

性的差異は、身体の表面において判読可能なものであらねばならないのか。そして、性的差異は「自然な」セックスと同じものなのか。私たちが第五章でみたように、性的差異の問いを「純粋な」物質性のカテゴリーにも「自然な」物質性のカテゴリーにも還元しない方法が存在する。例えば、感じられた性別《セックス》を、知覚された性別や外的なジェンダー、内的なジェンダー等に一致することを求めないような仕方で性的差異を考えることも可能だろう。もし性的差異を二元論的な用語とは異なる仕方で考えるなら、性的差異というカテゴリーは、「自然な」物質性から切り離されるようになり、性器の身体形態を自己を本質的に規定するものとして位置づけようとする誘惑に抵抗することを可能にするのだ。しかし、グロスが最終的に決定した性的差異の定式はカテゴリー的にも機能的にも性器的差異から区別できないものに成り下がっている。

性的差異が二元論的な用語とは異なる仕方で考えられ、したがって性器二元論の決定論的な力が性的差異から切り離される可能性を、グロスが開いたままにしている点が存在する。彼女は、「(少なくとも）二つの種類の身体が存在する」と示唆しているのだ。そこでは、弱い論拠ではあるものの、括弧内の言葉が規範的に性別化されていない諸身体に対する余地を残しているのである。しかし、これらのすぐに過ぎ去っていき、空虚である記述子――それはオルタナティヴに性別化された主体位置を約束し、性的な想像的なもののオルタナティヴな領域さえをも約束しているようにみえるのだが――は最後まで空虚なままであらねばならないとされる。グロスは、「男」や「女」とは異なる性的主体位置の可能性を考慮し損なっているわけではない。彼女が明言しているのは、男性と女性のあいだのグラデーション――彼女が「テイレシアース的位置」*と呼ぶもの――は理論化されえない、というのも、それは現象学的に生きられえないからだ、ということである（p.191）。そして、この現象学的な生存不可能性を確証するために用いられる論拠こそ、トランスセクシュアルの経験なのである。

インターセックスとトランスセクシュアルはそのテクストのなかで再び幻影として機能しており、いずれも、「適切な」性別のあいだか外部にある主体位置の怪物的な不可能性の代役を務め、性的差異の主体を産出するマトリックスに彼らが足場をもっていないという欠如によって生存不可能なものとみなされている。しかし、もし男性と女性の両方、あるいはそのいずれでもないものとして生きることの不可能性（「テイレシアース的位置」）がインターセックスの身体を単に語れないものとするならば、それに対して、トランスセクシュアルはグロスにとってより有害なものである。女というカテゴリーは、トランスセクシュアルに関するグロスの議論が始まる前から、多くの点で流動的なものである。グロスは、女という性的特有性の定義を与えることに気乗りしておらず、二つの性別の「まさに現実的な差異」、あるいは二つの性別の異なった「経験」か、そのいずれかを指し示している——否、むしろ、いずれであるかはっきりさせることを拒絶している。この性的特有性の「オルタナティヴな記述」は「家父長制的枠組みの外部にある新しい形の表象の実践」(p.188)を要求することになるだろう。そしてグロスが述べているのは、これは未来に向けたプロジェクトであるということである。(3)

だが、女とは何であるかを語ることが不可能であるとされる一方で、次の引用からわかるように、女が何でないかを決めることはいとも容易くなされるのだ。

> 他方の性別に対する一方の性別の経験と生きられた現実性には、他方の性別に対する一種の外部性や異質性がつねに存在するだろう。トランスセクシュアルの幻想とは対照的に、男は、たとえ医療的介入がなされたとしても、女としてあること、女として生きることがどういうことかを感じることも、経験することも、決してできないのだ。せいぜい、トランスセクシュアルは彼［ママ］の女性性の幻想を生きることができるにすぎない。その幻想は大抵、医療的、化学的介入によって生じる、かなり粗雑な変換によって裏切られるのだが。トランスセクシュアルは女のように見え

＊　テイレシアースとは、ギリシア神話に登場するテーバイの予言者。諸説あるが、いずれにせよ、テイレシアースは男性から女性に変えられた後、再び男性に戻ったとされる。

るかもしれない。しかし、決して女のように感じることも、女のようにあることもできない。男性であれ女性であれ、あるいはなにか他の用語であれ、ある性別はただ、性別的に特定の身体の文化的意味づけに従って（そして願わくば、その意味づけを超過して）経験され、生きられることができるだけだ。性的差異の問題は、性別間のギャップや間隔を橋渡ししようとする知の失敗を意味している。他方の性別に対する一方の性別には、予測不可能で抑制不可能なもの［…］が残存しているのである（pp.207-208）。

私たちがここで再び遭遇しているのは、性的差異を横断するような関係についてのイリガライの記述に頻出するギャップや間隔といった言葉であり、差異を生み出す謎としてジェンダー規範を捉える記述である。おそらく、より驚くべきは、この引用部に現れているトランスセクシュアルのステレオタイプな形象化である。それは、トランスセクシュアルに対してよくなされる特徴づけ——すなわち、つねに「生物学的な」男性であると想定され、彼女自身の身体的物質性についての不運で、望みのない幻想にとり憑かれた者——であり、その幻想は、身体の物質性の現実に対するトランスセクシュアルの薄弱な影響力を示しているとみなされている。もっとも奇妙なのは、ステレオタイプが用いられる二重のやり口である。トランスセクシュアルは、女というカテゴリーの判読可能性と一貫性を保証する構成的外部になっている。つまり、トランスセクシュアルは決してそこにたどり着くことができないというまさにその事実こそが、女たちに対して「女」の場所を創造し、保証しているのだ。他方で、トランスセクシュアルの現象は、性別のあいだに存続する「謎めいた残余」——決して橋渡しされないそれら性別のあいだの間隔——をグロスが指し示すことを可能にしているのである。

ここで現れているトランスセクシュアリティに関する理論と、そして性的差異を理論化する上でそれがもつ含意とが、外的に観察可能な身体形態というよりも、内的に得られる感じに由来していることに注意を促すことは重要である。グロスは主張する、トランスセクシュアルは女であることはできない、なぜなら、「彼」は決して女のようには感じることができないからである、と。内的な感じを、性別的アイデンティティが引き受けられる（あるいはこの場合には、禁じられる）基礎とみなすこの推論を、グロスの身体性に関する記述の他の部分と調和させることは難しい。グロスが記述している内的感じは、一方ではまったく漠然としていて、はっきりと位置づけることができないもののようにみえる感覚であり、それは内的感じが純粋に否定的な用語で記述されているという事実のためである。

女「のように感じる／である」ことが何を意味するのかは、決して語られてはいない。それは、身体的な感じなのか。それとも、心的な感じなのか。それは不変的なものなのか。可変的なのか。概念的なものか。エロティックなものか。すべての女は女「のように感じる」のか。私たちはただ、トランスセクシュアルは決してそこにたどり着くことができないと言われているだけである。私たちが第四章でみたように、グロスがトランスセクシュアルについて述べていることは、大抵のＭＴ

Fが報告しているものとは正反対のものである。MTFは「女のように感じる」だけでなく、大抵は自分が決して男のようには感じなかったと述べているのである。彼／女らがMTFであれFTMであれ、彼／女らが男に同一化しているのであれ、女に同一化しているのであれ、あるいはなにか他の用語に同一化しているのであれ、感じの持続性と強度が彼／女らのアイデンティティの感覚を創造しているのだ。実際、ジェンダー化された同一化の持続的な感じはトランスセクシュアリティの医療的定義の礎石である。自信たっぷりにトランスセクシュアルの動機や欲望、そして感じを断定してみせることは、注意深く女たちの経験を全体化して表象しないようにするテクストを閉じる意想外な方法である。他方で、漠然と定義されたこの感じは揺るぎない確実性によって特徴づけられており、個々人のアイデンティティだけでなく「男」と「女」のまさにカテゴリーをも保証することを可能にし、トランスセクシュアルはいまやそれらのカテゴリーから追い出されている。そのテクストにおける「感じ」の唐突な現れと、その感じが与えられている場の一次性は、身体形態と物質性とに性別的アイデンティティの基礎を置くグロスの試みを挫折させているように思われるだろう。

しかしながら、おそらく、物質性から離れていくこの運動は見かけほど大した逸脱ではない。表面上、感じに関するグロスの最後の強調は、性別的アイデンティティを身体的物質性の領域から引き離し、身体的感じというより捉えどころのない領域に移しているようにみえるし、もし私たちがグロスが言及している仮定上のトランスセクシュアルの感じについての記述を信じるならば、「女」

というカテゴリーがトランスセクシュアルに閉じられたままであることをその強調は保証していることになる。グロスが述べていたように、もし性器的形態が性別的アイデンティティを規定するのに十分なら、女「である」という手術後のトランスセクシュアルの主張を否定する手立てはないはずだろう。そのトランスセクシュアルが女の身体形態上の外見をしているなら、性器の手術を施したトランスセクシュアルは一方の性別から他方の性別へと単にパスしていることになるだろう。この可能性に対するグロスの応答は二重であるようにみえる。ひとつは、トランスセクシュアルの性別移行後の身体は規範的にジェンダー化された身体からその身体を切り離すところの「粗雑さ」によってしるしづけられているという主張であり、いまひとつは、性別的アイデンティティを付与するのは性器の形態というよりも感じの方であるという主張である。

新しいファルス（neophallus）、あるいは新しいヴァギナ（neovagina）が「粗雑」であるという非難は、性別適合手術の複雑なプロセスのテクノロジーに無頓着な判断であるように思われる。どうして、トランスセクシュアルが経験する変換は「粗雑」と特徴づけられるのか。どうして、身体改造に関するテクストにおける様々な他の例、性別適合手術より技術的に「粗雑な」たくさんの例（タトゥーやピアッシング、スカリフィケーション[*]など）には、同じ判断が向けられないのか。新しいファルスや新しいヴァギナに関して断定された粗雑さは、肉を再構成する技術的、医療的な特

＊　スカリフィケーションとは、身体装飾の一種で、皮膚に切れ込みや焼灼を行った際に形成されるケロイドを利用して肉体に文様を描く、というもの。

性とはあまり関係がなく、むしろ、構成された身体的領域の特殊性にずっと関係している。グロスは、身体の表面に介入する身体的再構成を行うことやその自己 - 変換の可能性を拡張することにはやぶさかではないのに、身体の性別的に特定の領域——その表面というより——を変換し、それを意味づけ直す試みに対しては粗雑であるという判断を下すのだ。したがって、人は「性別的に特定の身体の文化的意味づけに従って（そして願わくば、それを超過して）」生きるために身体の表面を変換するのであって、その身体の肉——そこに書き込まれる文化的意味づけというよりも——を変換するどんな試みも誤った企てとみなされることになるのである。性別的に特定の身体「を超過して」生きるという望み——グロスが私たちに奨励しているはずのもの——は、まさにそれを試みているMTFトランスセクシュアルへのグロスの告発のすぐあとに続いているのであり、実に不鮮明である。

グロスが述べているところによれば、トランスセクシュアルが私たちに教えているのは、性別間には橋渡し不可能なギャップが存在するということであり、「他方の性別に対する一方の性別には予測不可能で抑制不可能なもの」が存在しているということである。グロスは『移ろいゆく身体』を、それぞれの性別は他方に対して知ることのできない謎を表象しているという主張で締めくくっている。そのため、フェミニスト哲学のなかでもっとも熱烈な、性別間の謎の提唱者であるリュス・イリガライにここで立ち戻るのが賢明だろう。

自然的身体／処女的身体

身体的物質性と性的差異に関するグロスの理論は少なくとも三つの点を、リュス・イリガライに負っている。そのなかでももっとも明白なのは、それぞれの性別を他方の性別に対して謎めいた未知のものとみなす両性間の解消不可能な残余が存在するという仮説である。おそらくより暗示的で、しかし等しく重要なのは、性的差異と物質性のあいだの関係に関するグロスとイリガライの記述のあいだにある一致である。その一致は、自然性と純粋性のカテゴリーに訴えている点、及びそれらのカテゴリーと身体的物質性とを結果として同一視する点に認められる。性的差異を考える上で純粋性と自然という相互に結びつけられたカテゴリーが重要であることが強調されているのは、グロスによるトランスセクシュアリティに対する主要な批判のひとつ、すなわち、トランスセクシュアリティは身体的違反行為であり、自然に与えられた身体的物質性を他化あるいは拡張しようとする望みのない試みである、ということが考察されているときである。

イリガライは初期の著作『ひとつではない女の性』で、女の商品化、そして象徴的秩序における女の場（あるいは適切に言えば、場の欠如）は女にひとつの身体ではなく二つの身体を与える分割を例示している、と述べている。「商品すなわち女は、二つの相容れない身体に分割される。すなわち、彼女の「自然な」身体と、社会的に価値づけられた交換可能な身体とに分割されるのであり、後者は男性的価値のきわめて模倣的な表現である」。

「ひとつではない女の性」はひとつではない身体によって特徴づけられている。相容れないが、分離することは不可能な部分から成る身体に関するイリガライの議論は象徴的なものに異議を申し立てたいという衝動によって動機づけられており、女、そして女性的身体は、その象徴的なものによって構成され、しかし、その内部では場をもつことができない。女性的身体は、社会的な領野と「自然な」物質的領野とのあいだの緊張が現れる場となるのだ。イリガライは、物質性を支配する「自然的」秩序と社会的領野は並存するが、それらは相容れない、と記述している。女は、幾重にも張りめぐらされた社会的価値を負わされた自然的身体ではない。これらの領野はまったく異なったものであるため、それらは互いを排除するだけでなく、それぞれが身体を生産し、構成するのである。女の社会的「身体」は「男性的価値」の反映とみなされているが、イリガライは自然的なものを特権的な場として構成してはいない。自然的なものも社会的なものと同じ程度にしか身体への権利をもたないのだ。あるいはおそらく、自然的なものは社会的なものの以下でさえあり、というのも、自然的なもののカテゴリーは引用符で括られており、したがって、条件付きにのみ提示されているか、十分に実現されないもの、十分に実現可能ではないものとして、あるいは、社会的なものの幻影あるいは幻想として指摘されているか、そのいずれかだからである。それゆえ、イリガライは、部分的に社会的な身体と部分的に自然的な身体としての女という根本的に非自然化された形象を提示しているのである。そしてイリガライは——少なくともこのテクストでは——本質主義から

遠く離れた女と身体のあいだの関係を分節化しているように思われる。(5)

もし、身体化の地平としての自然的なものの地位が最初にそう思われたよりも複雑なものであるならば、『ひとつではない女の性』における身体の地位がなおさらそうであるのは言を俟たない。「商品としての女（a woman-as-commodity）」は二つの身体に分割されている。女がこの分割の前に身体化されていることを示すどんな証拠もない。分割それ自身こそが、女を構成するのであって、それは女を単数形の身体としてではなく「複数形の身体」として構成するのだ。これらの身体はまったくもって肉体的であると断定することは難しいように思われる。それらは女自身の現れに同時かつその後に現れるのだから。

これらの身体は物質なのか。おそらく、イリガライはその答えを示している。「商品としての女はしたがって、分裂に従属している。その分裂とは、女を使用価値と交換価値のカテゴリーに分割するものである。つまり、一方では、物質‐身体（matter-body）と包み込むもの（envelope）――貴重だが女自身によっては不可入で、把捉不可能で、領有できないもの――とに、もう一方では、私的使用と社会的使用とに分割されるのである」（p.176）。

それゆえ、これらの身体の内のひとつは物質であり、もうひとつはそうではない。自然的な「物質‐身体」と、物質が収容される「包むもの‐身体（envelope-body）」とが存在するのだ。これははじめの内は、男性的で社会的であるものに対立し、それに従属した女／身体／自然という伝統的な二分法のなかに「女の問題」を枠づけているようにみえる。しかしながら、女性的身体の自然的物質性が判読可能になるのは、それがその残りの半分である社会的身体への結びつきを維持している限りにおいてのみなのだ。商品としての女は「男の／に対する価値の反映である。そのような鏡として働くために、女たちは自らの身体を鏡像化（specularization）し、その身体を思弁（speculation）の物質的な支えとして男たちに引き渡す。男たちの活動性の痕跡やしるし、妄想の場として、女たちは男たちに自らの自然的、社会的価値を委ねるのだ」（p.177）。商品、すなわち女は、無媒介な自然的物質性といったものをまったく所有できない。自然的なものは社会的なものに引き渡され、男の価値の鏡として、つまり男の活動性の記録として機能する。商品としての、すなわち鏡としての女は、この鏡の機能のなかで自分自身を失うのだ。

身体の物質性は、もしそれが最初からずっと存在しているのであれば、商品化のプロセスを通して消失してしまうことになる（そして、この先立って存在するとされる自然的物質がこの商品化の働きの対象として容易に想定されうるかは明らかではないのだが）。「超‐自然的で形而上学的な起源はその物質的な起源の代理である。したがって、その身体は透明な身体になる。すなわち、価値、い、純粋な現象になるのだ」（p.179）。概念としての自然の機能は純粋に依存的なものである。つまり、自然は、社会的なものの鏡が拠って立つ支えとして提示され、女／商品の自然的なものから社会的なものへの移行――イリガライが「決して単純には生じない」と書き留めている移行――を促すのである。

女性的なものの物質的な側面と社会的な側面とのあいだにある関係は、特殊な商品である処女の女という形象のなかに見出すことができる。反射的で社会的な包むものに包まれる自然的な物質的身体として存在する代わりに、処女の女はその鏡のように反射する包むもの以外のなにものでもない。

他方、処女の女は純粋な交換価値である。処女の女は、男のあいだの関係の可能性、場、記号以外のなにものでもない。処女の女は彼女自身において、そして、彼女自身のなかには、存在しない。処女の女は、社会的な交換における賭け金を覆う単なる包みである。この意味で、彼女の自然的身体はその表象の機能のなかに消失してしまう。〔…〕女は、交換の媒介として、もはや写しでしかない。女から母への儀礼化された移行は包むものの侵害によって成し遂げられる。この移行はかつては、処女性というタブーのなかでなされた。いったん処女を奪われれば、女は使用価値の地位に格下げされ、私有財産のなかに組み込まれてしまう。女は男たちのあいだの交換から取り除かれるのだ。〔…〕母としてであれ、処女としてであれ、売春婦としてであれ、女は自分自身の快楽へのいかなる権利をももたないのだ（pp.186-187）。

処女とみなされることは、つねに、男性的価値の反映である交換価値の領域に隔離されることである。彼女の自然的、物質的身体は「その表象の機能のなかに消失してしまう」。交換の媒介としての機能のなかに消え去ってしまうのだ。女自身は自分の身体もろともに消えてしまうのである。

「女は存在しない」。女は、ただの空っぽの包むものであり、ただ男性的価値を反映するだけのものなのである。処女は、ますます増えていく交換価値の蓄積のための積立金である。イリガライは『海の恋人』で、処女性を以下のように記述している。

これが、男／男たちのあいだの交換のやり口である。すなわち、所有せよ、使用せよ、消費せよ。その対象を台無しにしてしまうくらいに。価値を覆すボーナス、それこそが処女性である。それは男／男たちのあいだでは、その生産物とそれを試すこととを覆い隠すものでしかない。しかし、それが実のところ自然から取り上げているのは、母の娘であり、彼女たちが共有していた近さである。［…］男は近さへの欲求と欲望を、交換価値‐包装紙に変えてしまうのだ。(6)

これら二つの著作で示されている処女性は、女を交換——それによって身体と自己が与えられる——の外部に置くことで女の欲望の可能性を排除し、女自身の可能性さえをも排除している。処女的なものはここでは空っぽのものとして形象化されており、男性的意味づけ——その核は空虚である——の包装紙として形象化されている。

対照的に、イリガライのより近年の著作『わたし、あなた、わたしたち』〔邦題『差異の文化のために——わたし、あなた、わたしたち』〕はまったく異なった見取り図を提示している。処女性は物質的実体を所有するだけでなく、それは価値のための空虚な回路や容れ物とは異なるものであって、女が価値づけるべき肯定的な何かである、とイリガライは述べている。処女性は、女が自身のアイデンティティと身体を手に入れることを可能にするものとして再形象化されているのだ。

処女性と母性は、私が属している魂的《スピリチュアル》な次元に関わっている。これらの次元は男性的文化によって植民地化されてきた。つまり、処女性は男性的神の受肉と同様に、父（あるいは兄弟）と夫とのあいだで交わされる商取引の対象となってきた。それは、女の所有物として、つまり女がその権利をもち、その責任をもつ自然的、魂的な財産として、再考される必要があるのだ。処女性はあらゆる女によって、女自身の身体的、魂的財産として再発見されなければならない。それは女たちに、個人的かつ集合的なアイデンティティの地位を回復させることを可能にするのだ（とりわけ、男たちのあいだの商取引から逃れるだろう、母との女たちの関係の可能な忠誠を）。女たちは二重のアイデンティティを発展させねばならない。すなわち、処女と母と、である。女たちはこの二つのアイデンティティを、人生のあらゆる段階で育まなければならないのだ。というのも、処女性は女性的アイデンティティと同様に、単に生まれたときに与えられるのではないからである。もちろん、私たちは処女で生まれる。しかし、私たちはまた、処女にならなければならないのだ。文化や家族の束縛から私たちの身体と魂を解放するために。私にとって、処女になることは女による魂的なものの征服と同義である。(7)

処女的なものをめぐる『ひとつではない女の性』と『わたし、あなた、わたしたち』のあいだのもっとも大きな違いは、財産と所有物に対する言葉遣いであり、それらは前者では公然と非難され、後者では、女が自身の身体の物質性を「もつ」ことができる唯一の手段として、祝福されている。処女性は女に属しているものであり、それは女がそれについて権利をもつ財産なのだ。母性と処女性で武装することで、女は「魂的なものの征服」を成し遂げることができる。イリガライは、この征服において征服されるものを決して特定してはいないが、その闘いは女たちが「文化や家族の束縛」から自分たちを解放するためになされねばならないものとしている。ここにおいて、処女性は、それを管理しようとする男性的文化の効果に先立って存在していることになるのだ。それはもはや、社会的構築物ではない。処女性は、象徴的秩序の働きによって生まれるのではなく、むしろ、その文化的植民地化に先立って存在しており、女に属している自然的所有物なのである。

　純粋に社会的なものとしての処女の身体という考え、自然的、物質的なものが立ち退いた空っぽの包むものとして処女の身体という考えは、自然的、物質的身体は処女性において一次的なものであるという考えに変換されている。この図式において消えてなくなっているのは、「自然的身体」ではなく、社会的な領野である。社会的な領野に代わってその場を占めているのは、魂的なもののカテゴリーである。その魂という次元は女に属しており、しかし女が征服しなければならないものである——たとえ、それが所有されていたとしても（人はいかにしてそれを所有し、再所有するのかは決して明確にされていないが）。この処女性においてはどんな「文化」も存在しない。文化とは、すでに存在している自然的処女性という所有物を女たちから力づくで奪い、男たちのあいだの交換を媒介するために価値を負わされた対象として使用する、その力のことだからである。処女性はいったん再所有されれば、文化の束縛から女たちの身体と魂を自由にするために使用されるのだ。

処女性をまったく身体から成り、身体だけで作られているものと提示しているものとしてイリガライの議論を特徴づけることは、おそらく不公平だろう。イリガライは「処女になる」という考えによって、処女性という概念の身体的な拠り所を若干緩めてもいるからである。女は生まれたときには処女であるが、この処女性は失われ、人生の「あらゆる段階で」再発見されなければならないものである。この再発見が決定的であるのは、それが女たちに魂的な領野への関係、母への関係を発展させることを可能にするだけでなく、「女たちに個人的かつ集合的なアイデンティティを回復させることを可能にする」からでもある。したがって、これは単独的かつ多元的なアイデンティティであって、しかし、どういうわけか、おそらくは男性的な文化によって奪われるものである。この失われたアイデンティティの女の奪還は、処女性の再発見なしには生じえないかのようである。

アイデンティティはここでは処女性と同一ではない——すなわち、女に還ってきたアイデンティティはそれをもたらす処女性以上のものから成るものである——とみなす寛大な読解にとってさえ、この再発見が女たちに回復させるアイデンティティはその処女性によって構成されるものであり、その処女性からは抜け出せない。イリガライが文化の束縛から女を自由にする新発見のアイデンティティを称賛するトーンは時期尚早のものであるように思われる——もしも、このアイデンティティティがなによりもまず女たちにとって集合的アイデンティティであり、いまや私たちが立ち返ることになる狼狽させるような含意をもつのならば。

あの謎めいた残余

「商品たちの間の商品」で、イリガライは「女の市場」で描いた交換の領域を引き続き探究しており、次のような問いを提起している。「女たちのあいだの関係は交換のこのシステムの内部でどのように記述されうるのか」[8]。一見すると、そのような関係は交換のシステムの内部では可能ではないというのがイリガライの答えであるように思われる。さらに言えば、このシステムのなかでは、女は自己自身とどんな関係ももつことができない――女が交換のなかで「男と彼の仲間の、実際のところ、男と彼自身のあいだの媒介、取引、移行、移動のための機会としてのみ」[9]存在する限りで。女が存在するのは、男のホモソーシャルな結びつき――社会的な秩序が拠って立つ結びつき――がそれを通して確立されるところの回路としてなのである。

したがって、女たちのあいだの関係が可能になるのは、ただ、この交換のシステムの外部においてのみであり、「商品」が市場に流通することを拒絶するときのみである。イリガライは「別種の商取引」を示唆しており、その商取引とは「使用と交換とが区別不可能になるだろう」(p.197)ものである[10]。「わたしたちの唇が語りあうとき」で、イリガライは「商品たちの間の商品」で示唆したこの関係を遂行しており、商品化、つまり交換と同一性の「彼らの［男性的］言語の外」から女性的他者に呼びかけている。女たちは自分自身から不在であり続けたのであり、それは女が「語られ、語る機械。固有の皮膚に包まれているが、私たち自身ではないもの[11]」として作られているからである。処女の女なるものは男性的な象徴的なものの創造物であって、女たちの関係の可能性を掘り崩す「閉じた、貫通不可能な」システムなのである。

私に語って。できないの？　もう語りたくない？　言いたくない？　黙っていたい？　白いまま？　処女のまま？　内にいる処女を秘めておきたい？　でも、他者なしには処女も存在しないのよ。あなたに課された選択のせいで、そんな風に自分を引き裂かないで。私たちのあいだには、処女と非処女のあいだのどんな分断もない。私たちを女にするような出来事などない。［…］切り離され、いなくなり、おしまいになってしまった。処女だということが彼らによって、彼らのためにで中断されてしまった。処女だということが彼らによって、彼らのために、まだしるしづけられていないものということにされてしまった。彼らによってまだ女になっていないものということにされてしまった。彼らの性器や言語によってまだしるしづけられていないものに。まだ、彼らによって貫かれていなければ、所有されてもいないものに。彼らを待つという無邪気さのなかにじっとしていること、彼らがいなければ無で、空っぽのもの。それが、処女であること。彼らの交換、取引、交通の未来。彼らの欲望の未来であって、私たちの欲望ではない[12]。

処女性は、男性的経済の外部にあるコミュニケーション、欲望、関係の可能性をもたらすために、超越されなければならないカテゴリー、そこから自由にならなければならないカテゴリーである。交換のシステムの外側で、すなわち、女たちのあいだで、処女というカテゴリーは溶解するのだ。もし、女たちの「あいだ」あるいは「なか」にある種の回復の可能性が存在するのなら、その可能性は差異の明け渡しを要求するのであり、このことは不吉な含意をもつようにみえるだろう。イリガライはときに、女たちを、「女」という交換可能な塊とみなしているか、少なくとも互いに自己同一的なものとみなしているように思われるからだ。イリガライ自身はときに、「ひとつでも二つでもない」女たちのあいだの関係の可能性に熱中しているようにみえるが（とりわけ、『ひとつではない女の性』の終わりの「わたしたちの唇が語りあうとき」を参照）、そのような合一は狼狽させるものであり、というのも、それが据え置かれるのは差異が卓越した重要性をもつ理論の内部においてだからだ。女たちのあいだの関係には差異のこの決定的な要素が欠けているのである。イリガライにとって、差異は関係を倫理的なものにし、興味を引くものにさえするために必要不可欠のものである。このことはイリガライを、次のような定式に向かわせることになる。「男と女はもっとも謎めいていて、創造的なカップルである。これは、他のカップルには謎や創造性があまりないということではなく、男と女はもっとも謎めいていて、創造的だということである。［…］あなたは差異を愛することができる。しかし、それはあなたが自分自身と同じ者を愛することができる限りにおいてなのである」[13]。同性間の関係はしたがって、異性愛的結びつきが確保されるための回路として機能している。それは、イリガライが「商品たちの間の商品」や「女の市場」で提示した、同性愛的結びつきを媒介する回路としての異性愛内部の女の機能という考えの奇妙な再定式化である。

差異――イリガライの図式のなかでもっとも決定的な用語――は同一性を通して保証され、女たちの「集合的アイデンティティ」の主張を通して保証されている。男たちと女たちのあいだの差異は、ただ、女のカテゴリー内部から差異を一掃することによって、したがって事実上それらの身体そのものを一緒くたにすることによって、可能になっているのだ。

限界を再考する――性別違和と差異

イリガライの著作と性的差異の一次性に関する彼女の理論は、フェミニスト理論におけるジェンダーとセックスについての議論を形成する上で大きな役割を果たしている。それぞれの性は他方の性に対して謎を表象し、両者のあいだには橋渡し不可能な分割が存在するという彼女の主張はまた、フェミニスト理論において中心的な役割を担っており、それはセックスのカテゴリーの限界を探究している理論においてさえそうなのである。おそらく、フェミニスト理論とクィア理論のもっとも争われてきた論点のひとつがトランスジェンダーの問題であるということは驚くべきことではない。

というのも、トランスジェンダーが示しているのは、性的差異の分割が実際のところ橋渡しされうるということであるからであり、トランスジェンダーはまさに性的差異という観念への限界でありうるからだ。

ゲイル・ルービンは論文「稚児とキング——ブッチ、ジェンダー、境界線に関する考察」で、女性の男性性——とりわけ、性別移行を決め、FTMになることを選択したブッチ——を受け入れたレズビアン・コミュニティにおける奮闘について詳述している。ルービンが目論んでいるのは、「ブッチとは何かについてのレズビアン文化に普及している思い込みを議論し、明らかにし、それに異議を申し立てる」(p.466)ことである。そして、FTMに関する議論においてルービンが試みているのは、レズビアン・コミュニティに働いているセックスとジェンダーに関する単純化された考えをより複雑にすることである。彼女が批判しているのは、セックスをその境界線が絶えず維持されなければならない領野として形象化するようなカテゴリー的理解であり、その代わりに彼女が提示しているのは、性的差異を理解する方法としての連続体モデル(continuum model)である。その連続体モデルは、性的差異の周縁にあるものを排除することを必要としないモデルである。連続体へのルービンのこだわり(それはまた、彼女の革新的な論文「性を考える」で提示された「逸脱の連続体」にも明白に認められる)は、女性の男性性と性別違和を記述する手段として、連続体の内部に連続体があることを示すことに導かれている。ブッチはしばしば性別違和的であると彼女は示唆しており、そして彼女は「性別違和的(dysphoric)」を以下のように用いることを説明している。

それは「割り当てられたジェンダーや物理的な身体と食い違うジェンダーの感じやアイデンティティをもつ人に対する純粋に記述的な用語である。強いジェンダー違和をもつ人、とりわけ彼らが好むジェンダー・アイデンティティに合わせて自分の身体を変えようとする強い衝動をもつ人はトランスセクシュアルと呼ばれる」(p.467)。

　したがって、女性の男性性の連続体――ソフトなブッチからトランスセクシュアルまで――は、身体違和の連続体――マイルドな不快感からトランスセクシュアルの身体改造への「強い衝動」まで――と絡まり合っているのである。ジェンダーと性別違和を並行したものとして提示することは二つの事柄を成し遂げている。すなわち、それは第一に、アイデンティティを身体形態から解き放ち、第二に、男性と女性のあいだの硬直した境界線を固定することが不可能であるとするモデルを提起しているのだ。

　もしブッチとＦＴＭが互いに異なるのならば、それは程度やグラデーションの差異であって、カテゴリーの差異ではない、とルービンは述べている。この記述において、トランスセクシュアルの地位は、その人がジェンダー連続体のどこに自分自身を見出すかによって決定されるというよりも、むしろ、違和連続体(*dysphoric* continuum)上の相対的な位置によって決定されるのだ。トランスセクシュアルの地位は、身体の外形に依拠しているのではなく、自分自身の身体(の／についての／における)感じに依拠しているのである。したがって、ブッチとＦＴＭは表象と身体形態の両方との関係で同一に見えるだろう――そして、彼らのあいだの差異は同一化の問題であるだろう。ルービンが示しているのは、この差異はしばしば微妙で捉え難いものであるということである。そして、ルービンは次のように注意を促している。「ブッチのなかには、FTMトランスセクシュアルから心理学的に区別できない者がいる――彼らが選択するアイデンティティと、彼らが自分の身体を変えたい、変えることができるその程度とを除いて。〔…〕ブッチとトランスセクシュアルのカテゴリーのあいだの境界線には浸透性があるのだ」(p.473)。

ブッチとFTMのあいだの「浸透性のある境界線」はまさに、トランスジェンダーの問題に取り組んでいる幾人かのフェミニストが懸念している可能性である。ビディー・マーティンは論文「ジェンダーなしのセクシュアリティと他のクィアなユートピア」で、フェミニスト理論における性的差異の地位に関して、ある希望と、多くの懸念とを示している。彼女の希望とは、「伝統的な境界線を横断する同一化と欲望がジェンダーのアイデンティティと表現の複雑性を抹消しないように〔……〕ジェンダーの配置を性的な目標、対象、実践で多様化すること(14)」である。彼女の懸念――「クィア理論」というカテゴリーとその流動を重視する傾向についての、ジェンダーを逃れられなければならないものとして形象化することについての、身体の意味づけの能力についての懸念――は、性的差異の限界と、その限界がブッチとトランスジェンダーを理論化する試みによって異議を申し立てられる――おそらく、破壊さえされる――仕方とに関するものである。マーティンはルービンの論考「稚児とキング」への直接的な応答の下でこの論文を書いており、女性の男性性を理解する連続体モデルを取り上げて次のように述べている。

そのような連続体の政治的目的は明確に思われるし、トランスセクシュアリズムに張りつけられたスティグマに異議を申し立てるためにはやむにやまれぬものであるとはいえ、そして、ブッチのレズビアンが歴史的に性別違和や性別不全に結びついていたことは事実だとはいえ、私が示唆したいのは、性別違和や性別不全をブッチネスにあまりにも中心的なものとすることはブッチネスを否定性の下で構築し、奇妙なことにアイデンティティの地平を解剖学に変えてしまい、フェムはブッチとは対照的に少なくとも暗黙の内にジェンダー順応者であると示唆してしまうことだ、ということである。(15)

マーティンは連続体モデルの政治的目的に共感を寄せ、「トランスセクシュアリズムに張り付けられたスティグマに異議を申し立てる」必要性がある点でルービンに同意しているが、彼女が優先している反対は、そのモデルがブッチをその連続体におけるトランスセクシュアルにあまりにも近づけてしまう点にある。この近接性の危険は、マーティンのみるところでは、その近さがブッチを否定性、すなわち違和に染め上げてしまうということであり、そこでは違和はトランスセクシュアルを適切に特徴づけるものだが、ブッチを記述する必要はないものだとされている。

中心的な問題は次のように思われる。もし同一化のカテゴリーとしての男性と女性のあいだの移動の可能性を考慮に入れるなら、いったい何が「横断する」のか。もし、男性と女性のあいだに

「浸透性のある境界線」が存在するのなら、その境界線を通り抜けるのはいったい何なのか。そのもっとも明白な答えは、ジェンダー化された境界線を通り抜けるのは侵犯的にジェンダー化された主体である、というものであるように思われる。しかし、連続体モデルに対するマーティンの反対はもっと微妙な点にあるように思われる。マーティンの説明においては、トランスセクシュアルからブッチへと通り抜け、あるいはパスしているものはある種の感染であり、つまり、同一化の連続体上の近さによって伝染される違和である。

マーティンの懸念は、横断あるいはパスする個人に向けられているのではなく、むしろ、横断あるいはパスしない者、つまり（フェムや非性別違和的なブッチのような）表面上は「伝統的な」ジェンダーの構成のなかにある者たちに対して、横断あるいはパスする者たちが差し向ける危険にある。この危険は一方で、トランスセクシュアルが彼/女らの横断《クロッシング》を通して「ジェンダーのアイデンティティと表現の複雑性を抹消」し、それらの複雑性を判読しにくくさせてしまうことである。他方で、トランスセクシュアルは、ブッチを否定性に染め上げ、包み込んでしまう力として機能する。したがって、トランスセクシュアリティはカテゴリーとして、ブッチのカテゴリーを占有し、不可視化してしまう——その分離性（ブッチはトランスセクシュアルのより「極端な」侵犯からの相違の前で見えなくなってしまう）とその浸透性（ブッチはトランスセクシュアリティへのその性別違和的な近さのために見えなくなる）の両方によって。

これらの危険——すなわち、女性的特有性の抹消と、違和によってブッチネスをトランスセクシュアリティと一緒くたにしてしまうこと――を避けるために、マーティンは身体への回帰を求めている。もっと正確に言えば、彼女は私たちに身体の限界に注意を払うことを求めており、その限界は身体が意味することができないものの限界、身体が定める性的差異の限界である。マーティンはジュディス・バトラーの「レズビアン・ファルスと想像的な身体形態」の読解を次のように示すことで、その論考を締めくくっている。「おそらく、よりいっそう求められているものは、すなわち、身体はむしろ意味作用の障害物を構成しているということ、私たちは所与のものに、つまり限界に、もっと敬意を払うべきだということ――たとえ、現在、思考不可能なもの、合法と認められていないものに、私たちが未来を開くときでさえ――であり、差異――それは身体に即して固定されるわけでも安定されるわけでもないが、欠かせないものでもある――という観念を生み出すために私たちは所与や限界に敬意を払うのだということである[16]」。

「現在、思考不可能なもの、合法と認められていないもの」が可能になる「開かれた未来」への呼びかけはたしかに希望に満ちたものだが、奇妙なことに、この「開かれた未来」は身体的限界に依拠することを通してのみ保証されており、この身体的限界は次いで、ジェンダーの限界として記述し直されている。ここでの身体――意味作用の障害物、クィア理論がその流動を持ち上げたために無視してきたもの――は、安定化の力として機能する役割を担っており、アイデンティティを決定するのではないにせよ、少なくともアイデンティティの前兆ではあるような身体とアイデンティティのあいだの関係に私たちを引き戻す役割を果たしている。

所与としての身体、その限界に「敬意を払う」とは何を意味しているのだろうか。マーティンはジェーン・ネストルを引用することで、それに答えている。ネストルは「ブッチネスを男性性との関係で特徴づけることを拒絶し、ブッチが自身の身体的感覚を名誉に思う方法を求めてブッチを女として主張している」(p.91)。ブッチのケースにおいて、身体への回帰は、ジェンダーの可塑性の限界(あるいは策略?)への回帰であり、性的差異の二元論の「女性的な」側《サイド》への逃れようもない位置を思い起こさせる物質的なものになっている。彼女自身の身体的感覚を誇りに思うために、ネストルが考え、マーティンが同意しているように思われるのは、ブッチは、身体そのものの限界からの肉体離脱的な逃避であるだろう男性性を避けなければならない、ということである。ここでブッチに求められているのは、彼女が自身の女性的身体を肯定することである。その女性的身体は、様々な方法で表象され、住み込まれるだろうが、同一化の水準における絶対的な限界を構成するものである。ブッチは男性性と「戯れる」だろうが、彼女の身体はその限界に気づいている、というわけだ。実際、「開かれた未来」において可能になる身体化された同一化を可能にするものとして、ここで提示されているブッチと身体のあいだの関係を概念化することは困難である。というのも、身体という「障害物」はこれらの可能性を引き出すというよりは、むしろ排除するだろうからである。そして、男性性を拒絶したくないブッチにとっては、この女性的身体の所与性への「敬意」は、「ジェンダーの同一化の複雑性」の幸福な身体化というよりも憂鬱な諦めのように感じられるのではないだろうか。ジャック・ハルバースタムが「女性の男性性」の議論を提示して以後、この領域に着手しやすくなり、それによって、女性と男性という二つのカテゴリーの根本的な両立可能性を肯定することが可能になることを俟たねばならないだろう。

これまで本章では、その差異を保証するために限界という観念に依拠している性的差異のいくつかの定式に対する批判を行ってきた。そのような定式においては、限界はときに身体的事実として理解され、ときにカテゴリー的な不可能性と理解されていたのだった。いずれの場合であれ、トランスセクシュアリティは性的差異の構成的な外部になっている。フェミニスト理論から生まれた性的差異の様々な議論がほとんどトランスジェンダーを理論化するツールを提示できておらず、性的差異という概念そのものがトランスセクシュアリティと両立不可能のものだ、と結論づけたい衝動に駆られる。しかし、これはあまりにも性急な結論だろう。おそらく、性的差異の理論はトランスセクシュアリティを理論化する有用な方法を生み出すために改訂されるだろうし、私たちが性別を理解するカテゴリーそのものが非規範的にジェンダー化された者の生きられた経験を省察することができるものになることはたしかだろう。

もし、関係性を可能にするものとしての性的差異の創造的な力についてのイリガライの主張を、その差異の地平としていずれの性《セックス》にも絶対的なアイデンティティを置くことなしに私たちが真剣に考察するとしたら、どうだろう。すなわち、もし、男性あるいは女性のカテゴリーの内部から差異そのものを取り除くことなしに私たちが性的差異を理解するとしたら、どうか。セックスの水準にまったく位置づけられる必要のないものとして性的差異を考えることは可能か。この立場は、ビディー・マーティンが「身体に即して固定されるわけでも安定されるわけでもないが、欠かせないものでもある差異の観念」と記述したものと同種のものだろうか。そして、この差異という観念は、規範的なジェンダー・カテゴリーから安全な距離を置いて差異を維持する手段というよりも、むしろ、非規範的にジェンダー化された他者への倫理的関係を確立する手段として、用いられるのだろうか。もしジュディス・ハルバースタムが主張しているように、「トランスジェンダーはフェミニズムがずっと語ってきたジェンダー・トラブルである」[17]のなら、そのとき、フェミニズムが様々に生きられるジェンダーの諸様態と協調し、その差異を真剣に考えること——それをおぞましいものや病理学の領域に追いやるのではなく——が決定的に重要だろう。

第Ⅳ部　法を超えて

第七章　文字＝手紙《レター》を保留すること――国有財産としてのセックス

電車が駅に止まる。小さな男の子と女の子とが窓の隣りの席に向かい合わせで座っている。その窓からは、駅のホームにある建物が、電車が停車駅に進むにつれて通り過ぎていくのが見える。「見て！」と男の子は言う、「レディースに着いたよ」。「バカじゃないの？」と女の子は答える、「ジェントルマンに着いたのが見えないの？」〔…〕これらの子どもたちにとって、レディースとジェントルマンは今後、その各々の魂が二つの党に分かれて相争う二つの国家になるだろう。そして、その二つの国家のあいだの休戦は不可能だろう。というのは、それらは実際のところ、同じひとつの国家であり、他方の栄光を損なうことなしに一方の優位性を与えることはできないからだ。
――ジャック・ラカン「無意識における文字の審級、あるいはフロイト以後の理性」

手紙《レター》が盗まれたのなら、手紙《レター》は誰の所有物なのだろうか。
――ジャック・ラカン「「盗まれた手紙」についてのセミネール」

レディース・アンド・ジェントルメン……

一種の境界横断としてジェンダー移行について語ることは、ありふれた語り口だ。おそらく、あるジェンダーから別のジェンダーへの移行において境界を横断するトランスという形象は、トランスの人と非トランスの人によって書かれた文芸作品や理論的著作で性別移行を記述するために用いられるもっともありふれた比喩である。私はこの最終章で、トランスの人が境界横断の比喩的形象であるという洞察を超えて、この比喩化はまだあまり探究されていない含意をもっていると主張したい。そして、その含意の内、次の二点をみていくことにしたい。第一に、トランスジェンダーを「境界横断」として理解することは、ジェンダーそのものを一種の境界づけられたテリトリーとして比喩化しているということである。ここでのジェンダーとは、身体のひとつの属性としてのジェンダーではなく、属性そのものとしてのジェンダーである。そして、この比喩の可能性と困難の双方を探究することにしたい。第二に、私が示したいのは、このような比喩化がトランスの人に関わる政策決定が考えられ実行される仕方に影響を与えているということだ。本章の前半では、まさにそのようにトランスの人々を記述しているテクストを取り上げる。そのテクストとは、ジャン・モリスの『難問《カウンドラム》』〔邦題『苦悩――ある性転換者の告白』〕である。それは自伝的な著作で、その後の多くのトランスの自伝作家にとってモデルとして機能するようになった著作である。本章の後半では、二〇〇六年の十一月に提示され、一か月後にすぐに取り下げられることになったニューヨーク市の衛生局による法案を取り上げる。その法案は、トランスの人々が性器の手術の証拠書類を提示せずとも出生証明書に記載されたジェンダーを訂正することを可能にするだろうものだった。私が主張したいのは、このニューヨーク市の法案とその挫折が、「トランスの人々はどんな主体か」に関してというよりも、「ジェンダーとはどのようなものか」に関して多くを語っているということであり、性別《セックス》とは何であるか、それはどんな人に属しているのかを理解するための限界事例としてトランスの人々が扱われているということである。

「法を超えた異国の地＝部位《パーツ》」

一九四七年に出版された『難問』は、一人称でジェンダー・チェンジのストーリーを語った最初の自伝というわけではないが、広い読者層を獲得したものとしては最初のものである。その本の人気、そして世界でもっとも有名なトランスの人としてのモリスのその後のつかの間の名声は、たしかに、『難問』がトランススタディーズの基礎テクストになった理由のひとつであり、いまひとつの理由はモリスの作家としての技量にある。彼女はその自伝を出版する前に、ジェイムズ・モリスとしてジャーナリスト及び作家として成功した経歴をもっていたし、性別移行の後も歴史物や旅行記を書き続けた。『難問』はトランスの自伝の構造的な慣習を確立するのに大いに貢献した。その慣習は、誤った性別から真の性別への旅を読者に訴える順序や方法であり、多くのトランスの自伝作家がこれと同じ形式を踏襲することになった。すなわち、幼少期のジェンダーのジレンマ、思春期の潜伏期間、過激な気晴らしや経験といったジェンダー規範からの一時的な逃避、性別移行の決意、そして、その性別移行によってついに得られた救いや平安の感覚、といったものだ。はじめから終わりまでその物語に伴走しているのは、ジェンダーの問題からの性的欲望の問題の注意深い消去であり、それは、ジェンダー・アイデンティティ（私は男性あるいは女性？）とセクシュアル・オリエンテーション（私はゲイあるいはストレート？）の、いまでもよくある混同を訂正しようとするトランスの自伝に現在まで続いている、概念的な峻別の試みである。しかしながら、『難問』の遺産は構造的な面だけではない。このテクストには、トランスジェンダリズムの文化的な理解や反応において、興味深く、しばしば疑われていない仕方で継続している、主題的、ナラティヴ上の要素が数多く存在する。それらの要素のなかでもっとも問題なのはジェンダーが国家に類比されている点であり、一方あるいは他方のジェンダーの一員であることが一種のナショナリズムのような忠誠として形象化されている点である。

その逆、すなわち国家をジェンダーに類推している作品について考えることは容易い。一般に文学作品、とくに旅行記には、この、あるいは、あの都市や森林、平原にジェンダー化された特徴づけを行う例や、かなり粗雑に帝国主義的、ナショナリズム的企てを地図上に描く主張であふれている。事実、モリスはこの種のジェンダー化を行っているし、そのことにきわめて自覚的である。例えば、ベネチアはこうである。「オックスフォードのように、ベネチアは私にとって女性的だった。そして私は彼女を、おそらくは女性的原理が結晶化したものとして見ている」。モリスがこの記述を進めていく内に、彼女の擬人法は再帰的な転回を遂げている。「――彼女の気品、平静さ、才気、それはどれも私がそうありたいと思っていたものだ」。ベネチアという都市は女性に擬人化され、「彼女」がジェンダー――語り手が羨む女性性――をもっている限りで人間に類比されている。語り手である彼女自身は、どんなジェンダーも適切に所有できていないと感じている。つまり、彼女の外見が裏づけるだろう男性性は彼女の内的な感覚である女性性に対しては苦痛の源泉であり、彼女がもっとも内奥の自己を構成していると感じる女性性は物質的には実現されていない。モリスが経験するジェンダーからの追放、そして適切なジェンダーにいずれ至るであろうという期待は、次のような言葉で記述されている。「私が欲しているすべては、解放あるいは和解だった――私自身として生きること、私自身をより適切な身体で表現すること、そしてついにアイデンティティを獲得することである。[…]それが私には唯一自然に思われるものであり、私はただ感謝の念だけをもってそれを目指している。あたかも、道に迷った旅人がついに正しい道を見出したかのように」。

モリスが大陸や所有といった言葉でジェンダーからの追放を記述していることは、際立って珍しいことではない。彼女は旅行記作家なのだから。したがって、大陸や旅といった言葉で、より抽象的なものであるジェンダーの謎《カウンドラム》を記述するのは自然なことにみえる。しかし、おそらくより驚くべきは、はじめからその旅を引き起こしているのがジェンダーの謎であるということである。モリスはウェールズの端にある地域を一人で歩き回っていた子ども時代の習慣を記述することでその本を始めており、自己の内的な感覚がその大陸の歩いていない側に具現化していることを見出したと述べている。

東の方を見れば、私はメンディップ・ヒルズの丘陵を見渡すことができ、その風から守られた場所には上品な地方の名士だった母方の人たちが生前に栄え、死後には真鍮の慰霊碑が建てられた場所を眺めることができた。西の方を見れば、私はウェールズの山々の広大な深緑を見ることができた。その麓は、父方の人たちがずっと暮らしてきた場所だ〔…〕。

この景色は二つとも私のものだ、とよく感じたものだ。そして、この二重の所有はときに私に活気溢れる普遍性の感覚を与えた。どこを見ようとも、私はそこに自分のなんらかの側面を認めたのである。それは不健康な妄想だ、とその後の私は思い至った。というのも、それは後に、どんな国も都市も、私がそこに家を買ったり、そこについての本を書かない限り、訪れる価値がないと私に感じさせたからである。ナポレオンの空想のように、それもまた、孤独な感覚であった。もしすべてが私に属しているのなら、私はそのどこにも属していないからである（p.5）。

二重の風景と孤立の場という地形図、無人地帯に立ち、彼女がその上で様々な景色を見渡す物理的な境界線という地形図は、ナラティヴのはじめから終わりまで何度も召喚され、異なった場所で何回も再演されてさえいる。それがもっとも際立って反復されているのは、エベレスト山においてであり、モリスは一九五三年にはじめて、エドムンド・ヒラリー卿とテンジン・ノルゲイと一緒にその山頂まで登っている。この旅行について、彼女は「私の人生の最高の日はエベレスト山に登った日だったと思う」と述べている。

モリスはエベレストから下山すると、ついに、しばらくのあいだ旅をやめる必要があることを決意する。「私は人生の大半を異国の場所に旅することに費やしてきた。そして、その絶え間のない放浪を私の内なる旅を表現したものとみなすようになった」と、彼女は書いている。モリスは、旅という彼女の人生がジェンダーからの疎外から生まれたものであると解している。そして、旅をやめる必要性もまた、この内なる旅の表現として比喩化される。彼女はますます、彼女の謎によってトラブルに陥るようになり、セックスから追放され、ジェンダーを表現することができないように感じるようになり、旅行はますます不満の残るものになっていく。彼女はイングランドに定住することを決める。旅をやめて、馴染みのある場所に根を張ることが彼女の謎を解決し、性別移行を受け、ついにジャンになることを促すと考えたのである。

モリスは、一か所にとどまることが彼女が「性別間のフロンティア」と呼ぶもの——それは性別を大陸や国家によって比喩化し、文字通り化するもうひとつのフレーズである——を超えることを手助けすると期待している。しかし、放浪することをやめ、一か所にとどまることが自分のジェンダーを統合することになるだろうというモリスの期待は、実現されることができなかった。それは、誰に性別移行の資格があるかを決定する規制的な基準、すべてのトランスセクシュアルに苦い経験のある治療基準というゲートキーパー的な機能のために、実現できなかったのである。その当時、性別適合手術を専門にしたイングランドの外科医が患者に要求していたのは、いくつかの基準に合致することだった。すなわち、心の健康、身体の適合性、少なくとも数年間新しいジェンダーで生活した経験があることといったものであり、モリスはこれらすべてを満たしていた。外科医の最後の要求はモリスが躊躇したものだった。外科医は、モリスが「彼の」妻エリザベスと法的に結婚している限り手術は行わない、としたのである。その論理は次のようなものだった。手術以前には、モリスは男だと理解されており、外科医はモリスの性別違和を軽減させることに介入するだろうが、この手術は、かつて異性愛的結婚であったものをレズビアンの関係性として「創造する」ことではないのだ、と。セックス――私は男か女かどちらかに属し、男か女かどちらかとして認識される――とセクシュアリティのあいだのはっきりとした区別がぼやけ出しているが、これは、トランス女性自身の振る舞いや要望によって生じているのではなく、むしろ、トランスセクシュアリティの医療的管理を取り締まるホモフォビックな論理の結果として生じているのである。

モリスに残された選択肢はいくつかあった。彼女は結婚したままイングランドに留まることもできただろう。しかしその場合、性別適合手術はできない。その選択は不幸な未来を確実なものにしてしまうだろう。あるいは、彼女は幸せな結婚を解消し、法的に認められた性別を確保することもできただろう。最終的に、モリスはこれらの選択を二つとも拒否した。彼女がくり返し主張したのは、自分はレズビアンあるいは同性愛者でもないし、決してそうだったこともないということであり、そして、彼女は、レズビアンになることを避けるためにエリザベスと「離婚しなければならない」と判断する。しかし、そのときは訪れなかった。モリスは、自分のジェンダーのために結婚を犠牲にすることに気が進まなかったのである。彼女はエリザベスと離婚することを拒絶した。そのため、イングランドにおける性別適合手術には不適格であるということになった。彼女は書いている。「私自身の闘いの後、自分の運命を生贄のように国王陛下の判決の法廷に差し出す気にはどうしてもなれなかった。[…]私たちが結婚を終わらせるのは私たちが決断したときであるだろうし、私は手術を受けるために、以前恋人や気晴らしのためにそうしたように、法を超えた異国の地へと向かうだろう」。

「法を超えた異国の地（foreign parts beyond the law）」を見出すことは、モリスの目的になり、彼女の旅の対象になる。性別適合手術はモリスにとって「異質な部位（foreign parts）」から成る新しい身体を構成するものであり、その結果として、彼女の身体そのものは「法を超えた」対象になる。一九七二年の七月、モリスはイングランドを離れて、モロッコに向かう。イングランドを去り、カサブランカへと発つことが意味するのは、ある文字《レター》を別の文字《レター》に変換することである。すなわち、国境を超え、再び放浪者になり、国を立ち去ることで、彼女は結婚したまま性別を変えることができるのであり、法的には結婚したままの状態でありたいために「法を超えた異国の地」へと向かうのだ。したがって、セクシュアル・アイデンティティかナショナル・アイデンティティか、いずれかを諦めることで、彼女は性別を変えることができるのだ。彼女のモロッコへの滞在は一時的なものであり、彼女は最終的には家に帰るのだが、彼女はイングランドに同じ人物としては戻らない。イングランドからのジェイムズ・モリスの追放は最終通告である。たとえ、ジャン・モリスが家に戻ったとしても。

モロッコに着くとすぐに、モリスはカサブランカでよく知られた外科医であるドクター・Bを探し始めた。彼女が求めていた外科医的な介入は、技術と経験があり、さらには法の外部にあることだった。彼女がケアを見出すだろう診療所はイギリスの診療所と同じようには規制されていないものので、まさにその穴ぼこがその成功を保障するものなのだ。実際、モリスはこのゲートキーパー的機能の欠如を生を救済する方法とみなしており、様々な理由から自国で治療を受けられないトランスの人たちに対してこれらの診療所がとる手段とみなしている。彼女がカサブランカにいる仲間の旅行者たちに語る物語は、トランスセクシュアルを一種のディアスポラになぞらえたものである。「長年に渡って、百、おそらくは千のトランスセクシュアルを彼らの放浪の運命から救った者。自国で手術を否定されて、ますます絶望したトランスセクシュアルはメキシコに、オランダに、日本に、救済を求めて世界を彷徨うのだ」(p.135)。

モリスはカサブランカの空想的で華麗な記述を提示しているが、ドクター・Bに関する記述はことさらそうである。彼女はカサブランカを「寓話と不死鳥と空想の街、そこではパンとワインがキリストの身体と血に変わるような聖なる変化が頻繁に生じている」(p.136)と記している。彼女はこれに続けて、次のように述べている。

診療所は私が想像していたものとは違っていた。私は市場のなかにある煙が立ち込めた場所のようなものを想像していたのだが、その診療所は都市の近代的な広い一角にあった。入口には並木道が広がり、向こう側は閑静な住宅街の裏通りになっていた。そこの通常の業務は婦人科だった。私は控室で『エル』とか『パリ・マッチ』とかをとりとめもなく読みながら、たくさんの出産の瞬間の音——妊娠している母親の訴えや不安に歩き回る父親の足音——を聞いていた。ときどき、その場はまったくの沈黙に包まれた。そのあいだ、ドクター・Bが隣にある彼の部屋で誰かの運命を推し量っていたのである。また、ときに、その場は、とり乱した女性のアラビア語の金切り声の叫びで満たされたこともあった。とうとう、受付係が私を呼んだ。私はマエストロの暗い、本の並んだ部屋に案内された。

私は廊下を渡り、階段を上がって、診療所のなかに入っていった。進むにつれて、空気は重たくなっていった。部屋は厚いビロードのカーテンで覆われていて、官能的だった。上半身の肖像画が現れた、と私は思ったのだが、わずかに香水の匂いがした。療養のための薄暗い小部屋を通って私の前に現れ、皇帝の側室を思わせるハーレムの魅力を仄めかせた人、それこそB夫人だった。彼女は腰に飾りのついた長い白色のローブを着ていて、それはカフタン風のドレスと看護師の制服をうまく兼ね備えたようなローブだった。彼女は金髪で、ミステリアスな印象を与える人だった。［…］抑えることのできない力がカサブランカにある診療所の五号室に私を運んだ。そして、たとえ私がそうしたかったとしても、もはや逃げ去ることはできなかっただろう。［…］私は鏡に映る自分自身に別れの挨拶を済ませに行った。私たちが再び相まみえることは決してないだろう。私はその他なる自己を最後に一目見ておきたかったし、幸運を祈ってウィンクしておきたかった。私が別れの挨拶をしていたとき、外の通りの物売りがフルートで優美なアルペジオを演奏していた。穏やかで陽気な音楽がくり返し何度も何度も演奏され、優しくデクレッシェンドしながら通りに消えていった。天使が迎えに来た、と私は自分に言った。そして、ふらふらしながらベッドへ、忘却の淵へと向かった（pp.136-140）。

この数ページに認められるモリスによるカサブランカのかなりバロック調の観察は、その本そのものを超えて受け継がれている。例えば、モリスが診療所に辿り着く場面は、サンディ・ストーンのパイオニア的な論文「帝国の逆襲」のはじめの部分で再び語られている。ストーンはそこで、モリスの記述の「転換の「オリエンタルな」、大抵は宗教的なナラティヴ」に言及している。ここには、セックスと国家の、空想と事実の、魔術と科学の、東洋と西洋の合流のようなものが存在し、この合流は現代のトランスの著作のなかにさえ反響しつづけている。しかし、モリスをまずその診療所に駆り立てたものは何か、ジェンダーの謎は性別移行しなければ解決されないだけでなく、生きられることもできないと彼女に結論づけさせるものとは何なのか、という問いに関しては、その答えはいまだ未解決のままである。

文字＝手紙《レター》を保留すること

モリスの診療所の場面は性別移行をほとんど魔術的な出来事として形象化している。彼女はジェイムズ・モリスとして眠りにつき、ジャンとして目覚めるのだ。生まれたときに与えられるセックスの迅速さ、自然性、決定性を模倣するものとして性別移行を物語る著者の衝動に、私たちは共感することができる。しかし、一方の性別から他方の性別への移行はテクストの残りの部分が明らかにしているように一回限りの出来事ではない。それはむしろ、一連の諸行為――法的、医療的、作法的、社会的な諸行為――の手短な要約であって、その長いプロジェクトの上手くいった「最終結果」は――それが真の意味で終わることはないのだが――患者自身が満足し、周囲の人たちによって承認されうる仕方でセックスとジェンダーの一致がもたらされることである。そして、性別化された意味づけのこれらのカテゴリーのそれぞれはなおバラバラの単位へと構成分解されうるものである。例えば、「性別適合手術」は一度きりの外科的な処置ではなく、むしろ、身体の様々な部位のいくつかの、ときにかなりの数に上る手術であって、その内のたったひとつの部位が解読可能な性別化された身体の原因として選びだされるわけではないのだ。

性転換手術（あるいはあそこの手術）というフレーズは誤称である。というのも、性器の手術は胸の手術ほど日常的な社会的相互作用に対して重要ではないからだ。このことから分かるのは、ジェンダーは実のところセックス——性器の形と理解されているもの——とあまり関係せず、むしろ行動や服装、仕草、社会的承認に関わっている、ということである。文化がしばしば主張するのは、セックスは性器に等しいということだ。しかし、文化のなかで、セックスという属性は性器の形とはほとんど関係がない。フロイトが看取したように、通りすがる人に対して私たちが行う最初の判断は瞬間的な「男、それとも女?」であり、ほとんどの場合、私たちは性器の形に関する情報をもたないまま判断を下す。性器の形がセックスあるいはジェンダーの決定要素として規範的にジェンダー化された人たちに対して現れるのは、一度きり——生まれたとき——である。しかし、トランスの人々にとって、それは二度起こる。それは、彼らが自分の官僚政治的なセックスを現象学的な意味でのセックスに一致させようとするときである。このことが明らかにしているのは、セックスを決定する手段として性器の形が問題にされるのはただ、ある種のジェンダー・トラブルがすでに問題になっているとき、つまり、個人が何らかの形で読み取られることができないときである。例えば、骨盤を負傷してイラクから帰還した男性兵士は突然自分の性別がわからなくなったりはしない。彼の性器は再構成されているか、すっかりなくなってしまっているかしているにもかかわらず、である。誰も彼の性別《セックス》を問うたりはしない。なぜなら、誰も彼のジェンダーを問うたりはしないからである。

モリスの場合、彼女は、手術の一年前である一九七一年に公的文書上の性別を修正しようとした。

彼女のアイデンティティの新しい「公式の」文書を作成することは私たちがみるように、今日に比べて驚くほどシンプルなものである。その時点までのモリスの人生のもっとも困難な側面は、彼女が見かけのジェンダーと異なっていると公的文書が主張しているときに公共空間とやりとりすることだった。実際、性別移行へのモリスの決意がついに固まるのは、彼女のジェンダーの公式の現れと身体的現れとを一致させたいという欲望によってである。彼女の不安定なジェンダーがもっとも困難に直面するのは、彼女がまた身体的に不安定な空間にいるときなのだ。モリスはそのとき、手術前だった。ホルモンを摂り、女性としてフルタイム生活し、ずっとというわけではないが、大抵の場合、女性としてパスしていた。彼女は、彼女の語りの大部分を特徴づけている楽観的で淡々としたスタイルで、空港のセキュリティ・ラインで起こるであろうことやその不安を描写している。

私にとって、両性具有的条件はときに悪夢のようなもので、別のときには冒険のようなものだった。可能ならしばらくのあいだ、想像してみてほしい。ニューヨークのケネディ空港の税関を通り抜けて、私がセキュリティ・チェックを受けているところを。私はジーンズとセーターを着ている。警官が私をどちらの性別に属すとみなすか、私には一向にわからない。そして、どちらの決定に対しても応答する心づもりをしておかなくてはならない。通路を進み、彼らに近づくにつれて、私は彼らの沈黙の判決を感じている。彼らが私のショルダーバッグを調べているあいだ、私は自分の行動を決めるために「旦那さん」とか「奥さん」とかを懸命に聞き取ろうとしている。通路を超えると、男性は男性のボディ・チェック、女性は女性のボディ・チェック、といった具合に列が分かれていることを知っていたが、私はどうしたらいいのかわからなかった。いずれに並んでも、注意深い検査が解剖学的構造の曖昧さを暴き立てるだろう。そして私は、取り締まりや検査、恥辱、見世物や軽蔑、粗野な謝罪、背中越しに聞こえてくるくすくす笑いの屈辱を強いられることだろう。しかし、「旦那さん」あるいは「奥さん」はどこからも聞こえなかった。カーテンを抜けて、私は自信なさそうに進み、未確定の乗客の分岐点に立った。恐ろしいときがきた。すべての人が私を見ようとしている。「そこの女性、どんどん進んでください。通行を止めないで下さい」——すぐさま、私は女性の列に並び、平静を保っていた。それほど手際よくボディ・チェックを受けたわけではないが。ボディ・チェックをしてくれた女性は私の協力に対して感謝の言葉を述べた。私はもうひとつの小さな危機、喜ばしく（というのも、私はこの結論を望んでいたので）、また心が揺すぶられる危機を抜け出す。それは不安定な条件だ。人は一日中ではないにしろ、しばらくのあいだ、素早く状況に合わせて生きなければならない（pp.109-110）。

モリスはここで、彼女の「不安定な条件」を記述している。その不安定性は、彼女の場合には、一方でジェンダーの働きが判読可能で透明になるという事実、他方ではジェンダー規範に仕える彼女の努力は空港のセキュリティ・チェックのような日常的な手続きによって可視化されるとき自然的な態度に溶け込むことができないという事実に認められる。モリスが置かれているジェンダーの不安定性はより明解に示されている。というのも、モリス自身のジェンダーの感じられ方《フェルト・センス》は不安定なものではないからだ。女性としての彼女の自己の感じられ方は、持続的で確実なものだ。彼女は列の分岐点で躊躇ってはいるが、それは彼女がどちらのジェンダーか彼女自身が確信をもてないでいるからではない。むしろ、彼女がどちらの列に属しているかという問題は、彼女がどのように感じているかというよりも、彼女がどのように読み取られるかという問題なのだ。つまり、彼女は周囲の人たちが自分をどのように読み取っているかを上手く読み取るために、彼らの顔や態度、振る舞いをひっきりなしにチェックしているのである。彼女は、女性としてパスするのであれ、男性として読み取られてしまうのであれ、いずれであれ安全である。危険なのは、彼女がトランスセクシュアルとして、つまり適切なジェンダーをまったくもたないものとして「読み取られる」ときなのである。

この空港のセキュリティ・チェックの列のジェンダー化された分岐点の前における不安な躊躇いの瞬間を、私たちはジェンダーそのもののプロセスを例示するものとして理解することができる。そのプロセスは、純粋に身体的なものでもなければ、純粋に意志にもとづいたものでもない。そのプロセスは、その人の身体的な外見や振る舞いに関する他の人々の期待や解釈を通して創造される——そして、強いられるのだ。「身体の物質性」はそのフレーズが示しているように、身体の輪郭をその構成要素としているのではないのか。もちろん、身体の輪郭は「身体の物質性」の一部である。しかし、そのフレーズが示しているのは、しばしば、性器を指し示し、身体のジェンダーの「真理」はそこに位置づけられなければならないとみなす、ありふれた方法である。しかし、身体の物質性は空港の場面が示しているように、単なる性器以上のものによって取り巻かれている。性器はジェンダーの決定にそれほど結びついているわけではなく、むしろ、同様に物質的だが、より可視的な身体の他の側面の方がずっとジェンダーの決定に関連しているのだ。ジェンダーを決定する上で、髪型や歩き方、服装や声の高さ、さらには身体の形や大きさなどが決定的なのであって、性器はほとんどの場合決して決定的ではないのだ。ジェンダーはそのように可変的であるが、セックスはそうではないといわれるかもしれないし、事実、たくさんの人がそう主張してきた。ジェンダーは社会的な役割であって、セックスは身体的な事実だという主張は、その主張の一貫性を維持するために、セックスを物質的で生物学的なものとして、ジェンダーを振る舞いや文化の水準にあるものとして特徴づけることに依拠している。しかし、セックスもまた、文化的な生をもつ。そして、トランスの人々の経験によって例証されているセックスの官僚政治が示しているのは、セックスが身体的カテゴリーでありながら、つねにそれ以上のものでもあるということなのだ。

ジェンダーがない者として読み取られることの危険と、ジェンダーからの追放として読み取られることとの危険は、モリスのケースでは混ぜ合わされるようになっている。というのも、モリスは性別を保留する文書——正確に言えば、渡航文書——を発給されているからであり、モリスはその m あるいは f が記載されるべき箇所を空欄にしているからである。モリスの経験が際立たせているのは、性別を変えるという問題は主として書類業務《ペーパーワーク》であるという事実である。彼女がいまやジェイムズではなくジャン・モリスであると国家に告げるときに、このような官僚的な工作が生じるのである。彼女の公的記録と書類証明としての性別の変換は少しずつなされるのだが、彼女が見出すのは、なかでもパスポートは特殊な事例である、ということである。

> ［手術前で、ホルモンを摂っていて、女性としてフルタイム生活しているという］私の状態を私は語った――保健・社会保障省や旅券事務所に。ホイテッカー年鑑は格式ばった対応をほどいて、思いの他、柔軟に接してくれた。時がくれば、私の新しい性別役割が公式に認められるだろうとお偉いさんたちは太鼓判を押した。しばらくすれば、性別移行の段階のあいだ私を支える新しい文書が発給されるだろう。私が自分の秘密をずいぶん前に打ち明けた管理人のいる銀行は、私をミスターからミスに事も無げに変更してくれた。オックスフォードの州議会は私に新しい運転免許証を与えた。旅券人所の福祉士は私に、まったく性別の記載のないパスポートを送った――私のインターセックス的な旅の最後の一年に生じた外国の当局の当惑はそのためである（p.121　強調は引用者）。

パスポートを空欄にし、その持ち主の性別を不問にすることで、何がなされているのか。m あるいは f の文字《レター》がその文書から取り除かれるとき、何が保留にされているのか。それが保留にされているのは誰に対してなのか。諸文書のこの異種混淆的な集まりはジャン・モリスの性別についての、いくつかの異なった、対立的でさえある記録を提示しているように思われるだろう。身元確認の文書の場合には、これらの文書はジェンダーを確証することもできれば、裏切ることもできる。その裏切りの可能性は、ジェイムズ・モリスを男性として確証していた文書を国家が封印しようとする事実によって証明されている。しかし、銀行の記録がジャン・モリスは女性であると事も無げに肯定し、運転免許証がとくに困難もなく彼女の性別を割り当て直すのに対して、同じことはパスポートには当てはまらないのだ。パスポートは性別《セックス》の問いに異議を唱え、その文字《レター》を保留にする。この性別の問いに対する沈黙は、あたかも、彼女自身の身体がもはや携えていないジェンダー化されたステイタスの証拠をパスポートが携えているかのように振る舞っている。さらに、パスポートがその持ち主を不適切にジェンダー化された者として示すことができるのは、ただその文字《レター》を保留にすることによってであるということにも注意を払おう。彼女の性別移行はこのときの段階では、例えば空港のセキュリティ・チェックの列でも、手短にではあれ、ジェイムズとして表面上「パス」することができただろうが、しかし、パスポートが彼女に訴えているジェンダーの不在を身体化すること――つまり、ジェンダーのない者として「パス」すること――は決してできない。モリスは、国民の水準では彼女を適切に位置づけることを約束するその同じ文書によって、性別《セックス》の水準では位置を与えられないのだ。

　このような官僚政治的なやりとりにおいて、セックスは一体どのようなものなのか。奇妙なことに、それはこの事例ではジェンダーと食い違っている。というのも、どんなジェンダーのパフォーマンスも、どんな女性性の表示も、その文書によって決定され、保留にされている「セックス」という名称の代わりを果たすほどには十分ではないからだ。セックスとは、その文書そのものが制定するものなのだ。そして、その文書の m あるいは f はその文書の持ち主の性別《セックス》を単に記録しているのではなく、その持ち主の性別の真理となり、性別を授けるという意味で、セックスはパフォーマティヴなものになるのである。

その文書に割り当てられた文字《レター》がセックスに関する知であれ、あるいはセックスそのものであれ、その文字《レター》は一種の財産（property）として機能している。この例において、セックスは私たちが先の章でみたように、所有権を示唆し、与えるような身体的財産ではないし、その個人当人に属する財産＝所有物ではない。セックスは私的財産ではないのであって、むしろ、国家そのものに属する財産なのだ。モリスは彼女の連邦記録が示され、劇的に封印されたことを記述しながら、このジレンマを指摘している。

> 例えば、自己決定——人間存在が自身のアイデンティティを選択する権利を与えられるための方法——の葛藤が存在する。内閣の男性が私の新しい社会保障カードをもってきて、蝋で封をした私自身に関する書類を見せ、それをニューカッスルに国家歴史登録財にするためにもっていこうとしたとき、彼がこう言ったのを聞いて、私は軽い寒気を感じた。「誰も特別の許可なしに

は、このファイルの内側をみることは許されないだろう」。彼は私に中を見るよう唆したのではなかった（p.171）。

文字《レター》の審級

ラカンの論考「無意識における文字の審級、あるいはフロイト以後の理性」はそれ自身境界の働きをなしていて、その主題は理性と無意識のあいだ、書くことと語ることのあいだに設定されている。[1] 彼の議論には、語られるものに優位性が与えられている。そして、この論考は、そこでラカンが私たちに「精神分析的経験が無意識的なものに発見するのは、言語の全構造である」と語っている論考である。[2] 私たちは、ラカンに即して、「文字＝手紙《レター》」をいかに理解すればいいのか。

> まったく単純に、文字通りに（*a la lettre*）。「文字＝手紙《レター》」によって私が示しているのは、言語を具体化する物質的な支えが言語から借りられているということだ。この単純な定義が想定しているのは、言語はそれを語る主体にもたらす様々な精神的、肉体的機能と同じではないということである。というのも、なによりもまず、言語とその構造は、主体の精神的発達における段階の各々の主体が言語のなかに入るその契機に先立って存在しているからである（p.147）。

言語を「それを語る主体にもたらす様々な精神的、肉体的機能」と混同しないよう、私たちは警告されている。つまり、特定の語り手から特定の発話の例をとってきて、その言葉の力をその単独の発話に誤って帰属させせないよう、警告されているのである。これは油断ならない厄介な問題であり、ここで私たちがしっかりとつかんでおくよう求められている糸はか細い。もちろん、意図や意味をもった力強いものとして言語が用いられていることを私たちは理解しておく必要がある。しかし、ラカンが私たちに示しているのは、言語は私たちを前もって示し、私たちが言語を用いる前にさえ存在し、それゆえ私たちが語る可能性の条件を形作っている、ということである。精神分析的な場面のなかで言語のなかに入るという言い回しが単なる比喩としてではない形でよく用いられているのはそのためである。私たちがそのなかに入るのは、その精神分析的場面において、その規則がすでに固定され、その関係性が定まっているような場面、私たちがほとんど自由にできないような場面においてなのである。そのため、以下でみていくように、言語が私たちのなかに入るのであり、あるいは「シニフィアンがシニフィエのなかに入る」のである。

ラカンが記述を進めていくにつれて、「文字《レター》」という抽象概念は次第に出生証明書やパスポートにおける *m* と *f* のようなものへと変化していく。

したがって、主体が言語の奴隷であるのなら、主体はそれだけいっそう言説の奴隷でもある。その言説の普遍的な運動において、彼の場は誕生の瞬間からすでに刻み込まれている——彼の固

> 有名、それだけによって。この共同体の経験や言説の実体をいくら参照しても、それはどんな解決ももたらさない。というのも、このような経験がその本質的な次元を引き受けるのは、この言説そのものが確立する伝統においてだからだ。この伝統、それは歴史のドラマがそこに刻まれるずっと以前から、文化の根元的な構造に横たわっている。そして、このような構造こそが可能な交換の秩序を明示するのであり、その交換の秩序はたとえ無意識であれ、言語によって権威づけられた交換の外部では考えられることができないのである (p.148)。

「無意識における文字の審級」が「無意識は言語のように構造化されている」という比喩的な宣言で有名であるとすれば、無意識はラカンが言語に類推している心的な構造であるだけではない。彼はまた、文字《レター》をジェンダーに類推して解明してもいるのだ。言語に当てはまることはまた、ジェンダーにも当てはまるのだ。ジェンダーもまた、生まれたときに与えられるものであり、私たちに単に手渡しされるようなものではなく、刻み込まれるものであり、固有名の遺産を通して刻まれるものなのである。

ラカンは、言語が働く仕方に関する私たちの誤解を説明するために、木のイメージ図とともに書かれた「木」という言葉のイラストを提示している。私たちは、シニフィアンとシニフィエを組み合わせることによって意味が形成されると考えがちである。つまり、木の絵と「木」という言葉とは直接的＝無媒介な等価性によって結びつけられているのだと。ラカンは二つのドアという二番目の図を用いることで木のイラストに反論を加える。そのドアの一方の上にはレディース（LADIES）と書かれ、もう一方の上にはジェントルメン（GENTLEMEN）と書かれている。ラカンは、言葉と物との関係が単なる一対一対応の関係ではないことを示すために、この「発明された」例を用いる。レディースは一対一対応的に、その下にあるドアを指示しているのではない。むしろ、レディースはその隣にあるジェントルメンという言葉を相補的に指示しているのである。この例を用いることでラカンが示しているのは、言葉は単独で物をぴったりと実定的に包含しているのではなく、ある言葉は他の言葉と関係しており、意味作用の連鎖のなかに存在しているということである。ラカンが記述しているトイレのドアの場合では、そのドアが制定している「泌尿器の分離」はそれぞれのドアの個別性の効果ではなく、むしろ、すでに受容されているジェンダーの承認と拒否の実践や慣習の効果である。私たちがはじめの方の章でみたように、これら二つのドアはジェンダーそのものではないが、しかし、それらのドアはその特定性を通して特有のジェンダー化を制定＝上演《エナクト》しているのだ。

「事実にもとづいた記録」——性転換と性別証明

もし私たちが文字《レター》とその審級のジャン・モリスの経験に立ち戻るならば、彼女のケースは特殊な事例だとみなすしたくなるかもしれないし、彼女のパスポートとその空欄は特殊なもので、それは彼女の状況の異例性を証明しているのだと理解するよう導かれるかもしれない。しかし、ほぼ四十年後の、アメリカ合衆国におけるトランスジェンダーの人たちへの国家の応答は、ジャン・モリスが経験したことと多くの点で酷似しているのである。例えば、モリスが記述している記録の封印は、長年に渡って続いたインターセックスとトランスセクシュアルの患者のための治療の基準に従ったトランスセクシュアリティの医療的な処置の最後のステップだった。国家によるトランスの人々の公的記録のこの封印は、トランスの人々が自身のすべての所持品や手紙、写真等——個人の「以前の生活」を証明するすべてのもの——を破壊することの勧めと対応していた。サンディ・ストーンはこれに、トランスジェンダーの主体が「消え去るようプログラム化される」並外れた方法だとして言及している。[3]

二〇〇六年十一月、ニューヨーク市の衛生局と精神衛生局は、トランスジェンダーとトランスセクシュアルの人々に関わる規制を改正することを目指した法案を検討した。[4] この法案は、その規制に批判的なトランスの人々の支持者によって支持された。彼／女らが主張したのは、トランスの人々のジェンダーに合った公的文書の発行のための現在の規則が時代遅れの基準——個別にはトランスの人々に対する、一般には性別《セックス》に対する誤った基準——にもとづいている、ということである。実際、現在のニューヨーク市の法案は一九七一年に遡るものであり、その一九七一年という年は、ジャン・モリスが大西洋の反対側で性別アイデンティティと国家の性別証明の悲喜劇を通して我が道を進んでいた頃である。

ニューヨークにおける身元証明《アイデンティティ》に関わる文書の再発行を管理する規制は、その文書が記される所に応じて異なるものである。例えば、社会保障局は改訂された許可証を発行するために性器の手術の証明を要求するが、運転免許センターはそうではない。それはまた、司法に応じて異なるものでもある。例えば、ニューヨーク市とニューヨーク州は両方とも出生証明書を修正するために性器の手術の証明を要求するが、それぞれは、異なった性器の手術と、承認するための異なった基準とを要求している。出生証明書を変更するために、ニューヨーク市はトランス女性に対しては医療的な膣形成手術（「ネオ・ヴァギナ」と呼ばれるものの創造）の証明を、トランス男性に対しては陰茎形成手術（「ネオ・ファルス」と呼ばれるものの創造）の証明を要求している。出生証明書の改正を許可しているすべての州と同様に、ニューヨーク州はその改正を行うために性別適合手術の証明を要求している。(5) しかし、ニューヨーク州はニューヨーク市とは異なった、比較的緩やかな基準を設けており、ニューヨーク州はＭＴＦに陰茎切除手術（ペニスの除去）のみを、ＦＴＭには子宮摘出手術と乳房切除手術（子宮と胸の除去）のみを要求している。ニューヨーク州はその人が性器を取り除いた証明を示すことができてはじめて――州に従えば、それは適切に反対の性別に「属している」ことの証明である――、トランスの人が生きているジェンダーに改正された出生証明書を発行するだろう。この手続きがなければ、州は白紙の出生証明書を発行することになる。

　したがって、トランス女性は白紙ではない文書を得るために、彼女自身の身体を白紙のものとして創り出すことを要求される。その文書は、彼女の身体が性別を表すことができなくなるまで、彼女の性別を語りはしないだろう。この例において、性別《セックス》は国家に属する記号であり、彼女がかつて「反対の」性別の一員だったという証拠を彼女の身体から文字通り廃棄するときにのみ、その記号はその個人に授けられるのである。これらの例において、審議中の身体の性別《セックス》に判定を下す力は国家の手中にあるのだ。性別《セックス》を判定するこの権力は、身体を国家によって承認可能な形態に変えることに責任を負う外科医の手中にあるとき、言うまでもなく権威的なものである。ある場合には、文書上の変化を認めるためのもっとも重要な要素は、問題になっている身体部位というよりもむしろ手術そのものであって、手術によってもたらされるその部位の存在ではない。身体部位とその正確性の問題は性別適合手術の問題関心である複雑な問題である。私の友人のトランス女性はホルモンを摂取したあとに有意義な胸の発達を経験し、その胸は規範的にジェンダー化された女性に見合うほどにパス可能なものとなっていた。しかし、彼女の性別適合手術を担当した外科医は、彼女のそのパス可能な胸を否認した。その胸は取り除かれ、移植されなければならない、とその外科医は主張したのである。それは、彼女が育てたものが胸であるはずがないという思い込みにもとづいていた。この決定の背景にある推論とは、次のようなものである。性別適合手術が男性を女性に変える、したがって性別適合手術を受けるまでは彼女は男である、そして男が胸を成長させることはできない、と。この外科医に従えば、彼らがシリコンから作り出すものこそが「本当の胸（real breasts）」であって、彼女自身の身体が育てた附属物——それはまさに胸のように見えるものなのだが——は単なる女性化乳房症、つまり男性の乳腺組織の異常な発達にすぎないのだ。彼女の身体が育てた胸は然るべきときに取り除かれ、手術によってこしらえられた「本当の」胸に置き換えられることになったのだった。

ニューヨーク市衛生局によって開かれた専門家たちのパネルのメンバーのなかには、出生証明書を修正するこれらの基準にさえあまりに自由放任なものだとして反対した者、そして、出生証明書は決して変えられるべきではないと主張した者もいた。そのパネルに出席した精神医学者のアーサー・ツィトリン博士は、出生証明書が修正されるべきであるようなどんな事情も存在しない、と述べた。「彼らは生まれたときの性別を変更すべきではない。それは事実にもとづいた記録（a factual record）だ。もし彼らがやむにやまれぬ理由からジェンダーを変えたいのなら、アステリスクを添える（＝注を付す）べきだろう」。私はこの声明を読み解くことにとりかかりたいのだが、この声明はトランスセクシュアリティの官僚政治的な管理を支配している論理をきわめて圧縮した形で明示している。

ツィトリンが「彼らは生まれたときの性別を変更するべきではない」と述べるとき、彼が言わんとしているのは、トランスの人々と彼らの支持者が生まれたときに割り当てられた性別に関する文書に介入したり、修正したりすることは許されるべきではない、ということである。ツィトリンは省略というレトリックを用いてこのような意見を提示しており、出生証明書は生まれたときに明らかになる個人の性別の身体的なエビデンスを守る保護装置の役割を果たしていると示そうとして、性別《セックス》と記録管理のあいだの違いを省略している。しかし、彼の言葉はおそらく、文字通りにとればよりいっそう正確なものなのである。すなわち、この指令は文字通り、性別《セックス》を事実にもとづいた記録に、つまり書類の問題にしているのだ。ツィトリンがその法案に反対しているのは、その法案が彼の意見によれば個人の性別の公式の歴史、すなわち「事実にもとづいた記録」に不当な干渉を行っているからである。彼がその代わりに提案している新たな方法で明示された性別は、複雑さのしるしを付されたもの、あるいはアステリスクによって折り合いをつけるものである。彼は出生証明書に記載されている *m* あるいは *f* を自然的事実の記録だと理解しており——赤ん坊は男あるいは女のどちらかの性別をもって生まれる——、セックスのこの事実はたとえ個人がジェンダーとどんな関係をもとうとも変えることのできない事実であると理解している。ツィトリンがセックスとジェンダーのあいだに設ける区別は決定的なものにみえる。彼が用いている「ジェンダー」は、時とともに変化可能であり、事実変化している属性、身体の形態に希薄で、まったく明らかではない関係をもつ属性、したがってセックスの身体的「事実」に対立して位置づけられる属性として、記述されている。出生証明書はその変わることのない事実の歴史的証明として機能しているのであり、ツィトリンはそのありようを守護者とみているのだ。公式の記録を守り、ジェンダーという疑わしい突飛な考えからセックスの真理を守るために、出生証明書を修正することは否定されているのである。実際、もし個人がジェンダーを変えた、あるいは変えることを望む——そして、ツィトリンはこれは「やむにやまれぬ理由」からなされるだろうと述べている——のなら、彼は「アステリスクを添えるべきだろう」と示唆している。言い換えれば、セックスがアステリスクを伴うべきなのは、このセックスがまったく正統なものではなく、事実まったくもってセックスではなく、むしろセックスとしてパスしているジェンダーでしかないことを告知させるためなのだ。

　事実にもとづいた記録は実際に男か女かに厳格に分離された出生を登録するが、この事実にもとづいた記録がいかに存在するに至るか、いったん立ち止まって考えてみよう。新生児の性別《セックス》そのものは泌尿器科医が証言するだろうように、ツィトリンが信じているような曖昧さのない明確な二元論ではない。例えば、曖昧な性器をもって生まれた幼児の事例を考えてみよう。彼らには、m あるいは f という性別が割り当てられる。そこでは、官僚政治的に与えられた名称は、単なる物質的身体の事実の非物質的なしるしでもなければ、非言語的な物質的なものに一致している一対一対応のラベルでもなく、むしろ、その身体的物質の矯正であり、その性器そのものが表してはいない意味、あるいは、その言語的な補足なしには実現しない意味を課すものである。これらの幼児がしばしば経験するのは、出生後すぐになされる規範的な医療手続き、つまり、その性器の見かけをそれに割り当てられた性別に一致させるために計画された美容整形的な手術――しかし医療的には不必要な手術――である。インターセックスとトランスの人々が明示しているのは、セックスとは発見されるというよりも割り当てられるものであり、それが文書化されるときでさえ解釈されるものであって、したがって、ジェンダーは移ろいゆくものだがセックスは堅固な基盤であるという考えに、彼らの存在は異議を唱えているのである。私たちがセックスを固定した二元論として概念化するならば、その二元論の外部にあるこれらのセックスをまったくもって誤認し、誤って表象することになる。私たちは彼らをゴートｰスタッグやスフィンクスのように現実には存在しないもの、不可能なものとみなすことになるのだ。ツィトリンが体現しているような立場は、人々が思いのままに修正することができるというジェンダーのあまりにも自由な解釈への矯正のようなものとして自らの立場を想像している。私が強調したいのは、この立場に関するもっとも驚くべきものと私が考えているものについてである。すなわち、ツィトリンが擁護している「事実にもとづいた記録」への忠誠は、論理的に驚くべきものだが必要ともされている物質性への裏切りを要求している、という点である。

これは、（トランスの性別を文書に反映することを意図するものというよりも）トランスの人々の性別を文書に合わせようとする法律だが、この種のものはこれが唯一の法律というわけではない。国土安全保障省の強い要請を受けて、社会保障局は過去数年間いわゆる「ノー・マッチ・レターズ」を送っていた。ノー・マッチ・レターとは、雇用者が社会保障局に提出する被雇用者の情報――名前、ジェンダー、生年月日、社会保障ナンバー――が社会保障局が記録しているその被雇用者の情報と一致《マッチ》しないときに雇用者に送付されるものである。トランスの人々は、それらの文書上のジェンダーが彼らの出生証明書上の性別と一致《マッチ》しないとき、ノー・マッチ・レターの受取人でありうる。私たちがみてきたように様々な管轄が性別の変更を承認するためのそれぞれ異なった基準を設けているため、トランスの人が自分でそのミスマッチを修正することは難しいだろう。しかし、トランスの人々は副次的な存在であって、つまり、ノー・マッチ・レターの偶然的なターゲットでさえある。というのも、ノー・マッチ・レターの目的は、不正な社会保障ナンバーを暴くことで、違法な（つまり、文書に載っていない）労働者を見つけ出し、解雇させることにあるからである。ノー・マッチ・レターは市民権の侵犯を標的にしているが、しかし同時に、意図せずして、ジェンダーの侵犯をも標的にしているのだ。

比喩としての性別

ノー・マッチ・レターのもっとも重要な点は、食い違った対象の身元証明《アイデンティティ》にある。しかし、そのレターが受取人を告発する理由であるミスマッチとは一体何なのか。何が一致することに失敗しているのか。たとえ、これらの例においてノー・マッチ・レターを送られた人がトランスジェンダーであったとしても、そのミスマッチは彼らの物理的な外見上のジェンダーと彼らの文書化されたジェンダーとのあいだのミスマッチではない。想像してみてほしい。例えば、ノー・マッチ・レターを受け取った同僚の運転免許証、有権者登録、顎髭の生えた男らしい外見すべては「男性」を示しているが、文書や外見の証拠の大半によって語られているジェンダーが、「女性」のままである出生証明書によって語られているジェンダーと一致《マッチ》していないときに、「ミスマッチ」が生じているような場合を。このミスマッチはしたがって、現実的で、身体化されている、目に見えて明らかな男というジェンダーと、その人の感じや外見さえもが決して示していないジェンダーとのあいだのものであるだろう。そのとき、問いは次のようなものになる。すなわち、そのジェンダーがまったく現象学的な意味で生きられていないときに、「事実にもとづいた記録」のジェンダーの保存を主張することは何を意味するのか。上記の例では、もはや個人の感じ方でもなければ、外部の世界の知覚でもなく、むしろ事実にもとづいた記録の管轄であり、文書の問題であって、身体的物質性でも社会的知覚でもないようなジェンダーの領域が描かれている。出生証明書の事例では、セックスは国有財産なのだ。国家によって幼児に授けられる *m* あるいは *f* は、あたかも他のどんな特徴をも凌駕する特徴であるかのように振る舞い、まるで主体の身体がその記号に一致すること（逆ではない）を要求する不変の記号であるかのようである。

これらの事例のそれぞれにおいて文字＝手紙《レター》を保留にすることは、ジャン・モリスが記述している国家とのやりとりの経験に似ているが、ジェンダーに関する言説とその配分を監視する目的の方は変化しているように思われる。それはおそらく、文化的な不安もまた変化しやすいことの結果である。「消え去るようプログラム化されて」いることは、かつてトランスジェンダーに対する命令であったが、それはいまや脅迫に変化しているように思われる。もし、モリスが経験したことが見えなくなることへの要求であったのならば、ニューヨーク市の法案や社会保障局のノー・マッチ・レターが提唱しているのはその反対であって、予想外にジェンダー化された者はしるしづけられ、したがってそのようなものとして身元確認可能であらねばならないと主張されているのである。今日、優先事項となっている不安とは、トランスの人々がパスできなくなることではなく、彼らがあまりにも上手くパスすることである——彼らは私たちのあいだを歩くだろう、しかし、私たちは彼らを私たちから見分けることができないだろう。その不安は、国籍、国境管理、テロとの戦いについての現在の懸念を異様なほど正確に反映している。ナショナル・アイデンティティの防衛はジェンダー・アイデンティティの防衛のように、不確かなものを追放することを要求している。トランスジェンダーに関係する厳しい規制は、自由という浅薄なレトリックがどんな帰結をもたらすことになるのかを再び示しているのである。

　ジェンダーや性別移行の事例における文字＝手紙《レター》の力を探究するとき、その文字＝手紙《レター》を単独で切り離して語ってしまうと誤りに陥ってしまう。というのも、ジェンダーに権威を付与する膨大な文化的装置を取り巻いている文字＝手紙《レター》の諸記号は無数で多様だからである。実際、その装置はきわめて大規模で複雑に込み入ったものであり、多様で普及力のあるものだから、結局、文化そのものと異なったものではない。記号としての文字《レター》が存在し、発送物としての手紙《レター》が存在する。トランスの人々がこれらの「レター」について語るときに彼らがしばしば言及するのは、彼らに性別移行の資格があると認める精神医学者によって発行された証明書である。これらの証書《レター》は治療の基準によって求められ、行為能力の問題と証書《レター》を悩みの種に変える。その証書《レター》は結果的に、そこに記載された個人がトランスセクシュアルであること、したがってトランスセクシュアルになることを認められるべきであることを証明するのである。

　また、文字＝手紙《レター》は宛先の様態を規定するものとしても存在する。ミセス、ミスあるいはミズ、ミスターといった日常的な出来事としてのジェンダーを規定する分離の文字《レター》が存在する。*m*あるいは*f*という文字《レター》が存在し、それは、日常的に可視的なものの真理、そして、いつも正確に引き写されているわけではないが、出生証明書、社会保障カード、スクールＩＤ、運転免許証、電話代の請求書、保険カード、不動産譲渡証書、診療記録、死亡証明書にしるしづけられ、反復されているものの真理を確証しているようにみえる。実際、ときに最後の死亡証明書だけがその個人自身が証言しているジェンダー化された真理を最終的に語っており、だからこそ、グウェン・アラウホの母親は娘の死後、生前に保留されていた名前とジェンダーの公式の変更を国家に認めさせるために闘ったのだった。このような文字《レター》＝手紙の集まりのなかで、それぞれの文字《レター》＝手紙はそれ自身のジェンダー化された真理を証言している。この増殖の多産さに関してもっとも注意を惹くのは、その記号の集まりの全体がたったひとつの記号へと解消されるために働いている点である。染色体上の性別のXXあるいはXYや、ミスター、ミセス、ミスあるいはミズによって授けられる肩書上の性別、そして、それぞれ異なった文書に記載される*m*あるいは*f*は、最終的に、たったひとつの記号へと解消されなければならないのだ。記号として、その*m*あるいは*f*は問題になっている個人のジェンダー・アイデンティティを指し示しているかもしれない。それはまた、なにか他のものを指し示しているかもしれない。というのも、セックスは以下のものを意味することができるからである。つまり、私のジェンダーの感じられ方《フェルト・センス》、生まれたときに割り当てられた私のジェンダー、現在他の人たちによって知覚されている私のジェンダー、私の遺伝子的構造（染色体上のセックス）、私の二次的な性別の特徴（表現型のセックス）、私の外的な身体形態上のセックス（外性器）、私の内的な身体形態上のセックス（男性なら精巣、前立腺、女性なら子宮、卵巣）、私のホルモン上のセックスなどである。

これら様々な文字《レター》＝手紙のすべてが約束しているものは、性別の比喩でしかない。それらはあたかもその個人の性別《セックス》の真なる全体を語っているかのようだが、それらは実際には、その文字《レター》を私たちが理解すべきであることを保証するものでしかないし、国家と地方の管理の論理と監視のなかに嵌め込まれた部分的な意味、個人のコントロールから遠く離れた手の届かない部分的な意味でしかない。しかし、性別《セックス》を指定する文字《レター》＝手紙を性別《セックス》そのものを意味するものとして私たちが受け取ってしまうとき、私たちは、不可避的に誤認であるような承認＝認識を与えてしまう。ラカンが私たちに信じるよう促したであろうことは、認識＝承認が問題になるとき、私たちはそれに失敗する他ないということであり、この点で彼は正しいだろう。しかし、私たちはまさに失敗しなければならないのだ。これらすべての失敗をたったひとつの記号に囲み込み、屈伏させる文化的命法が存在するとき、その誤認はまさしく生そのものにその賭金を置いているのだ。

原注

第一章

(1) Catherine Millot の *Horsexe* はそのひとつの例である。より最近の例としては、Chiland, *Transsexualism* を参照。

(2) Freud, *Three Essays*, p. 7.〔フロイト「性理論三篇」〕

(3) Elizabeth Grosz と Gail Weiss も参照。

(4) Silverman, *The Threshold of the Visible World*, pp. 9-10.

(5) Shepherdson, "The Role of Gender," p. 170.

(6) バトラーもまた、その鏡像段階に関する議論のなかで、バラバラに寸断された身体の形象が全体的で一貫した身体を前もって形象化し、予期させるものであることに注意を促している。「欠片や部分を感じることは、それが属する全体の感覚を前もってもつことである。[ラカンの]「鏡像段階」はいかに身体がその全体性の感覚をもつに至るかを語ろうと試みているが、まさに、バラバラに寸断された状態で鏡の前に立つ身体というこの記述自体、全体的あるいは統合された身体形態のすでに確立された感覚をその前提条件としているのだ」(Butler, *Bodies That Matter*, pp. 81-82)。

(7) Anzieu, *The Skin Ego*, pp. 9-10.〔アンジュー『皮膚‐自我』〕

(8) Freud, *The Ego and The Id*, p. 19.〔フロイト「自我とエス」〕

(9) ラプランシュの *Life and Death in Psychoanalysis*〔邦題『精神分析における生と死』〕における「限界」や「皮膚の袋」としての身体という記述も参照。

(10) *Volatile Bodies* 所収のグロスの試論 "Psychoanalysis and Psychial Topographies" とりわけその三七頁、及び彼女の *Jacques Lacan* も参照。

(11) ニーチェの哲学やイリガライのフェミニスト理論、そしてメルロ＝ポンティの現象学はいずれも、心と身体を、包むものに対する包まれるものの関係というよりも、表面間の関係として特徴づけている。

(12) Anzieu, *The Skin Ego*, p. 21〔アンジュー『皮膚‐自我』〕を参照。また、Tiemsmerma の *Body Image and Body Schema* も参照。身体イメージと身体図式の歴史的な展開についてのこの網羅的な研究もまた、シルダーが身体イメージという用語を造り出した功労者とみなしており、また身体図式という用語が使われたのは一八九三年の Bonnier によってだということをも注記している。

(13) 後の理論家はこのような用語の混同の増殖を正そうと努めた。例えば、Gallagher は論文 "Body Image and Body Schema" で、身体イメージが意識の対象になりえるものであるのに対して、身体図式は意識の手前では働く非意志的構造であると注釈することで、身体イメージと身体図式を区別している。したがって、ヘッドの「体位モデル」は、それが表象やイメージというよりも無意識的な組織化であるという点で、後者のカテゴリーに属するということになるだろう。Head and Rivers, *Studies in Neurology*.

(14) Schilder, *The Image and Appearance*, p. 7.〔シルダー『身体の心理学』〕

(15) 実際、シルダーの影響は身体についての現象学的な著作において重要なものでありつづけている。主体性は一貫した身体の構築を通してのみ可能になると主張したメルロ＝ポンティの『知覚の現象学』では、身体イメージの理論（そして、場合によっては、身体イメージの変わりやすさを示す特定の例）はシルダーから直接受け継がれている。

(16) Silverman, *The Threshold of the Visible World*, p. 13.

(17) ibid.

(18) ibid.

(19) Freud, *On Narcissism*, p. 84, cited in Butler, *Bodies That Matter*, p. 59.〔フロイト「ナルシシズム入門」〕

(20) Anzieu, *The Skin Ego*, p. 4.〔アンジュー『皮膚－自我』〕

(21) Prosser, *Second Skin*, p. 245n55.

(22) Silverman, *The Threshold of the Visible World*, p. 12.

(23) 脱人格化から帰結する身体的一貫性の議論、及び身体からのリビドーの撤退の議論については、ヘレン・ホフマンに関するシルダーの事例研究 "A Case of Loss of Unity in the Body-Image," *The Image and Appearance of Human Body*, p. 158 を参照。

第二章

(1) このような両性の神秘的な合体という幻想、そして綺麗に半分に分けられた身体といったものは、オウィディウスの『変身物語』で描かれた二重の性をもつ生き物以来、両性具有やトランスセクシュアリティといった非規範的なセックスに対する支配的な幻想として理解できるかもしれない。古代の古典作品における二元論を超えてジェンダー化された身体の歴史に関しては、Brisson, *Sexual Ambivalence* を参照。セックスがその身体を二等分する身体的分割のこのような叙述がいかに両性具有の描写に引き継がれているかという点に関しては、Grosz, “Intolerable Ambiguity” を参照。このグロスの記述を、本書第六章で議論する、Grosz の *Volatile Bodies* の最後の頁に提示されているトランスセクシュアリティについての批判的な記述と比較せよ。

(2) 現象学はトランスの研究者によって様々に用いられてきた。Rubin の “Phenomenology as Method in Trans Studies” を参照。彼の最近の著作は、メルロ=ポンティの『知覚の現象学』を用いた、トランス男性についての社会学的記述である。彼は主体の観点の状況性に関する現象学の主張を、語る「私」とその「私」の真理主張とを支え、強化するものとして読解している。Rubin, *Self-Made Man* を参照。

(3) おそらく、イリガライによる批判がメルロ=ポンティに対するもっとも辛辣な批判である。『性的差異のエチカ』におけるメルロ=ポンティの『見えるものと見えないもの』に対する彼女の考察である「肉の見えざるもの」を参照。イリガライによるメルロ=ポンティの読解に関しては、*Ethics of Eros* 所収の Tina Chanter, “Wild Meaning” 及び、*A Politics of Impossible Difference* 所収の Penelope Deutscher, “Sexed discourse and the Language of the Philosophers” を参照。バトラーは「メルロ=ポンティと、マルブランシュにおける「触れること」」で、イリガライの二つの語る唇の比喩がメルロ=ポンティの *deux lèvres* に着想を得たものだと示唆している。バトラーは “Sexual Ideology and Phenomenological Description” で、現象学とフェミニズムの交差に関する異なった読みを提供している。また、Alcoff の “Merleau-Ponty and Feminist Theory on Experience” を参照。メルロ=ポンティの肉の理論に関するより楽観的なフェミニスト的考察に関しては、メルロ=ポンティ的身体性の関係的本性を倫理の約束として読解する、*Corporeal Generosity* における Diprose の読みを参照。

(4) Young の試論 “Throwing Like a Girl” 及び、その続編 “Throwing Like a Girl, Twenty Years Later”、そして “Pregnant Embodiment” は、メルロ=ポンティにおいて暗黙視されている男性的身体の批判と、特定の女性的身体性の実証的な現象学の試みとの例として、いまだに非凡なままである。また、クィア理論に現象学を用いる新たな研究も現れている。Ahmed の *Queer phenomenology* を参照。

（5） この種の批判の例としては、Grosz, *Volatile Bodies* を参照。

（6） Raymond, *The Transsexual Empire* を参照。レイモンドはMTFの性別移行への動機を性的満足だと、とりわけ女に「なる」というサディスティックな性的満足だと解釈し、レイモンドはそのサディスティックな性的満足をレイプと呼んでいる。

（7） Bailey の *The Man Who Would Be Queen* はこの趨勢の例のひとつである。レイモンドの理論とは反対に彼が論じているのは、「トランス男性」（彼はこの用語でMTFトランス女性を意味している）の身体的性別移行は、彼らがなりたい女、したがって取って代わりたい女への性的関心ではなく、女として再想像された自分自身への性的関心の結果によるものであると断言している。女性化自己暗示性愛（autogynophilia）――これはレイ・ブランチャードに起源をもつ用語である――の理論は自分自身への性的関心の理論を異なった科学的分野に置き直している。このトランスセクシュアルの発達に関する胎児の男性ホルモンの理論が示しているのは、トランスは子宮内で誤ったホルモンに曝されることで「作られる」というものである。これは一部のトランス（例えば、Anne Lawrence）に肯定的に受け入れられているものの、大抵のトランスには拒絶されている。それは「ゲイ遺伝子」や「ゲイ脳」研究が一部の同性愛者には肯定的に受け入れられているのと同様である。この「条件」に関する一元論的で、決定的に生物学的な説明が言わんとしているのは、その患者の同性愛やトランスセクシュアリティを理由に道徳上罪のある人と考えることはできないということであり、というのも、それは生物学的な「事実」であり、したがって表面上は不変の「事実」であるからだ、というものである。トランスの生物学的基礎を主張し、トランスは根本的に自分自身に対する性的強迫観念であると断言している最近の言説は、驚くべき正確さをもって、かつてトランスセクシュアリティに関する言説を支配していた性的ナルシシズムの一種として理解された倒錯の概念を再生している。これら二つの誤解の構造的な類似性は注目すべきものだが、トランスジェンダーはこの点で同性愛に取って代わったものだと私は示唆したくはない。というのも、同性愛のナルシスティックな解釈が今日でさえも一部では支配的であるという事実を不明瞭にしてしまう危険があるからである。

（8） LGBTという頭文字はジェンダーというよりもセクシュアリティを示すカテゴリーでもって、トランスジェンダーをインクルージョンするこの混同を例証している（ＬＧＢＴＩの場合には、ときにインターセックスに対して）。Dean Spade が “LGB fake-T” コミュニティと呼んだ関係性に関しては、Stryker, “Transgender Studies” を参照。

（9）サンディ・ストーンは「帝国の逆襲」で、この［セクシュアリティからの］解放に共感を寄せる一方で、その効果に対して疑念を表明してもいる。Meyerowitz の *How Sex Changed* もまた、初期のトランスの自伝の記述を考察し、そこでは性的欲望の主体が注意深く避けられているか、まったく否認されているかいずれかであると述べている。

（10）哲学におけるこの概念と女に対するその個別の含意についての広範な考察に関しては、Weiss, *Body Images* を参照。

（11）拙論 “Is There a Phenomenological Unconsious? Time and Embodied Memory in Merleau-Ponty”（掲載予定）を参照。

（12）Freud, *Three Essays on the Theory of Sexuality*.〔フロイト「性理論三篇」〕

（13）身体における曖昧性＝両義性へのメルロ＝ポンティのコミットメントは、彼に対するアイデンティティ主義的批評をさえ打ち砕くものである。『触覚、』で描かれたメルロ＝ポンティに対するデリダの反目はその批評の例である。

（14）視覚、見ること、それらの知覚的構造に関する、及び、サルトルのまなざし論への異議に関する考察については、Merleau-Ponty, *The Primacy of Perception*〔メルロ＝ポンティ『知覚の本性』〕を参照。

（15）トランス・ムーヴメントにおけるブランドン・ティーナの偶像的なあり方についての考察に関しては、Halberstam の *In a Queer Time and Place* を参照。また、BRANDON（1998-1999）も参照。これはグッゲンハイム美術館から依頼された Shu Lea Cheang, Jordy Jones, Susan Stryker, Pat Cadigan によるマルチメディアの協同プロジェクトであり、http://brandon.guggenheim.org でアクセスできる。「ブランドン・ティーナの適切な名前をめぐるトラウマ的出来事」(p. 72) に関するきわめて繊細な読解に関しては、Carla Freccero, *Queer/Early/Modern* における “Queer Spectrality” の章を参照。

（16）Laquer は *Making Sex* で、たとえ身体を歴史的に偶発的な構築として考えるときでさえ、「肉はその単純さにおいてつねにはっきりと現れるような」(p. 14) 仕方を記述している。

第三章

（1）これはもちろん、過度の一般化である。他の場所で別の仕方で現れているクィア・コミュニティの形成については、Halberstam, *In a Queer Time and Place* を参照。
（2）これは、k・d・ラングの髭を剃る、とても女性らしい出で立ちのシンディ・クロフォードの有名な写真の引用とその転倒としても読むことができる。
（3）Feinberg, *Trans Liberation*, p. 114.
（4）Ibid., p. 10.
（5）Green, "The Art and Nature of Gender," p. 59.
（6）Prosser, Second Skins, p. 7. 社会構築と精神分析内部のトランスジェンダリズムの議論へのプロッサーの重要な介入に関する詳細な考察に関しては本書第一章を参照。
（7）Cromwell, *Transmen and FTMs*, p. 25.
（8）Ibid., p. 42. イデオロギーと社会構築に抵抗し、反抗することができるものとしての現象学的身体という捉え方、及び、トランスの身体性への現象学的アプローチとフーコー的アプローチの比較的考察に関して、Rubin, *Self-Mede Men* を参照。
（9）Green, "The Art and Nature of Gender," p. 62.
（10）Cromwell, *Transmen and FTMs*, p. 43.
（11）二〇〇〇年四月二七日にカリフォルニア大学バークレー校で行われたケイト・ボーンスタインの講演より。
（12）Green, "The Art and Nature of Gender," p. 60.
（13）Namaste, *Invisible Lives*, p. 9.
（14）Cromwell, *Transmen and FTMs*, p. 43.
（15）Husserl, *The Crisis of Europaen Science*, p. 160.〔フッサール『ヨーロッパ諸学の危機と超越論的現象学』〕
（16）フーコーは、規制と管理の様々な様態を通して生産されたものとして身体を捉えている。処罰はそのひとつであり、セクシュアリティもそのひとつである。Foucault, *Discipline and Punish*, p. 155〔フーコー『監獄の誕生』〕と *The Use of Pleasure*〔フーコー『性の歴史I　快楽の活用』〕を参照。
（17）*Discipline and Punish*, p. 215.〔フーコー『監獄の誕生』〕
（18）ジェンダーの侵犯と公衆トイレについてより知りたければ、Munt, "Offices in Space" と *Toillet Training: Law and Order in the Bathroom*（2003）、及び Tara Mateik と Sylvia Rivera Law Project の映像作品を参照。

(19) Cromwell, *Transmen and FTMs*, p. 42.
(20) Butler, *Bodies That Matter*, p. x.
(21) Green, "The Art and Nature of Gender," p. 60.
(22) *As Nature Made Him* における John Colapinto の John/Joan 事例の考察は、トランスセクシュアリティの批判ではないものの、この趨勢のきわめて保守的な例である。「自然」が John を男の子にしたのであり、社会構築主義者は彼を女の子にしようとしたと Colapinto は述べている。社会構築主義者の失敗が示しているのは性的差異の本性の証明である、と Colapinto は述べている。
(23) Hausman, *Changing Sex*, pp. 26, 3.
(24) Millot, *Horsexe*, p. 141.
(25) これらの交渉の自伝的な記述に関しては、Devor, *FTM* を参照。
(26) Hausman, *Changing Sex*, p. xi.
(27) Elliot and Roen, "Transgenderism and the Question of Embodiment."
(28) Husserl, *The Idea of Phenomenology*, p. 5.〔フッサール『現象学の概念』〕
(29) Husserl, *Ideas I*, p. 112.〔フッサール『イデーンI』〕
(30) Natanson, *Edmund Husserl*, p. 58.
(31) Husserl, *Ideas I*, p. 17.〔フッサール『イデーンI』〕
(32) Ibid., p. 110.
(33) Natanson, *Edmund Husserl*, p. 26.
(34) Ibid., p. 71.
(35) Merleau-Ponty, *Phenomenology of Perception*, p. 74.〔メルロ＝ポンティ『知覚の現象学』〕
(36) Husserl, *Ideas I*, p. 150.〔フッサール『イデーンI』〕
(37) Butler, *Gender Trouble*, p. 123.〔バトラー『ジェンダー・トラブル』〕

第四章

(1) *The Transgender Studies Reader*, edited by Stryker and Whittle はこの点で重要な画期的著作である。
(2) Brown, "The Impossibility of Women's Studies," p. 21.
(3) これらのモデルは一元論的なものではなく、女性学を組織する他の諸々の方法が存在するだろう。このことは、"Gender and Women's Studies" や "Women, Gender and Sexuality Studies" とさえ称する学科やプログラムの最近の普及に認められる。

(4) Wilchins, *Read My Lips*, p. 25.
(5) Stryker, "Transgender Studies."
(6) Prosser, *Second Skins* 及び Namaste, *Invisible Lives* を参照。
(7) Stone, "The Empire Strikes Back."〔ストーン「帝国の逆襲」〕
(8) Riley, *Am I That Name?*.
(9) Spade, "Remarks at Transecting the Academy Conference."
(10) Marech, "Nuances of Gay Identities" 及び Hampton, "Transsexual Ousted from Shelter Shower."
(11) Vitello, "The Trouble When Jane Becomes Jack."
(12) そのミシガン・ミュージック・フェスティヴァルの方針に抗議したオルタナティヴな年一回の集まり Camp Trans については、Tea, "Transmissions from Camp Trans" を参照。
(13) Valentine, "The Calculus of Pain" を参照。そこで彼は、トランスを暴力や死の同義語とみなすことなしにトランスジェンダーに対する暴力が議論され、表象されるのはいかにして可能かを考察している。
(14) 二〇〇〇年四月二七日、カリフォルニア大学バークレー校で行われたケイト・ボーンスタインの講演、及び、Bornstein, "Her Son/Daughter" を参照。
(15) 別のトランスコミュニティの起源については、Susan stryker のドキュメンタリー映像 *Screaming Queens: The riot at Compton's Cafeteria* (2005), dir. Victor Silverman and Susan Stryker を参照。この作品は、ストーンウォール暴動に三年間先行するほとんど知られていない出来事を詳しく語っている。
(16) クィア・コミュニティ内外での「境界戦争 (border wars)」——とりわけ、ブランドン・ティーナの死によって引き起こされた——に関する議論については、Halberstam and Hale, "Butch/FTM Border Wars" を参照。
(17) Halberstam, "Female Masculinity."
(18) Hausman, "Recent Trangender Theory," pp. 476-77.
(19) Dobkin, "The Emperor's New Gender."
(20) Butler, *Undoing Gender*, p. 65.
(21) この立場のひとつの例、そして男性性への欲望についてのレズビアンの両義性の巧みな説明に関しては、Findlay, "Losing Sue" を参照。
(22) Hansbury, "The Middle Men."
(23) Althsser, "Ideology and Ideological State Apparatuses."〔アルチュセール「イデオロギーと国家のイデオロギー諸装置」〕
(24) Butler, *Gender Trouble*, p. 22.〔バトラー『ジェンダー・トラブル』〕

第五章

（1） Irigaray, "Place, Interval." 〔イリガライ「場、間隔」〕

（2） Ibid., p. 35.

（3） Chanter はこのようなイリガライの主張を次のように性的差異の概念に関するフェミニストの論争を指摘する形で再定式化することで、彼女の本 *Ethics of Eros* を始めている。「最近のフェミニズムのニーズを満たすもっとも力強い分析カテゴリーはジェンダーのそれである」（p. 1）。

（4） Aristotle, *Physics IV*, p. 208a, l. 30. 〔アリストテレス『自然学』〕

（5） Irigaray, "Place, Interval." pp, 36-37. 〔イリガライ「場、間隔」〕

（6） イリガライにおける身体的限界性、非限界性、身体測定については、Grosz, *Volatile Bodies* を参照。

（7） Deutscher, *A Politics of Impossible Difference*. これは性的差異の不確かな時間性に対する彼女の強調にとりわけ顕著である。「性的差異は来るべきものである他ありえないだろう。差異は二つのアイデンティティ、男性的なものと女性的なもののあいだに横たわっているのではない。それは性的差異であるべきではないのだ」（p. 121）。

第六章

（1） Grosz, "Experimental Desire," (I).

（2） Grosz, *Volatile Bodies*, p. 41.

（3） Grosz は *Volatile Bodies* の第七章 "Intensities and Flows" で「ドゥルーズ的フェミニズム」を素描しており、それは二元論への批判を可能にし、「あれかこれか」という枠組みに対して「あれもこれも」という枠組みで対抗するものだとしている。しかしながら、それにつづく章 "Sexed Bodies" では彼女は性的二元論にコミットメントしており、そこではその二元論は異議を申し立てられているのではなく、むしろ強化されてしまっている。彼女は「主体と社会秩序、自然的世界さえも」（p. 181） 再考する方法として「あれもこれも」というパラダイムを提示していたにもかかわらず、性的差異そのものを考えるためにはこの可能性を拡張してはいないのである。

（4） Irigaray, "Women on the Market," in *This Sex Which*

Is Not One, p. 180.〔イリガライ『ひとつではない女の性』〕

（5）しかしながら、イリガライは他のテクストでは本質主義であるとの批判にさらされている。本質主義論争におけるイリガライの立場の変遷に関しては、Naomi Schor, "This Essentialism Which Is Not One: Coming to Grips with Irigaray" を参照。

（6）Irigaray, *Marine Lover*, p. 113.

（7）Irigaray, *Je, Tu, Nous*, pp. 116-117.〔イリガライ『差異の文化のために』〕

（8）Irigaray, « Commodities Among Themselves, » in *This Sex Which Is Not One*, p. 194.〔イリガライ『ひとつではない女の性』〕

（9）Ibid., p. 193.

（10）Ibid., p. 196, 197.

（11）Irigaray, « When Our Lips Speak Together, » in *This Sex Which Is Not One*, p. 205.

（12）Ibid., pp. 211-12.

（13）イリガライの「この数世紀、私たちは母‐息子関係のなかで生きてきた」は、Grosz, *Sexual Subversions*, p. 178 からの引用。

（14）Martin, *Femininity Played Straight*, p. 78.

（15）Ibid., p. 90.

（16）Ibid., p. 82〔強調引用者〕.

（17）二〇〇二年二月二三日にカリフォルニア大学サンタクルーズ校で行われた "Transfeminisms" カンファレンスでの発表 Judith Halberstam, "Why We need a Transfeminism" におけるハルバースタムの発言。

第七章

（1）なにも私は、ラカンに立ち返ることで、記述や解釈の管理権を精神分析に譲渡したいわけではないし、トランスジェンダーを説明するのに役立つなんらかのコードやキーをラカンが私たちに与えてくれているとも思わない。むしろ、私が望んで示したいのは、トランスの人々の経験こそがラカンのテクストをおそらくはより説明可能にし、翻って、これらの例における文字《レター》が何であるか、その権力がどこから生じているのかを私たちが捉えるのにラカンのテクストが役立つということである。

（2）Lacan, "The Agency of the Letter in the Unconsious" in *Ecris*, p. 147.〔ラカン『エクリ II』〕

（3）Stone, "The Empire Strikes Back," p. 295.〔ストーン「帝国の逆襲」〕性転換を扱うイギリスのシステムとアメリカのそれとをあまりにも同列視することには注意が必要である。イギリスにおけるトランスの法律に関する最近の記述に関しては、Stephen Whittle を参照。Stephen Whittle はイギリスにおけるジェンダー承認運動とイングランドにおけるトランスの人の法的地位について広範囲に考察した法学者である。

（4） トランスの人の性別証明の背後にある法的論法、及びその法案が取り上げられていた委員会に影響を与えた談判については、Moore, "We Won't Know Who You Are" を参照。

（5） Spade, "Compliance Is Gendered" を参照。

参考文献

Ahmed, Sara. "Orientations: Toward a Queer Phenomenology." *GLQ: A Journal of Lesbian and Gay Studies* 12, no. 4 (2006): 543-574.

―― *Queer Phenomenology: Orientations, Objects, Others*. Durham: Duke University Press, 2006.

Alcoff, Linda Martin. "Merleau-Ponty and Feminist Theory on Experience." In Fred Evans and Leonard Lawlor, eds., *Chiasms: Merleau-ponty's Notion of "Flesh,"* pp.251-72. Albany: State University of New York Press, 2000.

Allen, Jeffner, and Iris Marion Young. *The Thinking Muse: Feminism and Modern French Philosophy*. Bloomington: Indiana University of New York Press, 2000.

Althusser, Louis. *Lenin and Philosophy and Other Essays*. Trans. Ben Brewster. "Ideology and Ideological State Apparatuses," pp.127-136. New York: Monthly Review Press, 1972.〔ルイ・アルチュセール「イデオロギーと国家のイデオロギー諸装置」『再生産について　下』西川長夫・伊吹浩一・大中一彌・今野晃・山家歩訳、平凡社ライブラリー、二〇一〇年、一六五－二五〇頁〕

Anderson, Benedict R. *Imagined Communities: Reflections on the Origin and Spread of Nationalism*. Rev. ed. New York: Verso, 1991.〔ベネディクト・アンダーソン『定本　想像の共同体――ナショナリズムの起源と流行』白石隆・白石さや訳、書籍工房早山、二〇〇七年〕

Anzieu, Didier. *The Skin Ego*. Trans. Chris Turner. New Haven: Yale University Press, 1989.〔ディディエ・アンジュー『皮膚－自我』福田素子訳、言叢社、一九九六年〕

Aristotle. *Physics*. Trans. R. P. Hardie and R. K. Gaye. Books 1-4. Oxford: Oxford University Press, 1930.〔アリストテレス『アリストテレス全集４　自然学』内山勝利訳、岩波書店、二〇一七年〕

Bailey, J. Michael. *The Man Who Would Be Queen: The Science of Gender–Bending and Transsexualism*. Washington, DC: Joseph Henry Press, 2003.

Bendr, Lauretta, Keiser, Sylan and Schilder, Paul.

Studies in Aggressiveness, from Bellevune Hospital, Psychiatric Division, and the Medical College of New York University, Department of Psychiatry. Genetic Psycholohy Monographs 5.18, nos. 5-6. Worcester, MA: Clark University, 1936.

Bergson, Henri. *Matter and Memory*. New York: Zone, 1991.〔アンリ・ベルクソン『物質と記憶』杉山直樹訳、講談社学術文庫、二〇一九年〕

Bermúdez, José Luis, A. J. Marcel and Naomi Eilan. T*he body and the Self*. Cambridge: MIT Press, 1995.

Bernstein, Fred. "On Campus, Rethinking Biology 101." *New York Times*, March 7, 2004.〔ケイト・ボーンスタイン『隠されたジェンダー』筒井真樹子訳、新水社、二〇〇七年〕

Bindel, Julie. "Gender Benders, Beware." *Guardian Review*. January 31, 2004.

Bornstein, Kate. *Gender Outlaw: On Men, Women, and the Rest of Us*. New York: Routledge, 1994.

—— "Her Son/Daughter," *New York Times Magazine*, January 19, 1998, p.70.

Braidotti, Rosi. *Nomadic Subjects: Embodiment and Sexual Difference in Contemporary Feminist Theory*. New York: Columbia University Press, 1994.

Brisson, Luc. *Sexual Ambivalence: Androgyny and Hermaphroditism in Graeco-Roman Antiquity*. Berkeley: University of California Press, 2002.

Brown, Patricia Leigh. "A Quest for a Restroom That's Neither Men's Room Nor Women's Room." *New York Times*, March 4, 2005.

Brown, Wendy. "The Impossibility of Women、s Studies." In *Edgework: Critical Essays on Knowledge and Politics*, pp. 116-135. Princeton: Princeton University Press, 2005.

Butler, Judith. *Bodies That Matter: On the Discursive Limits of "Sex."* New York: Routledge, 1993.〔以文社より刊行予定〕

—— *Excitble Speech: A Politics of the Performative*. New York: Routledge, 1997.〔ジュディス・バトラー『触発する言葉——言語・権力・行為体』竹村和子訳、岩波人文書セレクション、二〇一五年〕

—— *Gender Trouble: Feminism and the Subversion of Identity, Thinking Gender*. New York: Routledge, 1990.〔ジュディス・バトラー『ジェンダー・トラブル——フェミニズムとアイデンティティの攪乱』竹村和子訳、青土社、一九九九年〕

—— "How Can I Deny That These Hands and This Body

Are Mine?" *Qui Pale* 11 no.1(1997): 1-20.
—— "Merleau-Ponty and the Touch of Malebranche." In Taylor Carman and Mark B. N. Hansen, eds., *The Cambridge Companion to Merleau-Ponty*, pp. 181-205. Cambridge: Cambridge University Press, 2005.〔ジュディス・バトラー「メルロ＝ポンティと、マルブランシュにおける「触れること」」合田正人訳、『現代思想』3月臨時増刊号（vol.47-3）、青土社、二〇一九年、四七－七二頁〕
—— "Sexual Ideology and Phenomenological Description: A Feminist Critique of Merleau-Ponty's Phenomenology of Perception." In Jeffner Allen and Iris Marion Young, eds., T*he Thinking Muse: Feminism and Modern French Philosophy,* pp.85-100. Bloomington: Indiana University Press, 1989.
—— *The Psychic Life of Power: Theories in Subjection*. Stanford: Stanford University Press, 1997.〔ジュディス・バトラー『権力の心的な生——主体化＝服従化に関する諸理論』佐藤嘉幸・清水知子訳、月曜社、二〇一二年〕
—— *Undoing Gender*. New York: Routledge, 2004.
Califia, Pat. *Sex Changes: The Politics of Transgenderism*. San Francisco: Cleis, 1997.〔パトリック・カリフィア他『セックス・チェンジズ——トランスジェンダーの政治学』竹村和子監訳、作品社、二〇〇五年〕
Cameron, Loren. *Body Alchemy: Transsexual Portraits*. San Francisco: Cleis, 1996.
Chante, Tina. *Ethics of Eros: Irigaray's Rewriting of the Philosophers*. New York: Routledge, 1995.
Chiland, Colette. *Transsexualism: Illusion and Reality*. Middletown, CT: Wesleyan University Press, 2003.
Colapinto, John. *As Nature Made Him: The Boy Who Was Raised as a Girl*. New York: HerperCollins, 2000.
Cromwell, Jason. *Transmen and FTMs: Identities, Bodies, Genders, and Sexualities*. Champaign: University of Illinois Press, 1999.
Currah, Paisley, and Lisa Jean Moore. "We Won't Know Who You Are' : Contesting Sex Designations in New York City Birth Certificates." *Hypatia: A Journal of Feminist Philosophy* 24, no. 3 (2009): 113-35.
Damasio, Antonio R. *Descatrtes' Error: Emotion, Reason, and the Human Brain*. New York: Avon, 1995.〔アントニオ・ダマシオ『デカルトの誤り——情動、理性、人間の脳』田中三彦訳、ちくま学芸文庫、二〇一〇年〕
—— *The Feeling of What Happens: Body and Emotion in the Making of Consciousness*. New York: Harcourt Brace,

1999.〔アントニオ・ダマシオ『意識と自己』田中三彦訳、講談社学術文庫、二〇一八年〕

Davis, Lennard J. "Gaining a Daughter: A Father's Transgendered Tale." *Chronicle of Higher Education*, March 24, 2000.

Denny, Dallas, ed. *Current Concepts in Transgender Identity*. New York: Garland, 1988.

Derrida, Jacques. *On Touching — Jean-luc Nancy. Trans. Christine Irazarry*. Palo Alto: Stanford University Press, 2005.〔ジャック・デリダ『触覚、——ジャン＝リュック・ナンシーに触れる』松葉祥一・加國尚志・榊原達哉訳、月曜社、二〇〇六年〕

Deutscher, Penelope. *A Politics of Impossible Difference: The Later Work of Luce Irigaray*. Ithaca; Cornel University Press, 2002.

—— *Yielding Gender: Feminism, Deconstruction and the History of Philosophy*. New York: Routledge, 1997.

Devor, Holly. *FTM: Female-to-Male Transsexuals in Society*. Bloomington: Indiana University Press, 1997.

Dipose, Rosalyn. *Corporeal Generosity: On Giving with Nietzsche, Merleau-Ponty, and Levinas*. Albany: State University of New York Press, 2002.

Dobkin, Alix. "The Emperor's New Gender." *off our backs* 30, no.4 (2000): 14.

Dreger, Alice Domurat. *Hermaphrodites and the Medical Invention of Sex*. Cambridge: Hervard University Press, 1998.

Elliot, Patricia, and Kartina Roen, "Transgenderism and the Question of Embodiment: Promising Queer Politics?" *GLQ: A Journal of Lesbian and Gay Studies* 4, no. 2 (1998): 231-261.

Epstein, Julia, and Kristina Straub. *Body Guards: The Cultural Politics of Gender Ambiguity*. New York: Routledge, 1991.

Evans, Fred, and Lawlor, Leonard, eds. *Chiasms: Merleau-Ponty's Notion of Flesh*. Albany: State University of New York: Grove, 1967.

Fanon, Franz. *Black Skin, White Masks*. New York: Grove, 1967.〔フランツ・ファノン『黒い皮膚／白い仮面』海老坂武・加藤晴久訳、みすずライブラリー、一九九八年〕

Fausto-Sterling, Anne. *Myths of Gender: Biological Theories About Women and Men*. New York: Basic Books, 1985.

—— *Sexing the Body: Gende Politics and the Construciton of Sexuality*. New York: Basic Books, 2000.

Feinferg, Leslie. *Stone Butch Blues*. Ithaca: Firebrand, 1993.

—— *Transgender Warriors: Making History from Joan of Arc to Dennis Rodman*. Boston: Beacon, 1996.

—— *Trans Liberation: Beyond Pink or Blue*. Boston: Beacon, 1998.

Findlay, Heather. "Losing Sue." In sally Munt, ed., *Butch/Femme: Inside Lesbian Gender*, pp.133-145. London: Cassell, 1998.

Foucault, Michel. *Discipline and Punnish: The Birth of the Prison*. Trans. Alan Sheridan. 2d ed. New York: Vintage, 1995.〔ミシェル・フーコー『監獄の誕生——監視と処罰』田村俶訳、新潮社、一九七七年〕

—— *Madness and Civilization: A History of Insanity in the Age of Reason*. New York: Vintage, 1988. ミシェル・フーコー『狂気の歴史——古典主義時代における』田村俶訳、新潮社、一九七五年〕

—— *The History of Sexuality, vol. 1: An Introduction*. Trans Robert Hurley. New York: Vintage, 1980.〔ミシェル・フーコー『性の歴史1　知への意志』渡辺守章訳、新潮社、一九八六年〕

—— *The History of Sexuality, vol. 2: The Use of Pleasure*. Trans Robert Hurley. New York: Vintage, 1990.〔ミシェル・フーコー『性の歴史2　快楽の活用』田村俶訳、新潮社、一九八六年〕

Freud, Sigmund. "Some Psychical Consequences of the Anatomical Distinction Between the Sexes." In T*he Standard Edition of th Complete Psychological Works*, 19:248-258. London: Hogarth, 1953. ジークムント・フロイト「解剖学的な性差の心的な帰結」『エロス論集』中山元訳、ちくま学芸文庫、一九九七年、三〇九-三二七頁〕

—— *The Ego and the Id*. Trans. James Strachey. In T*he Standard Edition of th Complete Psychological Works*, 19:1-66. London: Hogarth, 1961.〔ジークムント・フロイト「自我とエス」『自我論集』竹田青嗣編、中山元訳、ちくま学芸文庫、一九九六年、二〇一-二七二頁〕

—— *Three Essays on the Theory of Sexuality*. Trans. James Strachey. New York: Basic Books, 1963.〔ジークムント・フロイト「性理論三篇」『エロス論集』中山元訳、ちくま学芸文庫、一九九七年、一五-二〇〇頁〕

Freytag, Fredericka. *The Body Image in Gender Orientation Disturbances*. New York: Vantage, 1977.

Gallagher, Catherine, and Thomas Walter Laqueur. *The Making pf the Modern Body: Sexuality and Society in the Nineteenth Century*. Berkeley: University of California

Press, 1987.

Gallagher, Shaun. "Body Image and Body Shema: A Conceptual Clarification." In Donn Welton, ed., *Body and Flesh: A Philosophical Reader*. Malden, MA: Blackwell, 1998.

Gatens, Moira. *Imaginary Bodies: Ethics, Power and Corporeality*. New York: Routledge, 1996.

Green, Jamison. "The Art and Nature of Gender." In Felicity Haynes and Tarquam McKenna, eds., *Unseen Genders: Beyond the Binaries*, pp.59-70. New York: Peter Lang, 2001.

Grosz, Elizabeth. "Experimental Desire: Rethinking Queer Subjectivity." In Joan Copejec, ed., *Supposing the Subject*, pp. 133-157. London: Verso, 1994.

—— "Freaks." *Social Semiotics*, 1, no. 2 (1991): 22-38.

—— "Intolerable Ambiguity: Freaks as/at the Limit." In *Rosemarie Garland Thompson, ed., Freakery: Cultural Spectacles of the Extraordinary Body*, pp. 55-68. New York: Ney York University Press, 1996.

—— *Jacques Lacan: A Feminist Introduction*. New York: Routledge, 1990.

—— *Sexual Subversions: Three French Feminists*. Sydoney: Allen and Unwin, 1989.

—— *Space, Time, and Perversion: Essays on the Politics of Bodies*. New York: Routledge, 1995.

—— *Volatile Bodies: Toward a Corporeal Feminism, Theories of Representation and Difference*. Bloomington: Indiana Univesity Press, 1994.

Halberstam, Judith. *Female Masculinity*. Durham: Duke University Press, 1998.

—— *In a Queer Time and Place*. New York: New York University Press, 2005.

—— "Transgender Butch: Butch/FTM Border Wars and the Masculine Continuum." *GLQ: A Journal of Lesbian and Gay Studies* 4, no. 2 (1998).

Halberstam, Judith, and C. Jacob Hale. "Butch/FTM Border Wars: A Note on Collaboration." *GLQ: A Journal of Lesbian and Gay Studies* 4, no. 2 (1998): 283-285.

Hampton, Adriel. "Transsexual Ousted from Shelter Shower for Sexual Orientation." *San Francisco Independent*, February 10, 2004.

Hansbury, Griffin. "The Middle Men: An Introduction to the Transmasculine Identities." *Studies in Gender and Sexuality* 6, no. 3 (2005): 242-264.

Haskell, Molly. "Midnight in the Garden of Male

and Female: Edoward Ball untangles a Charleston Mystery: who, and whtat, was the Southern belle Dawn Langley Hall?" *New York Times Book Review*, April 4, 2004, p.10.

Hausman, Bernice Louise. *Changing Sex: Transsexualism, Technology, and the Idea of Gender*. Durham: Duke University Press, 1995.

—— "Recent Transgender Theory." *Feminist Studies* 27, no. 2 (2001): 465-490.

Head, Henry. *Aphasia and Kindred Disorders of Speecha*. New York: Hafner, 1963.

Head Henry, and W. H. R. Rivers. *Studies in Neurology*. London: Frowde Hodder and Stoughton, 1920.

Husserl, Edmund. *Ideas* 1. The Hague: Nijhoff, 1964.〔E・フッサール『イデーンI——純粋現象学と現象学的哲学のための諸構想』（1）（2）、渡辺二郎訳、みすず書房、一九七九—八四年〕

—— *The Crisis of European Science and Transcendental Phenomenology: An Introduction to Phenomenological Philosophy*. Trans. David Carr. Evanston, IL: Northwestern University Press, 1970.〔E・フッサール『ヨーロッパ諸学の危機と超越論的現象学』細谷恒夫・木田元訳、中公文庫、一九九五年〕

—— *The Idea of Phenomenology*. Dordrecht: Kluwer Academic, 1964.〔E・フッサール『現象学の理念』長谷川宏訳、作品社、一九九七年〕

Irigaray, Luce. *An Ethics of Sexual Difference*. Trans. Carolyn Burke and Gillian C. Gill. Ithaca: Cornell University Press, 1984.〔リュス・イリガライ『性的差異のエチカ』浜名優美訳、産業図書、一九八六年〕

—— "For Centuries We've Been Living in the Mother-Son Relation..." *Hecate* 9, nos. 1-2 (1983).

—— *Je, Tu, Nous: Toward a Culture of Difference*. Trans. Alison Martin. New York: Routledge, 1993.〔リュス・イリガライ『差異の文化のために——わたし、あなた、わたしたち』浜名優美訳、法政大学出版局、一九九三年〕

—— "Place, Interval: A Reading of Aristotle, Physics IV." In *An Ethics of Sexual Difference*, pp. 34-55. Trans. Carolyn Burke and Gillian C. Gill. Ithaca: Cornell University Press, 1984.〔リュス・イリガライ「場、間隔——アリストテレス講読『自然学』第四巻、第二、三、四、五章」『性的差異のエチカ』浜名優美訳、産業図書、四七－七九頁〕

—— *Sexes and Genealogies*. Trans Gillian C. Gill. New York: Columbia University Press, 1993.

—— *Speculum of the Other Woman*. Trans. Gillian C. Gill. Ithaca: Cornell University Press, 1985.

—— *This Sex Which Is Not One*. Trans. Catherine Porter. Ithaca: Cornell University Press, 1985.〔リュス・イリガライ『ひとつではない女の性』棚沢直子、小野ゆり子、中嶋公子訳、勁草書房、一九八七年〕

Kessler, Suzanne J. *Lessons from the Intersexed*. New Brunswick, NJ: Rutgers University Press, 1998.

Kirby, Vicki. *Telling Flesh: The Substance of the Corporeal*. New York: Routledge, 1997.

Lacan, Jacques. *Ecrits*. New York: Norton, 1981.〔ジャック・ラカン『エクリ Ⅰ・Ⅱ・Ⅲ』宮本忠雄・竹内迪也・高橋徹・佐々木孝次・三好暁光・早水洋太郎・海老原英彦・芦原眷一訳、弘文堂、一九七二―八一年〕

—— *Four Fundamental Concepts of Psychoanalysis*. New York: Norton, 1977.〔ジャック・ラカン『精神分析の四基本概念』ジャック＝アラン・ミレール編、小出浩之・鈴木国文・新宮一成・小川豊昭訳、岩波書店、二〇〇〇年〕

Laplanche, Jean. *Life and Death in Psychoanalysis*. Trans. Jeffrey Mehlman. Baltimore: Johns Hopkins University Press, 1976.〔ジャン・ラプランシュ『精神分析における生と死』十川幸司・堀川聡司・佐藤朋子訳、金剛出版、二〇一八年〕

Laqueur, Thomas Walter. *Making Sex: Body and Gender from the Greeks to Freud*. Cambridge: Harvard University Press, 1990.

Leder, Drew. *The Absent Body*. Chicago: University of Chicago Press, 1990.

Levy, Ariel. "Where the Bois Are." *New York Magazine*, January 5, 2004.

Lindemann, Gesa. "The Body of Gender Difference." *European Journal of Womens Studies* 3, no. 4 (1996): 341-361.

McCloskey, Deirdre N. *Crossing: A Memoir*. Chicago: Univercity of Chicago Press, 1999.

MacKenzie, Gordene Olga. *Transgender Nation*. Bowling Green: Bowling Green State University Popular Press, 1994.

McLean, Sandra. "It's a Boi Thing." *Courier-Mail*. June 7, 2003.

Mantilla, Karla. "Men in Ewes' Clothing: The Stealth Politics of the Trans-gender Movement." *off our backs* 30, no.4 (April 2000): 5.

Marech, Rona. "Nuances of Gay Identities Reflected in New Language: 'Homosexual' Is Passé in a 'Boi's'

Life." *San Francisco Chronicle*, February 8, 2004.

—— "Throw Out Your Pronouns — 'He' and 'She' Are Meaningless Terms in the Bay Area's Flourishing Transgender Performance Scene." *San Francisco Chronicle*, December 29, 2003, D1.

Martin, Biddy. *Femininity Played Straight: The Significance of Being Lesbian*. New York: Routledge, 1996.

Merleau-Ponty, Maurice. *In Praise of Philosophy*. Trans. John Wild and James M. Edie. Evanston, IL: Northwestern University Press, 1963.〔M・メルロ＝ポンティ『眼と精神』滝浦静雄、木田元訳、みすず書房、一九六六年〕

—— *Phenomenology of Perception*. Trans. Colin Smith. London: Routledge, 1962.〔M・メルロ＝ポンティ『知覚の現象学』中島盛夫訳、法政大学出版局、一九八二年〕

—— *Signs*. Evanston, IL: Northwestern University Press, 1964.〔M・メルロー＝ポンティ『シーニュ』（1）（2）、竹内芳郎監訳、みすず書房、一九六九—七〇年〕

—— *The Primacy of Perception: And Other Essays on Phenomenological Psychology, the Philosophy of Art, History and Politics*. Trans. Arleen B. Dahery et al. Evanston, IL: Northwestern University Press, 1964.〔M・メルロ＝ポンティ『メルローポンティは語る——知覚の優位性とその哲学的帰結』菊川忠夫訳、御茶の水書房、一九八一年〕

—— *The World of Perception*. Trans Oliver Davis. New York: Routledge, 2004.

Merleau-Ponty, Maurice, and Claude Lefort. *The Visible and the Invisible: Followed by Working Notes*. Trans Alphonso Lingis. Evanston: Northwestern University Press, 1968.〔M・メルロ＝ポンティ『見えるものと見えないもの　付・研究ノート』滝浦静雄、木田元訳、みすず書房、二〇一七年〕

Meyerowitz, Joanne. *How Sex Changed: A History of Transsexuality in the United States*. Cambridge: Harvard University Press, 2002.

Millot, Catherine. *Horsexe: Essay on Transsexuality*. Brooklyn, NY: Autonomedia, 1990.

Mitchell, Juliet. *Psychoanalysis and Feminism*. New York: Vintage, 1974.

Mitchell, S. Weir. *Injuries of Nerves and Their Consequences*. Philadelphia: Lippincott, 1872.

More, K., and S. Whittle. *Reclaiming Genders: Transsexual Grammars at the Fin De Siecle*. Washington,

DC: Cassell, 1999.

Morris, Jan. *Conundrum*. New York: Harcourt Brace Jovanovich, 1974.〔ジャン・モリス『苦悩——ある性転換者の告白』竹内泰之訳、立風書房、一九七六年〕

Munt, Sally. "Orifices in Space." In Sally Munt and Cherry Smith, eds., *Butch/Femme: Inside Lesbian Gender*, pp. 200-209. Washington, DC: Cassell, 1998.

Namaste, Viviane K. *Invisible Lives: The Erasure of Transsexual and Transgendered People*. Chicago: University of Chicago Press, 2000.

Nataf, Zachary I. *Lesbians Talk Transgender*. London: Scarlet, 1996.

Natanson, Maurice. *Edmund Husserl: Philosopher of Infinite Tasks*. Evanston, IL: Northwestern University Press, 1973.

Nestle, Joan, ed. *The Persistent Desire: A Femme-Butch Reader*. Boston: Alyson, 1992.

Nestle, Joan, Clare Howell, and Riki Wilchins, eds. *Genderqueer: Voices from Beyond the Sexual Binary*. Los Angeles: Alyson, 2002.

Ovid and A. D. Melville. *Metamorphoses*. Trans A. D. Melville. New York: Oxford University Press, 1998.

Price, Douglas B., and Neil J. Twombly, eds. *The Phantom Limb Phenomenon: A Medical, Folkloric, and Historical Study: Texts and Translations of Tenth- to Twentieth-Century Miracle Accounts of the Miraculous Restoration of Lost Body Parts*. Washington, DC: Georgetown University Press, 1978.

Prosser, Jay. Second *Skins: The Body Narratives of Transsexuality*. New York: Columbia University Press, 1998.

Rayfield, Tom. *Dear Sir or Madam*. London: JWT Direct, 1994.

Raymond, Janice G. *The Transsexual Empire: The Making of the She-Male*. New York: Teachers College Press, 1994.

Riley, Denise. *Am I That Name? Feminism and the Category of "Women" in History*. Minneapolis: University of Minnesota Press, 1988.

Rubin, Gayle. "Of Catamites and Kings: Reflections on Butch, Gender, and Boundaries." In Joan Nestle, ed., *The Persistent Desire: A Femme-Butch Reader*, pp.468-482. Boston: Alyson, 1992.

Rubin, Henry. "Phenomenology as Method in Trans Studies." *GLQ: A Journal of Lesbian and Gay Studies* 4, no. 2 (1998): 263-281.

—— *Self-Made Men: Identity and Embodiment Among Transsexual Men*. Nashville: Vanderbilt University Press, 2003.

Schilder, Paul. *Introduction to a Psychoanalytic Psychiatry*. Trans. Bernard *Glueck*. New York: International Universities Press, 1976.

—— *On Psychoses*. New York: Internati0nal Universities Press, 1951.

—— *The image and Appearance of the Human Body: Studies in the Constructive Energies of the Psyche*. New York: International Universities Press, 1950.〔P・シルダー『身体の心理学——身体のイメージとその現象』稲永和豊監修、秋本辰雄・秋山俊夫編訳、星和書店、一九八七年〕

Schor, Naomi, and Elizabeth Weed. *The Essential Difference*. Bloomington: Indiana University Press, 1994.

Shepherdson, Charles. "The Role of Gender and the Imperative of Sex." In Joan Copjec, ed., *Supposing the Subject*, pp. 158-182. London: Verso, 1994.

—— *Vital Signs: Nature, Culture, Psychoanalysis*. New York: Routledge, 2000.

Sherrington, Charles Scott. *The Integrative Action of the Nervous System*. Cambridge: Cambridge University Press, 1947.

Siegfried, J., M. Zimmermann, and René Baumgartner. *Phantom and Stump Pain*. New York: Springer, 1981.

Silverman, Kaja. *Male Subjectivity at the Margins*. New York: Routledge, 1992.

—— *The Threshold of the Visible World*. New York: Routledge, 1996.

—— *World Spectators*. Stanford: Stanford University Press, 2000.

Spade, Dean. "Compliance Is Gendered: Transgender Survival and Social Welfare." In Paisley Currah, Richard Juang, Shannon Minter, eds., *Transgender Rights*, pp. 212-241. Minneapolis: University of Minnesota Press, 2006.

—— "Mutilating Gender." In Susan Stryker and Stephen Whittle, eds., *The Transgender Studies Reader*, pp. 315-332. New York: Routledge, 2006.

—— "Remarks at Transecting the Academy Conference." http://www.makezine.org/transecting.html.

—— "Resisting Medicine/Remodeling Gender." *Berkeley Women's Law Journal* 18 (2003), pp. 15-37.

Stone, Sandy. "The Empire Strikes Back: A Posttranssexual Manifesto." In Julia Epstein and Kristina Straub, eds., *Body Guards: The Cultural Politics of Gender Ambiguity*, pp.280-304. New York: Routledge, 1991. 〔サンディ・ストーン「帝国の逆襲——ポスト・トランスセクシュアル宣言」レズビアン小説翻訳ワークショップ訳、パトリック・カフィア他『セックス・チェンジ——トランスジェンダーの政治学』竹村和子監訳、作品社、二〇一五年、四九九－五三三頁〕

Stryker, Susan. *Transgender History*. Berkeley: Seal, 2008.

—— "Transgender Studies: Queer Theory's Evil Twin." *GLQ: A Journal of Lesbian and Gay Studies* 4, no. 2 (2004): 212-215.

—— "The Transgender Issue: An Introduction." *GLQ: A Journal of Lesbian and Gay Studies* 4, no. 2 (1998): 145-158.

Stryker, Susan, and Stephen Whittle. *The Transgender Studies Reader*. New York: Routledge, 2006.

Sullivan, Nikki. *A Critical Introduction to Queer Theory*. New York: New York University Press, 2003.

Tea, Michelle. "Transmissions from Camp Trans." *Believer*, November 2003, pp. 61-81.

Thomson, Rosemarie Garland. *Freakery: Cultural Spectacles of the Extraordinary Body*. New York: New York University Press, 1996.

Tiemersma, Douwe. *Body Schema and Body Image: An Interdisciplinary and Philosophical Study*. Amsterdam: Swets and Zeitlinger, 1989.

Todes, Samuel. *Body and World*. Cambridge: MIT Press, 2001.

Valentine, David. *Imagining Transgender*. Durham: Duke, 2007.

—— "The Calculus of Pain': Violence, Anthropological Ethics, and the Category Transgender." *Ethnos: Journal of Anthropology* 68, no. 1 (2009): 27-48.

Vitello, Poul. "The Trouble When Jane Becomes Jack." *New York Times*, August 20, 2006, p.9.1.

Volcano, Del LaGrace, and Judith Halberstam. *The Drag King Book*. London: Serpent's Tail, 1999.

Wallon, Henri. *Les Origines du caractère chez l'enfant: Les preludes du sentiment de personnalité*. 2d ed. Paris: PUF, 1949.

Wallon, Hennri, and Gilbert Voyat. *The World of Henri Wallon*. New York: Aronson, 1984. 〔アンリ・ワロン

『子どもの思考の起源』上中下、滝沢武久・岸田秀訳、明治図書出版、一九六八年〕
Weiss, Gail. *Body images: Embodiment as Intercorporeality*. New York: Routledge, 1999.
Weiss Gail, and Honi Fern Haber. *Perspectives on Embodiment: The Intersections of Nature and Culture*. New York: Routledge, 1999.
Welton, Donn. *Body and Flesh: A Philosophical Reader*. Malden, MA: Blackwell, 1998.
Whittle, Stephen. "Where Did We Go Wrong? Feminism and Trans Theory — Two Teams on the Same Side?" In Susan Stryker and Stephen Whittle, eds., *The Transgender studies Reader*, pp. 194-202. New York: Routledge, 2006.
Wilchins, Riki Anne. Read My Lips: Sexual Subversion and the End of Gender. Ithaca: Firebrand, 1997.
Wills, David. *Prosthesis*. Stanford: Stanford University Press, 1995.
Young, Iris Marion. "Pregnant Embodiment: Subjectivity and Alienation." In *Throwing Like a Girl and Other Essays in Feminist Philosophy and Social Theory*. Bloomington: Indiana University Press, 1990.
—— "Throwing Like a Girl." In Jeffner Allen and Iris Marion Young, eds., *The Thinking Muse*. Bloomington: Indiana University Press, 1989.
—— "Throwing Like a Girl. Twenty Years Later." In Donn Welton, ed., *Body and Flesh: A Philosophical Reader*. Malden, MA: Blackwell, 1998.
Zaner, Richard M. *The Problem of Embodiment: Some Contributions to a Phenomenology of the Body*. The Hauge: Nijhoff, 1964.

謝辞

なによりもまず、ジュディス・バトラーに感謝したい。彼女の示唆に富む仕事と惜しみない支援によって、本書を完成させることができた。

本書の編集を担当したコロンビア大学出版局のウェンディ・ロヒナーとスーザン・ペンサックに、そして、本書をより実り豊かなものにした貴重な助言を下さった二人の匿名の査読者に感謝したい。

プリストン大学と、以下の同僚や友人たちに感謝する。エドゥアルド・カタヴァ、ザヒド・チョウドリ、アン・チェン、ジム・クラーク、イザベル・クラーク-ディセ、ジル・ドーラン、ジェフ・ドルベン、ダイアナ・フス、R・マリー・グリフィス、ダニエル・ヘラー-ローゼン、クローディア・ジョンソン、メレディス・マーティン、デボラ・ノルト、ジェフ・ヌノカワ、ニゲル・スミス、ヴァル・スミス、アレキサンドラ・バスケス、ステイシー・ヴォルク、そしてマイケル・ウッドに。また、その支援によって本書を完成させる時間を与えて下さったプリンストン大学の特別研究員の以下の同僚たちにもお礼申し上げる。レオナルド・バルカン、根気強いマリー・ハーパー、キャロル・リゴロット、カス・ガーナー、そしてリン・ディティーツィア。なかでもとりわけ、マーゴー・カナデイ、ジェン・ルベンスタイン、ベン・カフカ、ブラハム・ジョーンズ、ミリアム・ペティー、メンディー・オアディケ、ビアンカ・カラブレイジ、そしてマーティン・ショージンガーに。そして、リユニオン基金とプリンストン大学のLGBTセンターのデビー・バザースキーにも感謝したい。

アラン・スクリフトとジョアンナ・ミーハンには深い感謝を捧げたい。彼らの粘り強い励ましがなければ、私は自分の研究方針を見失っていたことだろう。ジェイムズ・キセインとクヌート・タルノフスキが焦燥に駆られていた私に対して思いやりと知的な寛容さをもって接してくれたことに感謝する。

カジャ・シルバーマン、ジョーン・スコット、デイヴィッド・カザンジアン、ジョシー・サルダナ、ケン・コルベット、デイヴィッド・エング、テーム・ルスコラ、ズリンカ・スタフーリャク、ロール・ミュラとの親交に深く感謝している。ゲール・ワイス、エワ・ジアレク、アンジュラ・マクロビー、ペニー・ドイッチャー、アン・マーフィー、サミール・ハッダード、マリー・ベス・マーダー、ダイアン・パーピッチ、ケリー・オリヴァー、デニス・ライリー、ペトラ・カッパーズ、エリザベス・ウィード、アン・ファウスト・スターリング、キャロル・アームストロングに感謝する。C・L・コールやジャック・ハルバースタム、リサ・C、エリック・シュナイダー、ディラン、スコリンスキー、パトリック・ルテリエとのトランスの問題をめぐる会話からは多くの知見を得た。

カリフォルニア大学バークレー校時代の友人と同僚にも感謝したい。ホーメイ・キング、カトリーヌ・ジンマー、ジル・スタウファー、ベス・ファーガソン、ギリアン・ハーキンス、カトリーン・ポール、ジェイムズ・サラザー、ロブ・ミオドゥク、マキシーン・フレデリクソン、そしてカール・フレデリクソンに。

本書がまだ博士論文の段階にあったときにジュディス・バトラー、カジャ・シルバーマン、シャロン・マーカス、デイヴィッド・ホイから頂いた貴重なコメントとアドバイスに感謝したい。また、カール・ブリトー、マイケル・ルーシー、ハリス・トンプソン、パオラ・ベヘッタ、リー・ギルモアから頂いた本書第一章に対するコメントに感謝する。バークレーとプリンストンの私の学生の皆様にも感謝する。とりわけ、キャシー・ハナバッハに感謝する。

真の友情と私を支えてくれた家族に対して、私はダスティン・レイ・ジェルミエ、アーモン・カスマイ、Aさん、マイク・ニールド、リラ・シンケールドに感謝する。レキシントン・クラブ、及び、サニー、エイス、ダニー、リビー、イヴェット、ケリー、ステフ、ブレ、キキに感謝する。エイス・モーガン、リリー・ロドリゲス、アリソン・ワイコフらの鋭い指摘に感謝している。ジェーン・フーバーとゲリー・キワフカ、パトリック・ルテリエとケイス・ホッジ、ネロ・カーリニ、ベン・カフカとジェリー・コー、そしてウェンディ・ブラウンが私が執筆しているあいだ様々な形で支えてくれたことに感謝している。

ジェリー・サラモン、シェニル・クラーク、リチャード・サラモン、マリリン・エイヤーズ＝サラモンに感謝する。

最後に、A・B・フーバーには計り知れないほどの感謝の念を抱いている。あなたは私が迷わないよういつも導いてくれた。

本書第一章の初出は"The Bodily Ego and the Contested Domain of the Material," in *differences: A Journal of Feminist Cultural Studies* 15, no. 3 (2004): 95-122である。第二章の初出は"The Sexual Schema: Transposition and Transgenderism in the *Phenomenology of Perception*" in Laurie Schrage, ed., *You've Changed: Sex Change and Personal Identity*（Oxford University Press, 2009）である。第三章の初出は"Boys of the Lex: Transgenderism and Rhetorics of Materiality" in *GLQ: A Journal of Lesbian and Gay Studies* 12, no. 4 (September 2006): 575-597である。第四章は' "Transfeminism and the Future of Women's Studies," in Joan Scott, ed., *Women's Studies on the Edge*（Duke University Press, 2008）と"Transmasculinity and Relation: Commentary on Griffin Hansbury's 'Middle Men'" in *Studies inGender and Sexuality* 6, no. 3 (2005): 265-275のそれぞれを部分的に元にしている。

訳者解説

本書はGayle Salamon, 2010, *Assuming a Body: Transgender and Rhetorics of Materiality*, Columbia University Pressの全訳である。著者のゲイル・サラモン氏は現在、プリンストン大学の英語学、及び、ジェンダー&セクシュアリティ・スタディーズ・プログラムの教授である。彼女の専門は、フェミニスト哲学、クィア理論、トランスジェンダー・スタディーズ、大陸哲学、ディスアビリティ研究など、多岐に渡っている。本書『身体を引き受ける――トランスジェンダーと物質性《マテリアリティ》のレトリック』は、彼女がカリフォルニア大学バークレー校に提出した博士論文を元にしたものである。二〇一八年には、彼女は二冊目の著作*The Life and Death of Latisha King: A Critical Phenomenology of Transphobia*を著している。(1)

本書『身体を引き受ける』はきわめて学問領域横断的なスタイルで書かれたものである。精神分析、現象学、フェミニズム、クィア理論、トランスジェンダー・スタディーズなどの様々な学問分野を横断しながら、本書は執筆されている。とりわけ注目に値するのは、精神分析と現象学をトランスジェンダー理論として読み直している点だろう。「身体自我」や「身体図式」といった概念を駆使して、サラモンはトランスジェンダーの身体経験を理論的に考察しており、翻って、トランスジェンダーの身体経験の分析から「身体とは何か」を問い直している。彼女が主張しているのは、身体とは単なる「物質的なもの」ではなく、むしろ、物質的な身体とは「身体イメージ」の媒介によってはじめて生きられるのであり、そして、このような「感じられた身体」と「物質的な身体」とのあいだのズレや不一致は決して病理学的なものではないということである。

本書はまた大変バランスのとれた著作であり、理論的なだけでなく、きわめて実践的な著作でもある。まだ本書を読み進めていない読者の方に向けて述べておくと、第一章や第二章は本書のいわば核となるような理論篇であり、精神分析や現象学の理論がいかにトランスジェンダーの身体性を考察する上で有用であるかが説得的に示されている。精神分析や現象学に馴染みがなく、理論的な考察はとっつきにくいという方は、第三章や第四章、第六章、第七章などは比較的具体的な考察であり、そちらの方を先に読むのも手だろう。各章の内容は緩やかに結びついているものの、独立して読むことが可能である。例えば、「トランスジェンダーと社会構築」の関係に関心がある方は第三章を、トランスジェンダー・スタディーズ、フェミニズム、クィア理論の関係に関心がある方は第四章を読むといいかもしれない。

先にも述べたように本書は領域横断的な著作であるが、日本の読者にとってとりわけ馴染みがないのがトランスジェンダー・スタディーズであるように思われる。もちろん、日本でもトランスジェンダーに関する研究は積み重ねられてきているが、トランスジェンダー・スタディーズという学問分野（人文学や社会科学における）は日本においてはまだ影も形もないのが現状である。サラモンも述べているように、アメリカ合衆国におけるトランスジェンダー・スタディーズの地位もいまだ不安定なものであるとはいえ、トランスジェンダー研究専門の（医学系ではない）学会誌があるなど、日本の状況とはずいぶん異なっているだろう（もちろん、研究は「制度化」されればよいというものでもないが）。

そこでこの「解説」では、本書の内容を解説するというよりは、アメリカ合衆国におけるトランスジェンダー・スタディーズの歴史を簡単に振り返り、その上で本書を位置づけることにしたい。とりわけ以下で焦点を当てたいのは、トランスジェンダー・スタディーズとフェミニズムやクィア理論との関係である。

フェミニズムとトランスジェンダー・スタディーズ

トランスジェンダー・スタディーズのパイオニア的論文としてしばしば挙げられるのが、サンディ・ストーンの論文「帝国の逆襲——ポスト・トランスセクシュアル宣言」(1991)である。本論文がなぜ「パイオニア的」論文として言及されているのかというと、トランスセクシュアルが歴史的に医学的対象として客体化され、当事者自身の「声」が奪われているなかで、まさに当事者自身が語り、そして、他のトランスの人たちに自分自身で語ることを呼びかけるテクストだったからである。実際、ストーンは次のように呼びかけている。「ここで私がトランスセクシュアルに言いたいのは、パスをやめ、「読まれる」方を意識的に選ぼう、そして、自分で自分を声に出して読んでいこう、ということなのだ[2]」。

このように、ストーンが呼びかけた背景には、医学的言説（及び、後述するように、フェミニストの言説）によってトランスセクシュアルの存在が「抹消」されることへの危機感があった。そして、ストーンに従えば、トランスセクシュアルの「パス至上主義」はこの「抹消」を補完してしまう危険のあるものだった。「トランスセクシュアルにとって最大の目標は、彼／女自身を消し去り、できるだけ早く「正常な」人々の間に紛れ込むことなのだ[3]」。そうなると、トランスセクシュアルの「消滅」は「プログラムされている」ことになり、「対抗言説を生み出すことは難しい[4]」。

その「対抗言説」としてストーンが提起したのが「ポスト・トランスセクシュアル」という戦略だった（「ポスト・トランスセクシュアル」はいまでいう「トランスジェンダー」に近い用語で、ストーンがこの論文を書いていた頃は「トランスジェンダー」という用語は一般的なものではなかった）。それは「パスする」のではなく、むしろ積極的に「読まれる《リード》」ことであり、さらには「今まで自分について他人が書いていた言語に「自分自身を書き込んで」いこう[5]」という戦略である。ダナ・ハラウェイ、ジュディス・バトラーの影響を受けながら、彼女は「トランスセクシュアルの消されゆく歴史の中に、社会が認めるジェンダー言語を覆すような物語を見出」す可能性、

「ジェンダー・マイノリティ自身の中から生まれ、なおかつ他の対抗言説と共同戦線を張る余地がある物語を見出」す可能性を示唆しようとしたのである。(6)

また、この論文は、トランスセクシュアリティに関する医学的言説だけでなく、一部のフェミニストのトランスセクシュアリティに関する言説に対する「対抗言説」でもあった。そのタイトル「帝国の逆襲」からも分かるのは、本論文がレズビアン・フェミニストのジャニス・レイモンドのトランスフォビアに満ちた悪名高い著作『トランスセクシュアル帝国――シーメイルの製造』(1979)に対する直接的な批判的応答としても書かれたものだったということである。直接的なというのは、レイモンド自身が名指しでストーンを批判しているからである。彼女は実際、次のように述べている。

男性というのはひどく出すぎた真似をするものだ。トランスセクシュアルあがりのレズビアン・フェミニストが、フェミニスト・コミュニティの重要な立場ないし目立つ立場のいずれかに、時にはその両方に割り込み《インサート》しているという事実を見逃すわけにはいかない。「女だけ」のレコード会社、オリヴィア・レコードのエンジニアでトランスセクシュアルのサンディ・ストーンはまさにその典型である。ストーンはオリヴィア社の重要人物であるだけでなく、きわめて支配的な役割も担っている。オリヴィア論争は結果的に彼の知名度を上げ[…]以前から支配的だった地位をさらに強めて、女たちの仲を引き割いただけだった。男が自らの存在を女にとって必要不可欠にするためによくやる手口である。ある女性はこう記した。「オリヴィア社がサンディを本当の女性として遇すると……まるで自分がレイプされているような気になる。彼は男の特権に飽き足らず、レズビアン・フェミニスト文化からも搾取するつもりなのだろうか[7]」。

オリヴィア論争というのは、オリヴィア・レコードという女性だけで構成されたフェミニストのレコード会社がトランス女性であるサンディ・ストーンをサウンドエンジニアとして雇用したことに対する抗議によって巻き起こったものである。レイモンドの著作は、このような当時行われていたレズビアン・フェミニストのコミュニティからのトランス女性の排除を理論的に後押しするものだった。ストーンが述べているように、レイモンドにとって、「トランスセクシュアルとは男性中心主義を標榜する悪の帝国の産物であり、女性の領域を侵害して女性の力を奪取するよう作られている[8]」存在であり、事実、レイモンドは次のように述べている。「トランスセクシュアルはみな女性の身体を人造物におとしめ、それを奪取して我が物にするという形で、女性の身体をレイプする。[…]通常のレイプは力づくだが、このような欺瞞によっても果たされる[9]」。

もちろん、すべてのフェミニストがトランスジェンダーを排除しようとしていたわけではない。だが、フェミニズムとトランスジェンダーの関係はつねに幸福な関係にあったわけではなく、ある種の「緊張関係」が働いていたのであり、レイモンドが行ったようなトランスフォビアやトランス排除はいまなお現在においても反復されている。例えば、サラモンが本書で取り上げているミシガン・ウィメンズ・フェスティバルにおけるトランスジェンダー排除（MTFもFTMも）もその一例であり（一九九一年には実際にナンシー・ブルクホルダーというトランス女性が追い出される事件が起こった）、日本で現在進行中のツイッター上のトランス女性排除の言説もその一例だろう。サラモンが述べているように、これらのトランス嫌悪的《フォビック》な言説の背景にあるのは「トランスの人は危険である、とりわけ女性を脅かす点で危険である、という根拠のない、広く普及している疑いである。この疑いは、トランスを略奪者とする幻想に変形される。その幻想においては、トランスの人々はレイピストに比せられ、非トランスの女性への脅威——ときに特定の、ときに曖昧で不特定の——を具体化していると主張されるのだ」（本書一七一頁）。

サラモンは本書でこのようなトランス嫌悪的《フォビック》な言説を批判的に分析するとともに、女性学やフェミニズムという場がいかにトランスジェンダーにとっても居場所《ホーム》になりうるかを考察している。サラモンは、女性学やフェミニズムがトランスの人たちにとっても居場所になるためには、女性学やフェミニズムがもっとトランスジェンダーの「生きられた経験」に応答しなければならないと主張している。「男女の二元論を超えたジェンダーは虚構でも未来形でもなく、目下、身体化され、生きられているのであって、女性学という分野はまだこれについて説明していない」（本書一五二頁）と彼女は述べている。サラモンにとって、このことは女性学やフェミニズムのプログラムそのものに構成的な問題である。というのは、女性学やフェミニズムがあくまでもジェンダーの二元論を温存したまま「女」を研究の対象／主体とみなすならば、そのときトランスジェンダーはその「構成的外部」として排除されてしまうからである。女性学やフェミニズムはこれまでも、人種や階級、障害、ポストコロニアリティ、セクシュアリティなどをめぐる様々な「他者」から異議申し立てを受け、そして同時にその異議申し立てに応答してきた。サラモンが述べているように、「トランスジェンダーという用語をめぐる最近の議論には、過去にフェミニズムの言説の内部でクィアと女という用語の議論を通して浮上した指示性とアイデンティティについての同様の懸念が反響している」（本書一五一頁）のであり、したがって、女性学やフェミニズムがトランスジェンダーにとっての居場所《ホーム》でもあるためには、「フェミニズムが様々に生きられるジェンダーの諸様態と協調し、その差異を真剣に考えること——それをおぞましいものや病理学の領域に追いやるのではなく——が決定的に重要」（本書二七二頁）なのである。

クィア理論とトランスジェンダー・スタディーズ

アメリカ合衆国で九〇年代に始まるトランスジェンダー理論と運動がその最初の居場所《ホーム》を見出したのはしたがって、フェミニズムというよりもむしろクィア・ポリティクスであり、クィア理論だった。それは先に言及したストーンの論考からも明らかだろう。事実、ストーンは「帝国の逆襲」の「後記」で、トランスジェンダー理論が「クィア理論の領域で生まれつつある数々の言説と優美に、かつ生産的に、関わり合っているように思われる」[10]と述べているし、実際にバトラーの

『ジェンダー・トラブル』が援用されもしていた。スーザン・ストライカーも論考「トランスジェンダー・スタディーズ――クィア理論の悪魔の双子」(2004)のなかで、「私は「クィア」を、トランスセクシュアルがそこに属していた家族として定義することを促したかった。一九九〇年代前半の歴史的契機において私の生、そして他の多くの人たちの生を勇気づけたクィアな見方は、コミュニティのユートピア的再構築の美しい見通しを与えた[11]」と述べている。

しかしながら、本書でサラモンも述べているように、「トランススタディーズと女性学の合流に認められた同じ困難がトランススタディーズとゲイ&レズビアン・スタディーズの関係にも認められる」(本書一六一頁)。ストライカー自身、上に引いた「希望」は「裏切られた」と述べている。

クィア・スタディーズはトランスジェンダーの課題を理解するのにもっとも適した場でありつづけている一方で、たいていクィアは「ゲイ」や「レズビアン」の婉曲表現になっており、異性愛規範とは異なる主要な手段としてセクシュアル・オリエンテーションとセクシュアル・アイデンティティを優先するレンズを通してトランスジェンダーの現象はたいてい誤解されている。もっとも私が懸念しているのは、「トランスジェンダー」がますますあらゆるジェンダー・トラブルを含む場として機能していることであり、それによって、同性愛と異性愛をともに人格の安定した、規範的なカテゴリーとして保証するのに用いられていることである。これは壊滅的で、隔離的な政治的な帰結である。これと同じ論理が、現在、反同化主義的な「クィア」ポリティクスを、より口当たりの良いＬＧＢＴの市民権運動へと変質させている。そこでは、Ｔは、人種や階級のように、現実に存在しているセクシュアリティを横切るものとしては知覚されておらず、むしろセクシュアル・アイデンティティの単なるもうひとつの（容易に切り離せる）ジャンルに還元されてしまっており、しばしば思いがけない仕方で、あらゆるアイデンティティがその特有性を達成する手段を白日の下にさらすものとされている。[12]

このような推移をもう少し丁寧に辿ってみよう。タリア・ベッチャーは、九〇年代前半のトランスジェンダー理論及び運動を次のように整理している。それによると、「サンディ・ストーンのパイオニア的仕事がトランススタディーズを生み出し、レスリー・ファインバーグやケイト・ボーンスタインは新たなトランスジェンダー・ポリティクスのための基盤を根付かせた。トランスの人たちははじめて、自分たちのために自分たちを理論化し始めたのだった[13]」。そして、この「新たなトランスジェンダー・ポリティクス」が「トランスジェンダー」という「様々なジェンダーの人々（トランスセクシュアルやクロスドレッサー、ドラァグ・クィーンやドラァグ・キング等を含む）を集合させるアンブレラターム[14]」を導入したのだった。ベッチャーはこの「トランスジェンダー・モデル」を「脱二元論（beyond the binary）モデル[15]」と呼んでいる。というのは、トランスジェンダーを「性別二元論を撹乱する主体」とする見方がこの頃、広まることになったからである。

後述するように、このような「トランスジェンダー・モデル」ないし「脱二元論モデル」に対してはトランスジェンダー理論家内部から疑義が呈されることになるが、このようなトランスジェンダー理論及び運動はその二元論批判という点においてクィア理論やその運動と協調関係にあったと言えるだろう。ところが、ストライカーが先に引用した二〇〇四年の論考のなかで述べているのは、「クィア」がいまや「「ゲイ」や「レズビアン」の婉曲表現」となってしまった点である。ストライカーが懸念しているのは、トランスジェンダーが「ジェンダー侵犯的主体」として描かれる一方で、ゲイやレズビアンがそれに対して「ジェンダー規範的主体」として描かれる傾向であり、このことはとりわけ「より口当たりの良いLGBTの市民権運動」に認められる。そこでは、Tは「セクシュアル・アイデンティティの単なるもうひとつの（容易に切り離される）ジャンルに還元されてしまって」いるのである。ディーン・スペイドが「LGB fake-T」という造語を作る背景には、このような問題があると言えるだろう。もともと「クィア理論」という用語をはじめに導入したテレサ・ド・ローレティスには、ゲイとレズビアンの差異や人種的差異を考察し、「連帯をする前に、それぞれお互いが何であり、いやそれぞれ複数のアイデンティティとは何であるかについて考える」[16]問題意識があったが、「クィア」をめぐって現在同様の問題がトランスジェンダーとの関係で再燃していると言えるだろう。

これらの趨勢、とりわけ昨今のLGBT運動において、Tは不可視化されていると言える。そこでは、ジェンダーの問題がセクシュアリティの問題にいつの間にかすり替えられ、トランスジェンダーの存在は周縁化されているのである。ストライカー、そしてサラモンが批判しているのは、このような趨勢のなかで「あらゆるジェンダー・トラブルがいまやトランスの記号の下にまとめ上げられ、ゲイとレズビアンのコミュニティのメンバーはその封じ込めを通して彼ら自身を異性愛者にずっと似通ったものとして、したがってより安全なものとして公に表象」（本書一七〇頁）される傾向であり、そこではトランスジェンダーはいわばスケープゴート化されていると言える。さらに、サラモンが指摘しているのは、ジェンダーの侵犯性をトランスジェンダーにのみ帰属させることで、例えばレズビアンのブッチが「規律的な女性化」（本書一七三頁）を被ってしまうことである。したがって、サラモンが例えば「違和連続体（dysphoric continuum）」（本書二六五頁）の概念を導入するのは、「ジェンダーの侵犯性をトランスにのみ帰属させるモデル」をより複雑化させようとするためだと言えるだろう。

　さらに、サラモンは、ジェンダー・アイデンティティとセクシュアル・オリエンテーションを分析上切り離すことに批判的である。このことはとりわけトランスジェンダーやゲイ、レズビアンへの暴力を考えるとき、きわめて重要である。ジェンダーを侵犯するトランスジェンダーの存在はしばしば、セクシュアルな侵犯行為の主体として誤認される。また、同性愛嫌悪《ホモフォビア》も、それがとりわけ向けられるのはジェンダーを侵犯している主体に対してである。このように、現実世界においてトランス嫌悪《フォビア》と同性愛嫌悪《ホモフォビア》は互いに連絡しており、その暴力の構造を分析するとき、ジェンダーとセクシュアリティを別個に切り離された二実体としてカテゴリー化することは困難であるとともに非生産的なのである。したがって、サラモンが主張しているのは、それらのカテゴリーをいずれかに還元することなく、その差異を認識しながら、しかし、それらの結びつきを考察する必要性である。

ゲイへの攻撃や同性愛嫌悪的《ホモフォビック》な暴力がまさにジェンダーの境界線を取り締まるために用いられてきたことは明白である。セクシュアル・オリエンテーションとジェンダー・アイデンティティの根本的な分離可能性や分離性を主張することは、これら二つのカテゴリーが——たとえ相互に構成し合っていないときでさえ——相互にもつれ合っている仕方を見逃してしまう。たとえその人の欲望がその人のジェンダーによって予測されることができないときでさえ、私の欲望が私のジェンダーを通して経験されること、厳格な区別が両方のカテゴリーを貧困にしてしまう危険があることは確かな事実なのだ（本書二〇五頁）。

物質性の主張——トランスジェンダー・スタディーズからの反発

すでに述べたように、アメリカ合衆国では九〇年代にトランスジェンダー運動と理論が興隆し、それらはクィア理論とともに展開していったと言える。だが、「クィア理論」（及び、その理論に大きな影響を与えたポスト構造主義）を背景にしたトランスジェンダー運動と理論において、「トランスジェンダー」という記号はベッチャーが言うところの「脱二元論モデル」として理解されていた。つまり、そこでは「トランスジェンダー」は「性別二元論を解体し、脱構築する主体」として形象化されていた。だが他方で、このようなトランスジェンダー理解はベッチャーが指摘しているように、多くのトランスの人たちがトランス男性、トランス女性として生活している実情に即していない。[17] このような状況に介入したのが、ジェイ・プロッサーの『第二の皮膚――トランスセクシュアリティの身体の語り』(1998)であったと言える。

プロッサーはトランスセクシュアルの立場・観点からフェミニズムやクィア理論――とりわけ社会構築主義やジェンダー・パフォーマティヴ理論――を厳しく批判している。プロッサーに従えば、トランスセクシュアルは社会構築主義の立場からはジェンダー規範を再生産し強化する主体として表象され、クィア理論においても、パスを追求するトランスセクシュアルは「ジェンダー撹乱的なトランスジェンダー」に対して「体制順応主義的な主体」として表象され、周縁化されてしまう。[18] このように、トランスセクシュアルはフェミニスト理論、クィア理論において「盲点(a blind spot)」であり、歴史的に黙殺されてきたと言える。彼の『第二の皮膚』はトランスセクシュアルの「身体的物質性」を強調することで、このような「黙殺」に抗するものだったと言えるだろう。

実際、サラモンは本書で次のように述べている。

『第二の皮膚――トランスセクシュアリティの身体の語り』で、ジェイ・プロッサーは、身体的物質性の一次性を強調するトランスセクシュアルの主体性の理論を提出している。プロッサーが確保したいのは、トランスセクシュアルのアイデンティティのための身体的な拠り所である。

彼が議論しているのは、身体の構築性や言説性をクィア理論が焦点化することによって、トランスセクシュアルの主体性と身体性とのあいだの結びつきがほどかれ、あるいは完全に切断されてしまった、ということである。この意味で、『第二の皮膚』はトランスセクシュアリティの歴史的な無視、とりわけフェミニスト、クィア理論における無視に立ち向かおうとするトランススタディーズにおける試みを表象している（本書五九－六〇頁）。

このような「黙殺」に抗してプロッサーが依拠するのが、トランスセクシュアルの身体自我や身体イメージの「物質性」だった。彼がそのような試みを企てるのは、トランスセクシュアルの「主体がしばしば想像的な身体をよりリアルに、より感覚的なものとして語る」からであり、トランスセクシュアルが自身に対してもつ身体イメージが自分の物質的な身体を変えるように促すほど「十分に実体的なもの」として「物質的な力」をもっているからである。[19] 彼はこのような「身体的物質性の一次性」を強調することで、身体の構築性や言説性を強調し、そのような物質性を無視するフェミニズム、クィア理論に対抗しようとしたのである。

このように、プロッサーの問題意識の背景には、フェミニズムやクィア理論への「反発」が認められる。プロッサーにとって、トランスセクシュアルの「物質性」は「社会的構築主義の偽りを暴く」ものであり、その物質性は「ジェンダー・パフォーマティヴィティ［…］を超えた、あるいはその手前にあるもの」であり、パフォーマティヴ理論では捉えることのできない「物質性」である。

同様の立場から、ヴィヴィエンヌ・ナマステは『不可視の生――トランスセクシュアルとトランスジェンダーの人々の抹消』（2000）で「現在実践されているようなクィア理論は理論的、政治的な理由双方から拒絶される必要がある」とまで主張している。このように、トランスセクシュアルの「物質性」を強調するトランス理論家には、社会構築主義やパフォーマティヴ理論への強い反発が認められるのである。

異なる立場からではあるが、本書の第三章で言及されているレスリー・ファインバーグ、ケイト・ボーンスタイン、ジェイミソン・グリーン、ジェイソン・クロムウェルといったトランスジェンダー理論家にも同様の「反発」が認められる。そこでは共通して、社会的構築主義が攻撃されており、社会構築主義はトランスジェンダーの「生きられた身体」や「生きられたジェンダー」をつかみ損ね、ときにそれを抑圧するようなものとして表象されている。おそらく、フェミニズム及びクィア理論がトランスジェンダーに十分に応答できていない状況のなかで、それらに対する「反発」から、これらの著者たちは「生きられたジェンダー」や「物質性」といった言葉に「トランスの主体性（transsubjectivity）」を仮託させ、それを社会的構築と対比させる傾向があると言えるだろう。だが次節で確認するように、サラモンはこのようなトランスジェンダー・スタディーズの傾向に懸念を示し、批判的に介入している。

「物質性」の誘惑に抗して

このように、本書『身体を引き受ける』は、フェミニズムやクィア理論にトランスジェンダー・スタディーズの立場から介入するものであるが、また同時にこれからみていくように、トランスジェンダー・スタディーズへの批判的介入でもある。ここで最後に確認しておきたいのは、サラモンがトランスジェンダー・スタディーズの文脈で用いられている「物質性」という概念に批判的に介入している点である。

本書が「物質性の修辞学（rhetorics）」という副題をもつのもそのためであると言えるだろう。この「修辞学」はトランスジェンダー理論だけではなく、フェミニズムやクィア理論などの様々な領域における「物質性」という概念をも対象にしている。そして、それらにおける「物質性」や「物質的なもの」、「身体的物質性」の用いられ方を眺望すると、「物質性（materiality）」が一種のマジックワードと化している感がある。「物質性」は、例えばプロッサーにとって「社会的構築主義の偽りを暴く」トランスセクシュアルの「非の打ちどころのない現実」「肉のような物質性」であり、トランスジェンダー理論家のジェイムソン・クロムウェルにとっては「セックスとジェンダーのイデオロギーへの抵抗の場」であり、ビディー・マーティンにとってはレズビアンのフェムや非性別違和的なブッチを「体制順応主義者」として表象されることから救うものであり、エリザベス・グロスにとっては性的差異であり、それはトランス女性を女性から排除する物質性であり、バーニス・ハウスマンにとっては「トランスセクシュアルのアイデンティティを構成する試みを挫折させ」、ジェンダー・アイデンティティを否定するのが身体的物質性である。このように、「身体の物質性」はそれぞれ異なる立場の理論家によって、トランスセクシュアルの固有性、トランスジェンダーの固有性、フェムや非性別違和的ブッチの固有性、シスジェンダー女性の固有性（あるいはトランスアイデンティティの不可能性）を指し示すために代わるがわる召喚されている。果たして、トランスジェンダーの主体性や身体性を考える上で「物質性」という概念に依拠することは得策なのだろうか。サラモンの答えは「ノー」であり、例えばプロッサーの議論に即して次のように述べている。「私が考察したいのは、プロッサーがここで誤った問いを立てている可能性であり、そして、私が示したいのは、ジェンダー化された身体性を理論化する上で身体イメージが有効なのは、身体イメージが物質的であるからではなく、それが物質性そのものを意味づけ直すことを可能にするからである」（本書六一頁）。

また、これに関連してサラモンが懸念しているのは、トランスジェンダー・スタディーズによく見受けられる社会構築主義批判であり、「物質性／生きられたジェンダー」と「社会的構築」の峻別である。レスリー・ファインバーグ、ケイト・ボーンスタイン、グリーン・クロムウェル、ジェイ・プロッサー、ヴィヴィエンヌ・ナマステ、これらのトランス理論家はそれぞれ異なる立場から自身の理論を展開しているが、「トランスジェンダリズムが社会的構築の理論への異議申し立てを表していること、トランスジェンダーの身体の物質性が社会的構築をフィクション――そして危険なフィクション――として暴いている」（本書一一六頁）と理解している点で共通している。だが、まさにサラモンが警鐘を鳴らしているのは、「社会的構築」の「外部」にトランスセクシュアル／トランスジェンダーの主体性やアイデンティティ、身体性を位置づけることは、ある種のリベラリズム的な個人主義や主意主義――歴史や文化を欠いた自由な行為主体という見方――に接近してしまう点である。この点で、サラモンはむしろ、トランススタディーズが女性学やフェミニズムの知見を学び、採り入れる必要性を訴えている。実際、彼女は「女性学がジェンダーの構造――そして、その構造の背景にある権力の関係――に関して提示している体系的な理解なしには、トランススタディーズはジェンダーを歴史的なカテゴリーとして理解することはできないし、現在、ジェンダーがどのように現れているのかについての説明を提示することもできない」（本書一五二頁）と述べている。

したがって、本書『身体を引き受ける』は彼女自身が述べているように、ある種の二重的な作業を要求するものである。それは、「トランスの身体と主体性の特有性を示すこと、そしてまた同時に、はっきりとした物質的な用語でその特有性を定義しようとする誘惑に抵抗すること」（本書四頁、強調引用者）である。彼女は他のトランスジェンダー理論家と同様、「身体の感じられ方」や「生きられた身体」、「身体イメージ」を重要視しているが、しかし彼女が同時に主張しているのは「感じられた身体」は社会的世界のなかで生きられるということである。したがって、社会的構築は身体的存在の「感じられ方《フェルト・センス》」に対立するものと解釈されてはならないのだ。というのも、身体は社会的に構築されているということとその感じられ方《フェルト・センス》は否定できないということとは同時に主張可能だからである。社会的構築が提示しているのは、身体の感じられ方《フェルト・センス》がその歴史的、文化的なヴァリエーションにもとづいて、その切迫さと直接性とともに、どのように生じるのか、その仕方を理解する方法であり、最終的には、その感じられ方《フェルト・センス》によってもたらされるものとは何なのかを探究する方法なのである。身体の歴史性とその感じられ方の直接性とのあいだのこの緊張は身体的存在の正確な場であり、この緊張を捉えることはトランスジェンダー・スタディーズと同様に社会的構築理論の課題である（本書一二三頁）。

それゆえ、サラモンが現象学、精神分析、クィア理論、トランスジェンダー理論のそれぞれを用い、結びつけながら示そうとするのは、「身体の感じられ方」が身体を経験し、知覚し、組織化する上で一次的なものであると同時に、それが社会的世界のなかで生きられ、形成されるということである。そして、彼女はこのような観点から次のように主張している。

この感じられ方《フェルト・センス》はときにトランスジェンダーの理論においてアイデンティティと「本当らしさ（*realness*）」についての主張を行う地盤として現れる。これら学問分野の各々は、この意味作用、そして究極的には身体それ自身がその感じられ方《フェルト・センス》に依拠していることを主張している。人はこの感覚の重要性を減じたり、嫌悪することなく、この感じられ方が文化的な解釈の生産物であり、それに従属していることを認識することができる——これが私の主張である。これらの言説によって提示された概念的道具を結びつけることで私が望んでいること、それは、トランスジェンダリズムやトランスセクシュアリティに関する諸議論が「本当らしさ《リアルネス》」——私にはそのフレーズから規範的で規律的な次元を取り除くことはできないように思われる——にいたずらに訴えなくても済むようになることである（本書五－六頁）。

このように、本書『身体を引き受ける』は、フェミニズム、クィア理論、トランススタディーズの「緊張関係」に介入するものである。私が本書に魅かれたのは、本書がこれらの緊張関係に切り込み、それらのあいだに生産的な対話の空間を切り拓こうとしているようにみえたからである。本書は、フェミニズム、クィア理論、トランススタディーズのあいだの差異を尊重しながら、しかしそれらの差異を「対立」としてではなく、「対話」の契機として提示することに成功した稀有な著作であるように思われる。本書はトランスジェンダーの身体性を理解する上で有用な視点や概念を提示しているが、それだけでなく、フェミニズム、クィア理論、トランススタディーズのあいだの差異や緊張と粘り強く交渉《ネゴシエイト》する倫理をも示唆しているのではないだろうか。

＊＊＊＊＊

本書を翻訳する上で多くの方にお世話になりました。なによりもまず、著者のゲイル・サラモンさんにお礼申し上げたい。博士論文を提出した後の私は精神的にひどく消耗し、いまも薬を服用しながら研究を続けている。そのなかで、本書の翻訳は私のライフ・ワークになった。私にとって、本書の翻訳は研究の喜びを再びもたらし、薬などよりもよほど私の生をエンパワメントするものだった。そのような本に出会えたことが私にとってなによりも大きな出来事だった。また、サラモンさんが私の質問に快く答えて下さったことにも感謝申し上げます。

そして、古怒田望人さんにお礼申し上げたい。孤立しがちな研究環境のなかで、この本の魅力を誰よりも共有してくれたのが古怒田さんだった。その意味で、本書は私にとって古怒田さんとの思い出に満ちた一冊である。古怒田さんがいなければ、翻訳を続けることができたかどうか、分からない。本当にありがとう。

京都大学のクィア読書会の皆様にも感謝いたします。とくに、飯島雄太郎さん、佐野泰之さん、酒井麻依子さんにお礼申し上げます。お忙しいなか訳文検討会にお付き合い頂き、本当にありがとうございました。少しでも本書が読みやすいものになっているとすれば、皆さんのおかげです。とくに飯島さんにはこの間色々と個人的な悩みも聞いていただき、本当にお世話になりました。どうぞ今後ともこれに懲りずによろしくお願い致します。

拙著『ジュディス・バトラー——生と哲学を賭けた闘い』（以文社）に続いて、編集者の大野真さんには大変お世話になりました。他にも訳すべきフェミニズムやクィア理論、トランスジェンダー・スタディーズの文献がたくさんあるなかで、しかし、私は自分の直感を信じて本書を訳したいと思いました。大野さんはそのような私の直感に快く応じてくれました。私のことを信頼して下さっていると感じて、とても嬉しかったです。本当にありがとうございます。

そして最後に、荒牧景子と娘の荒牧詩乃と文乃に。言葉では言い表せない深い感謝の念を感じています。これからも迷惑をかけると思うし、それに、迷惑かけてね。

二〇一九年八月

藤高和輝

註

（1）こちらの著作も以文社より邦訳を刊行予定である。
（2）サンディ・ストーン、レズビアン小説翻訳ワークショップ訳、二〇〇五年、「帝国の逆襲――ポストトランスセクシュアル宣言」パトリック・カリフィア、石倉由訳『セックス・チェンジズ――トランスジェンダーの政治学』作品社、五二五頁。
（3）前掲書、五二〇頁。
（4）前掲書、五二〇頁。
（5）前掲書、五二六頁。
（6）前掲書、五二〇頁。
（7）前掲書、五〇五頁。ジャニス・レイモンドの言葉はサンディ・ストーン「帝国の逆襲」から引用した。
（8）前掲書、五〇四頁。
（9）前掲書、五〇四頁。
（10）前掲書、五二六頁。
（11）Susan Stryker, 2004, "Transgender Studies: Queer Theory's Evil Twuin," in *GLQ: A Journal of Lesbian and Gay Studies*, vol. 10, no. 2, p. 213.
（12）Ibid., p. 214.
（13）Talia Mae Bettcher, 2014, "Trapped in the Wrong Theory: Re-Thinking Trans Oppression and Resistance," in *Signs*, vol. 39 (2), pp. 383-384.
（14）Ibid., p. 384.
（15）Ibid.
（16）テレサ・ド・ローレティス、一九九八年、「クィアの起源：レズビアンとゲイの差異を語ること」風間孝・

ヴィンセント、キース・河口和也（編）『実践するセクシュアリティ――同性愛／異性愛の政治学』動くゲイとレズビアンの会、七二頁。

（17） Jay Prosser, 1998, *Second Skins: The Body Narratives of Transsexuality*, Columbia University Press, pp. 13-15.

（18） Ibid., p. 69.

（19） Ibid.

著者
ゲイル・サラモン（Gayle Salamon）
カリフォルニア大学バークレー校で博士号を取得。その後、プリンストン大学の英語学の助教を経て、現在、同大学の英語学、及び、ジェンダー＆セクシュアリティ・スタディーズ・プログラムの教授。本書の他に、*The Life and Death of Latisha King: A Critical Phenomenology of Transohobia*, NYU Press, 2018（以文社より刊行予定）がある。

訳者
藤高和輝（ふじたか かずき）
大阪大学大学院人間科学研究科博士後期課程修了。博士（人間科学）。大阪大学人間科学研究科助教を経て、現在、京都産業大学文化学部国際文化学科助教。著書に、『ジュディス・バトラー——生と哲学を賭けた闘い』（以文社）、『〈トラブル〉としてのフェミニズム——「とり乱させない抑圧」に抗して』（青土社）。共著書に、『子どもと教育の未来を考えるII』（北樹出版）。論文に、「とり乱しを引き受けること——男性アイデンティティとトランスジェンダー・アイデンティティのあいだで」（『現代思想　2019年２月号　特集＝「男性学」の現在——〈男〉というジェンダーのゆくえ』2019, vol.47-2, 青土社）など。

身体を引き受ける
——トランスジェンダーと物質性《マテリアリティ》のレトリック

2019年9月10日　第1刷発行
2022年6月30日　第2刷発行

著　者　ゲイル・サラモン

訳　者　藤高和輝

発行者　大野　真

発行所　以　文　社

〒101-0051 東京都千代田区神田神保町2-12
TEL 03-6272-6536　FAX 03-6272-6538
http://www.ibunsha.co.jp/

印刷・製本：中央精版印刷

ISBN978-4-7531-0355-3

Printed in Japan

——既刊書から

負債論——貨幣と暴力の 5000 年
デヴィッド・グレーバー 著
酒井隆史 監訳　高祖岩三郎・佐々木夏子 訳　A5 判・848 頁・本体価格 6000 円
『国富論』から『負債論』へ　現代人の首をしめあげる負債の秘密を、古今東西にわたる人文知を総結集して貨幣と暴力の 5000 年史という壮大な展望のもとに解き明かす名著。

侵略者は誰か？——外来種・国境・排外主義
J・スタネスク、K・カミングス 編
井上太一 訳　四六判・320 頁　本体価格 3400 円
なぜ脅威は「外」から来ると考えるのか？
なぜ外来種を駆除しなければならないのか？　移民・外国人を排除・嫌悪する「国境」の論理——それが生み出す、人間と人外の動物への「排外主義」とは？

オプス・デイ——任務の考古学
ジョルジョ・アガンベン 著
杉本博昭 訳　四六判・272 頁　本体価格 3800 円
現代倫理はなぜ、「義務」を基礎に置くのか。キリスト教における任務＝聖務や典礼への考察を手がかりに、カント以来の現代倫理が手中に収める「義務の無限性」に潜む無限の「負債」を明らかにする。存在論に政治、そして経済を接続させるジョルジョ・アガンベンの「ホモ・サケル」シリーズ続刊、待望の邦訳。

Lexicon　現代人類学
奥野克巳・石倉敏明 編　四六判変形・224 頁　本体価格 2300 円
テロリズム、金融危機、気候変動による環境破壊と地球規模の巨大な危機が迫るなか、新たな知の在り方が求められている。人類が直面する課題に挑む現代人類学の思想と実践をまとめた五〇項目の「読む」キーワード集。